ULRICH TROITZSCH

Ansätze technologischen Denkens
bei den Kameralisten des 17. und 18. Jahrhunderts

Schriften zur Wirtschafts- und Sozialgeschichte

In Verbindung mit Rudolf Braun, Otto Büsch und Rolf Engelsing
herausgegeben von Wolfram Fischer

Band 5

Ansätze technologischen Denkens bei den Kameralisten des 17. und 18. Jahrhunderts

Von

Ulrich Troitzsch

DUNCKER & HUMBLOT / BERLIN

Alle Rechte vorbehalten
© 1966 Duncker & Humblot, Berlin 41
Gedruckt 1966 bei Buchdruckerei Bruno Luck, Berlin 65
Printed in Germany

Inhaltsverzeichnis

Einleitung 7

I. Ansätze technologischen Denkens bei den Kameralisten Johann Joachim Becher und Wilhelm von Schröder 11
   1. Die politische und wirtschaftliche Situation in Deutschland in der zweiten Hälfte des 17. Jahrhunderts 11
   2. Bechers Leistung auf technologischem Gebiet 13
   3. Technologische Ansätze bei Wilhelm von Schröder 19

II. Ansätze technologischen Denkens in der sogenannten „Hausväterliteratur" 23
   1. Ursprung und Bedeutung der „Hausväterliteratur" 23
   2. Die Berücksichtigung technologischer Probleme in der „Hausväterliteratur" bis zum Beginn des 18. Jahrhunderts 25

III. Julius Bernhard von Rohr, Wegbereiter des wissenschaftlichen Lehrfachs Technologie 45
   1. Rohrs Lebensgang und seine Geisteshaltung 45
   2. Rohrs Forderung nach einer wissenschaftlichen Behandlung der „Oeconomie" 51
   3. Rohrs technologische Ansätze in der Schrift „Einleitung zur Staats-Klugheit" 62
   4. Rohrs Bedeutung für die ökonomischen Wissenschaften und die Technologie 83

IV. Die wachsende Bedeutung der Technologie bei den Kameralisten zwischen den Jahren 1727 und 1777 87
   1. Dithmar und Gasser 87
   2. Joachim Georg Darjes 90
   3. Georg Heinrich Zincke und Johann Gottlob Heinrich von Justi 93

V. Die Entwicklung des technologischen Schrifttums bis zu Johann Beckmann 104
   1. Die vier Hauptgruppen technologischen Schrifttums 104
   2 a. Die Maschinenbücher 106
   2 b. Die Beschreibung von Handwerken, Manufakturen und Fabriken, ihren Arbeitsgeräten und Maschinen sowie ihren Produktionsweisen 113
   2 c. Lexika und Enzyklopädien 124
   2 d. Technologische Beiträge in den Zeitschriften 134

VI. Die Schule als Vermittlerin technologischer Kenntnisse 142

VII. Johann Beckmann, der Begründer des Lehrfaches Technologie .. 150

Zusammenfassung 166

Literaturverzeichnis 170

Register 180

Einleitung

Die Technik spielt in der Gegenwart eine Rolle wie nie zuvor. Sie ist mit Wissenschaft und Wirtschaft so eng verzahnt, daß alle künftigen Entwicklungen nur durch das Zusammenwirken dieser drei Bereiche denkbar sind. Diese enge Verbindung, die uns selbstverständlich erscheint, hat in der Fachliteratur vielfache Beachtung gefunden. Jedoch beschränken sich die Untersuchungen dabei meist nur auf das 20. Jahrhundert.

Wer sich hingegen mehr mit der historischen Entwicklung des Problemkreises Wissenschaft-Wirtschaft-Technik befassen will, greift zu den Werken der Wissenschafts-, Wirtschafts- und Technikgeschichte — und erlebt eine unerwartete Enttäuschung. Er wird nämlich in kaum einem der Werke eine Darstellung der inneren Zusammenhänge finden. Ein kurzer Blick in die Register der heute gültigen wirtschaftsgeschichtlichen Darstellungen genügt, um festzustellen, daß das Stichwort „Technik" entweder gar nicht oder doch nur vereinzelt auftaucht. Die einzige Ausnahme bildet die dreibändige „Wirtschaftsgeschichte Deutschlands" von Heinrich Bechtel (München 1952). Arbeiten über Technikgeschichte beschränken sich wiederum fast ausschließlich auf rein technische Details, wenn auch die problemgeschichtlichen Ansätze bei Friedrich Klemm (Technik. Eine Geschichte ihrer Probleme. Freiburg/München 1954) in jüngster Zeit eine neue Auffassung von den Aufgaben der Technikgeschichte zeigen.

Die enge Verflechtung von Wirtschafts-, Sozial- und Technikgeschichte weist vor allem Albrecht Timm in seiner „Kleinen Geschichte der Technologie" (Stuttgart 1964) nach. Er gebraucht als Historiker den Begriff Technologie in seiner ursprünglichen Bedeutung. Während die Technologie heute, zumindest in Deutschland, als die Lehre von der Gewinnung und Verarbeitung von Roh- und Werkstoffen verstanden wird, zeigt Timm, daß der Begriff zur Zeit seiner Entstehung wesentlich weiter gefaßt wurde.

Im Jahre 1777 veröffentlichte der Göttinger Professor der Ökonomie Johann Beckmann (1739—1811) eine „Anleitung zur Technologie" und begründete damit das Universitätslehrfach Technologie. In dieser Schrift schilderte er zahlreiche Arbeitsverfahren und Produktionsvorgänge, die auch unter den heutigen Begriff Technologie fallen. Entscheidend aber ist, daß Beckmann als Staatswirt des 18. Jahrhunderts die Technologie nicht allein von der Technik her verstanden wissen wollte, sondern die neue Wissenschaft als einen Bestandteil der Kameralwissenschaften ansah, zu denen die Landwirtschaft, die Handlungswissenschaft, die Finanz- und die Verwaltungswissenschaft gehörten.

Technologie ist nach Beckmann also nicht nur die Lehre von der Gewinnung und Verarbeitung von Roh- und Werkstoffen, sondern umfaßt außerdem die sinnvolle Anwendung der Technik im Bereiche der Wirtschaft. Darüber hinaus stehen die Probleme von Mensch und Maschine im Vordergrund.

Wenn in der vorliegenden Untersuchung vom Verfasser die Begriffe „Technologie" und „technologisch" gebraucht werden, so sind sie stets in dem von Beckmann gemeinten Sinne zu verstehen. Da in dem Zeitraum vor Beckmann noch keine einheitliche Begriffsbildung erkennbar ist, obwohl vom Inhalt her oft mit verschiedenen Worten das gleiche bezeichnet wird, kann stattdessen der Terminus „Technologie" gesetzt werden.

Die Aufgabe dieser Arbeit ist es, den Anfängen technologischen Denkens nachzuspüren. Die Untersuchung will aber dabei weniger technikgeschichtliche Entwicklungen aufzeigen, sondern gemäß der Beckmannschen Auffassung den Zusammenhang von Wirtschaft und Technik darlegen; denn besonders im 17. Jahrhundert ist die Erkenntnis von der engen Verbindung dieser beiden Bereiche noch wenig verbreitet. Abgesehen vom Bergbau, entwickeln sich beide Gebiete parallel zueinander.

Der Anstoß dazu, beide Bereiche enger zu verflechten und sie damit gegenseitig voranzutreiben, geht von den „Volkswirten" des 17. und 18. Jahrhunderts, den sogenannten „Kameralisten" aus, die als erste die wichtige Bedeutung der Technik für die Wirtschaft erkennen. Für die zweite Hälfte des 17. Jahrhunderts sind hier vor allem Johann Joachim Becher (1635—1682) und Wilhelm von Schröder (1640—1688) von Bedeutung.

Neben den mehr wissenschaftlichen Werken der ersten Kameralisten entwickelt sich im 17. Jahrhundert noch eine andere Literaturgattung, die sogenannte „Hausväterliteratur", die wegen ihrer populärwissenschaftlichen Gestaltung weite Verbreitung findet. Diese Bücher vermitteln einen sehr instruktiven Eindruck von dem damaligen Verhältnis des akademisch nicht vorgebildeten Menschen zur Technik.

Das Schwergewicht unserer Untersuchung soll aber auf den Entwicklungen im 18. Jahrhundert liegen. Den Anfang bildet hier das Werk eines Mannes, der in der wissenschaftlichen Literatur bisher eine zu geringe Beachtung gefunden hat. Gemeint ist der sächsische Gelehrte und Kameralist Julius Bernhard von Rohr (1688—1742), der in erstaunlichem Maße die technologischen Probleme seiner Zeit erfaßt und in seinen Schriften ein stärkeres technologisches Allgemeinverständnis fordert. Von Rohr, der sich mit Nachdruck für eine wissenschaftliche Behandlung der Ökonomik einsetzt, spannt sich der Bogen zu den ersten „Kameralwissenschaftlern", die seit 1727, zunächst an den Universitäten von Halle und Frankfurt/Oder, später an fast allen deutschen Universitäten, ihre Lehrtätigkeit aufnehmen. Hervorragende Vertreter dieser neuen Wissenschaft sind Simon Peter Gasser (1676 bis 1745), Justus Christoph Dithmar (1678—1737), Joachim Georg Darjes (1714—1791), Georg Heinrich Zincke (1692—1768) und Johann Heinrich Gottlob von Justi (wohl 1717—1771). Diese Kameralisten gehen teils in ihren Lehrbüchern und teils in Spezialschriften auf technologische Fragen ein, die auf ihre Bedeutung für die Entwicklung des Lehrfaches Technologie hin geprüft werden sollen.

Daß jedoch die Kameralisten nicht allein sich um die Verbreitung technischer und technologischer Kenntnisse bemüht haben, wird an Hand des dann folgenden Kapitels dargelegt werden. Hierbei stehen die sogenannten „Maschinenbücher", Lexika, Beschreibungen von Handwerken und Manufakturen und Zeitschriften im Vordergrund. Außerdem wird die Bedeutung des im 18. Jahrhundert entstehenden Realschulwesens für die Technologie herausgestellt werden. Das letzte Kapitel schließlich behandelt die Schriften des Ökonomen und Technologen Johann Beckmann, die den Endpunkt der aufgezeigten Entwicklung bilden.

Bewußt beschränkt sich die Untersuchung auf den Zeitraum von ungefähr 1650 bis 1780, da die Zeit davor nur spärliche Anzeichen eines technologischen Denkens im oben beschriebenen Sinne bietet. Dennoch sind einige Rückgriffe in die früheren Jahrhunderte — besonders bei der Betrachtung des technologischen Schrifttums vor Beckmann — notwendig. Im übrigen ist für das Vorhandensein technologischen Denkens vor 1650 wiederum auf die „Kleine Geschichte der Technologie" von A. Timm zu verweisen.

Die Untersuchung stützt sich ausschließlich auf gedrucktes Quellenmaterial, da in erster Linie die publizistischen Auswirkungen herausgestellt werden sollen. Monografien, Lexika, Biografien, Zeitschriften und Aufsätze bilden deshalb die Grundlage der vorliegenden Arbeit.

Ausländische Literatur wurde nur insoweit berücksichtigt, als sie einen nachweisbaren Einfluß auf die behandelten Probleme ausübte. Da die wirtschaftliche und technische Entwicklung in den deutschen Territorialstaaten wesentlich anders verlief als beispielsweise in England oder Frankreich, blieben die publizistischen Einflüsse von dort her bis zum zweiten Drittel des 18. Jahrhunderts relativ gering.

Bei der Behandlung der Arbeiten von Rohr und Beckmann wäre es wünschenswert gewesen, auch handschriftliches Material benutzen zu können. Jedoch verliefen alle Nachforschungen in dieser Richtung ergebnislos. Im Falle von Rohr wandte sich der Verfasser mit Anfragen an die Archive in Dresden, Halle/S., Leipzig und Berlin. Doch nur die Archive in Halle und Leipzig konnten auf einige Briefe Rohrs hinweisen, die aber nichts Wesentliches enthielten. Ein Nachlaß war bisher nicht zu ermitteln, obwohl es feststeht, daß bei Rohrs Tode noch zahlreiche unveröffentlichte Manuskripte vorhanden waren. Was Beckmann betrifft, so konnte sich Wilhelm Franz Exner in seiner Biografie Beckmanns (Johann Beckmann, Begründer der technologischen Wissenschaft. Wien 1878) noch auf einen umfangreichen Nachlaß in Form von Briefen und Tagebüchern stützen. Trotz Erkundigungen in Göttingen und Harburg, wo nachweislich Nachkommen Beckmanns bis zum Ende des vergangenen Jahrhunderts gewohnt haben, war nicht festzustellen, wo sich dieser Nachlaß befinden könnte.

I. Ansätze technologischen Denkens bei den Kameralisten Johann Joachim Becher und Wilhelm von Schröder

1. Die politische und wirtschaftliche Situation in Deutschland in der zweiten Hälfte des 17. Jahrhunderts

Die naturwissenschaftliche Forschung macht im 16. Jahrhundert erstaunliche Fortschritte. Ein neues, von naturwissenschaftlichen Erkenntnissen bestimmtes Weltbild entsteht. Entdeckungen von Nikolaus Kopernikus, Johannes Kepler und Galileo Galilei oder Erkenntnisse eines Francis Bacon eröffnen zunächst kaum geahnte Perspektiven, die zum großen Teil erst gegen Ende des 17. Jahrhunderts in ihrer vollen Bedeutung erkannt und ausgewertet werden.

Ähnliches geschieht im Bereiche der Technik. Auch hier bringt das 16. Jahrhundert eine Reihe von neuen Erfindungen hervor, vor allem im Bergbau (z. B. den Pferdegöpel) und im Kriegswesen, Gebieten, die stets unter dem Zwange der Notwendigkeit einer allgemeinen Weiterentwicklung vorauseilen. Ebenso feiert man mit Recht in dieser Zeit die Aufrichtung des 327 t schweren Vatikanischen Obelisken durch D. Fontana im Jahre 1586, dem diese aufsehenerregende Tat unter Zuhilfenahme der damals bekannten „Maschinen" (Hebel und Rolle) und einer geschickten Kombination von menschlicher und tierischer Körperkraft gelingt. Die Erfindung der Taschenuhr durch Peter Henlein im Jahre 1510 und die Errichtung der Kuppel von Sankt Peter in Rom durch Giacoma della Porta und D. Fontana in den Jahren 1588—1590 mögen als weitere Beispiele technischer Leistungsfähigkeit dienen.

Bildete dieses Jahrhundert den Ausgangspunkt für eine Entwicklung, die im 17. Jahrhundert erst voll zum Tragen kommt, so stellt der deutsche Raum zumindest in der ersten Hälfte dieses Jahrhunderts eine Ausnahme dar. Während Westeuropa auf den Erkenntnissen des vergangenen Jahrhunderts aufbaut und bemüht ist, diese Erkenntnisse auch in die Praxis umzusetzen, was insofern eine Neuerung darstellt, als bisher im allgemeinen naturwissenschaftliche Forschung und technisch-praktischer Erfindergeist ohne nennenswerten Kontakt nebeneinander herlaufen, hemmt der dreißigjährige Krieg in Deutschland solche Entwicklung. Die wirtschaftlichen und politischen Folgen dieses Ereignisses sind von einschneidender Bedeutung. Der Krieg hinterläßt eine stark verminderte Bevölkerung und dazu ein verwüstetes Land. Handel und Gewerbe liegen darnieder, die Landwirtschaft, schon vor dem Kriege mitten in einer Agrarkrise[1], scheint kaum imstande, die Menschen mit der nötigen Nahrung zu versorgen. Einen ähnlichen Niedergang erleben die Universitäten in Deutschland. Ein geregelter Lehrbetrieb ist durch die wechselnden Kriegsläufte nicht möglich, und der Anschluß an die wissenschaftliche Entwicklung auf den westeuropäischen Universitäten geht vielfach verloren.

Der Friedensschluß von Münster und Osnabrück bringt politisch tiefgreifende Veränderungen. Die Landesherren erhalten die seit langem angestrebte Souveränität. Ihr erstes Ziel muß es nun sein, diese Selbständigkeit zu wahren und ihre Macht zu festigen oder, wenn möglich, gar zu vergrößern. Dazu ist vor allem ein Heer nötig, und zwar ein sogenanntes „stehendes Heer", das jederzeit zur Verfügung steht. Solch ein Heer benötigt Ausrüstung und Verpflegung, die von der Bevölkerung produziert werden müssen. An eine eigene Initiative der Untertanen ist kaum zu denken. Die anhaltenden Kriegswirren haben jegliches Arbeitsethos erstickt. Die vordringlichste Aufgabe des Landesherrn besteht nun zunächst darin, den verloren gegangenen Arbeitswillen erneut zu wecken, damit Handel und Gewerbe wieder in Gang kommen.

In Frankreich prägt sich zu dieser Zeit ein Wirtschaftsstil aus, der uns unter dem Namen Merkantilismus geläufig ist. Hebung der Gewerbe, Einrichtung von Manufakturen, aktive Handelsbilanz usw. sind einige der Hauptkennzeichen dieser Wirtschaftsauffassung. Im deutschen Raum versucht man diese neue Form einer staatlich gelenkten Wirtschaft nachzuahmen. Dabei entwickelt sich nun eine durch die Zersplitterung des Reiches bedingte Sonderform des Merkantilismus, die sogenannte „Kameralistik". In England, Frankreich und Holland zeitigt der Merkantilismus besonders deshalb große Erfolge, weil er dort auf glückliche Weise eine vielfach auf calvinistischer Grundanschauung beruhende Unternehmerinitiative mit staatlicher Lenkung verbindet. In Deutschland ist die Lage ungleich schwieriger. Calvinistisches Gedankengut spielt hier kaum eine Rolle. Vorherrschend ist besonders in Mitteldeutschland die lutherische Lehre von der Obrigkeit als der von Gott eingesetzten Macht, die einer politischen und eben auch wirtschaftlichen Lenkung „von oben her" entgegenkommt. „Freie unternehmerische Initiative war unter solchen Umständen nicht zu erwarten, sie wurde ersetzt durch den Staat", stellt A. Müller-Armack

---

[1] F. Lütge, Deutsche Sozial- und Wirtschaftsgeschichte, Berlin-Göttingen-Heidelberg ²1960, S. 303 f.

fest[2]. Diese staatliche Lenkung findet in der Kameralistik ihren Ausdruck, über deren Wesen und Entwicklung die, wenn auch in manchen Teilen überholten, Arbeiten von W. Roscher[3], K. Zielenziger[4] sowie zahlreiche Spezialarbeiten[5] eingehend informieren.

In der Einleitung wurde bereits ausgeführt, daß sich die Untersuchung in erster Linie mit den technologischen Vorstellungen, die bei den Vertretern der deutschen Kameralistik vorherrschen, befassen will, beziehungsweise darzulegen sucht, welchen Beitrag diese Kameralistik für die industrielle Entwicklung leistete. Da diese neue Form eines wirtschaftlichen und auch politischen Denkens sich ungefähr seit der Mitte des 16. Jahrhunderts im Zusammenhang mit einer neuen Art fürstlicher Regierungskunst, der „Kammerpolitik" entwickelt, kann im großen und ganzen auf die Behandlung der davorliegenden Zeit verzichtet werden, wenn auch im Verlauf der Untersuchung für das Allgemeinverständnis zuweilen Rückgriffe unerläßlich scheinen. Wollte man die Wirkung der Kameralistik von ihrer wirtschaftspolitischen Seite her betrachten, so müßte man unbedingt in der Mitte des 16. Jahrhunderts ansetzen; denn bereits Persönlichkeiten wie Kaspar Klock (1583—1655) und Melchior von Ossa (1494—1563) sind, wenn auch in einem sehr engen Sinne, als Kameralisten zu bezeichnen. Technologisches Denken und Vorstellungsvermögen sind bei ihnen und ihren Zeitgenossen jedoch nicht zu finden. Auch hier bildet der Dreißigjährige Krieg eine entscheidende Zäsur, so daß die vorliegende Arbeit nur jene Kameralisten berücksichtigt, die nach der Mitte des 17. Jahrhunderts wirken und in ihren Schriften von den Lehren des Merkantilismus beeinflußt, neue Wege zum wirtschaftlichen Auf- und Ausbau des Landes suchen.

2. Bechers Leistung auf technologischem Gebiet

Vor allem für die zweite Hälfte des 17. Jahrhunderts erlangten zwei Vertreter der Kameralistik eine hervorragende Bedeutung, deren Schriften noch bis weit in die Mitte des folgenden Jahrhunderts hinein

---

[2] A. Müller-Armack, Genealogie der Wirtschaftsstile. Stuttgart 1941, S. 114. (M.-A. weist im übrigen nach, daß nahezu alle Kameralisten Protestanten waren.)
[3] W. Roscher, Geschichte der Nationalökonomie in Deutschland. München 1874.
[4] K. Zielenziger, Die alten deutschen Kameralisten. Ein Beitrag zur Geschichte der Nationalökonomie und zum Problem des Merkantilismus. Jena 1914.
[5] Hervorzuheben ist hier die Untersuchung von L. Sommer, Die österreichischen Kameralisten in dogmengeschichtlicher Darstellung. 2 Bde. Wien 1920—1925.

aufgelegt und als grundlegende Werke der kameralistischen Literatur betrachtet werden, es sind Johann Joachim Becher und Freiherr Wilhelm von Schröder.

Becher zählt zu den bedeutenden, vielseitig begabten Menschen des Barocks. H. Hassinger, Verfasser einer eingehenden Becher-Biografie, beurteilt ihn vielleicht etwas hart, wenn er schreibt: „Er war der Typ des barocken Projektenmachers, ja des Phantasten, bei dem die Grenzen der Wahrheit und wissenschaftlichen Akribie oft verschwimmen und die Spekulation zu wuchern scheint[6]." Immerhin verdanken ihm die verschiedensten Zweige der Wissenschaft wertvolle Anregungen, und gerade die Technologie hat manche seiner Vorschläge später aufgegriffen.

Becher, 1635 in Speyer als Sohn unbemittelter Eltern geboren, eignet sich schon frühzeitig autodidaktisch umfangreiche Kenntnisse auf dem Gebiete der Theologie, der Mathematik, Physik, Chemie und Medizin an, wobei er auch die Praxis nicht vernachlässigt, was sein späteres Interesse für technologische Probleme und Fragestellungen erklären mag. In der Vorrede einer seiner Schriften berichtet er selbst darüber: „... hierneben lernete ich occasione der Mathesis ethliche Handwerke und bey diesen observirete ich ihre Handwercks-Gebräuche und Privilegia, also gerietheich endlich an das Studium Politicum und Juridicum[7]."

Infolge der schlechten wirtschaftlichen Lage in seinem Elternhaus verläßt er es und hält sich während der nächsten Jahre in Schweden, später in Holland und Italien auf. 1657 kehrt er nach Deutschland zurück und erhält 1660 eine Stellung als Leibarzt am kurmainzischen Hof. 1661 wird Becher Doktor der Medizin und bald, wohl auf Vermittlung seines Schwiegervaters Philipp Wilhelm von Hörnigk, der ebenfalls zu den bedeutenden Kameralisten seiner Zeit zählt[8], wird er zum Professor ernannt. Bereits 1664 finden wir ihn am bayrischen Hof, ebenfalls als Leibarzt. Doch wie schon in Mainz beschäftigt sich Becher auch hier mit anderen Fachgebieten; denn gerade zwischen 1660 und 1670 erscheinen seine bedeutsamsten Schriften. In München ist er maßgeblich an der Errichtung der ersten Seidenmanufaktur beteiligt. 1660 erfüllt sich sein langgehegter Wunsch, er wird an den kaiserlichen Hof berufen, wobei wohl die alchemistischen Neigungen Kaiser Leopolds I. diese Anstellung bewirken; denn Becher hatte mehrere Schriften über die Chemie veröffentlicht. Daneben aber war

---

[6] H. Hassinger, Johann Joachim Becher (1635—1682). Wien 1951, S. 251.

[7] J. J. Becher, Methodus didactica. Frankfurt/München 1668.

[8] Hörnigks bedeutende, oft wiederaufgelegte Schrift „Österreich über alles, wann es nur will" (1682), bietet allerdings keinerlei technologische Aussagen.

bei Hofe sicher auch sein Hauptwerk, die „Politische Discurs" (1668) bekannt, worin Becher einer verstärkten Marktwirtschaft das Wort redet. Auch in Wien bietet er mehrere Projekte, hauptsächlich wirtschaftlicher Art, dem Hof an. 1676 errichtet er mit kaiserlicher Unterstützung sein „Kunst- und Werkhaus", das gewissermaßen als eine Art Lehrbetrieb im modernen Sinne wirken soll. Das Projekt entwickelt sich anfangs zufriedenstellend, wird dann aber durch Becher feindlich gesinnte Hofbeamte zu Fall gebracht. Auch ein erneuter Versuch durch Wilhelm von Schröder hat später nur vorübergehenden Erfolg. Becher verläßt 1677 Deutschland, wendet sich zunächst nach Holland und dann nach England, wo er 1682 verarmt und verbittert stirbt.

Bechers Interesse für das Handwerk und seine Arbeitsmethoden wurde bereits erwähnt. Den eigentlichen Anstoß für eine intensivere Beschäftigung mit der Technik und seine eigenen zahlreichen Erfindungen erhält er wohl durch seine Reisen, wobei Holland mit seinem blühenden Manufakturwesen ihm die meisten Anregungen bietet. Sind später seine eigenen Versuche, Manufakturen zu errichten, an diesem Vorbild orientiert, so ist doch zu betonen, daß Becher die holländischen Formen des Handels und der Marktwirtschaft, die vorwiegend von den Handelskompanien bestimmt werden, in seiner Schrift „Politische Discurs" als für Deutschland ungeeignet ablehnt. Welche Möglichkeiten Becher sieht, im deutschen Raum ein verstärktes, vom Ausland und besonders von ausländischen Fachkräften unabhängiges Manufakturwesen aufzubauen, versucht er 1676 mit der Errichtung seines „Kunst- und Werkhauses" auf dem Tabor in Wien zu demonstrieren[9]. In seiner Schrift „Närrische Weißheit und Weise Narrheit oder Ein Hundert so Politische als Physicalische, Mechanische und Mercantilische Propositionen und Concepten, deren etliche gut gethan / etliche zu nichts geworden.", die 1682 erscheint, legt Becher noch einmal dar, welche Absichten er mit der Errichtung dieses Manufakturhauses verband. Er betrachtet das „Kaiserl. Kunst- und Werck-Hauß" als ein Gebäude, „worinnen als in einem Seminario die Manufacturen und Künste erfunden und introduciret / die Leute abgericht / und auff das Land / und in die mitleidende gepopulirte Staedte diffundiret und stabilirt worden"[10]. Dieser kurze Satz birgt eine Fülle von zumindest für den deutschen Raum ungewöhnlichen Neuerungen. Bechers Werkhaus erfüllt nach dem Willen seines Schöpfers mehrere Funktionen: Einmal ist es als Lehrstätte gedacht, wo ausländische Fachkräfte inländische Arbeiter oder Handwerker mit dem Ziel unterrichten, daß

---
[9] Über seine Entstehung und Entwicklung unterrichtet ausführlich die Arbeit von H. J. Hatschek, Das Manufakturhaus auf dem Tabor in Wien. Leipzig 1886 (= Staats- u. sozialwissenschaftliche Forschungen, Bd. 6, Heft 1).
[10] Seite 122 der in Frankfurt a. M. 1707 erschienenen Auflage.

diese wiederum später in den „gepopulirten" Städten die gleiche Funktion ausüben, so daß in einer gewissen Zeit eine große Anzahl von einheimischen Fachkräften zur Verfügung steht. Andererseits dient die Einrichtung des Werkhauses der Erprobung neuer Verfahren und der Erfindung neuer Instrumente. Mit letzter Konsequenz durchdacht, bedeutet das nichts anderes, als daß der Staat, mit dessen Mithilfe ja das Werkhaus errichtet wurde, die technische Entwicklung im Lande steuern und fördern soll.

Diesen zweiten Grundgedanken Bechers, das Werkhaus zu einer Forschungsstätte zu entwickeln, haben Hatschek[11] gar nicht und Hassinger nur beiläufig beachtet. Dabei erkennt man Bechers Absicht allein schon an der Zusammensetzung der in diesem Werkhaus von Anfang an etablierten Einrichtungen und Werkstätten; denn neben einer Woll-, einer Seiden- und einer Geschirrmanufaktur, die vor allem Majolica herstellen soll, richtet Becher im Frühjahr 1676 ein chemisches Laboratorium, eine Apotheke, eine venezianische Glashütte und eine Schmelzhütte ein. Einrichtungen also, die weniger der gewinnbringenden Produktion als mehr der Entwicklung und Erfindung neuer Verfahren und Erzeugnisse dienen sollen. Überhaupt ist Becher einer der ersten, der durch seine Forschungen den Übergang von der Alchimie zur Chemie vorbereiten hilft. Seine Untersuchungen bereiten den Boden vor, auf dem später Georg Ernst Stahl (1660—1734) seine Phlogiston-Theorie aufbaut, die wiederum, obwohl sie sich als ein wenn auch fruchtbarer Irrtum herausstellt, den Beginn der wissenschaftlichen Chemie darstellt[12].

Doch nicht nur auf dem Gebiete der Chemie zeigt sich Bechers Neigung zum Experiment. Das gleiche gilt für den technischen Bereich, oder zeitgemäßer ausgedrückt, für die Mechanik. Hier scheinen ihm eine Fülle von Erfindungen geglückt zu sein, die aber entweder nicht ausgeführt wurden oder verloren gingen. Immerhin erfahren wir einiges, wenn auch in äußerst knapper Form, aus seiner bereits erwähnten „Närrischen Weisheit oder weisen Narrheit", das Zeugnis von Bechers Ideenreichtum ablegt. So rühmt er sich beispielsweise der Erfindung eines neuartigen Wasserrades[13] und einer neuen Sägemühle[14],

---

[11] Hatschek hebt auf S. 40 nur den Charakter des Werkhauses als Lehrwerkstätte hervor.

[12] Die Bedeutung Bechers erkennt bereits das „Conversations-Lexikon" (Brockhaus), Bd. II, [11]1864, Art. Becher.

[13] Becher (1707), S. 26: „D. Bechers Flußbett und neues Wasserrad zu einer Schiffmühle."

[14] Becher (1707), S. 58: „Ich habe derohalben eine Invention erdacht / Sägemühlen zu machen / welche mit Ochsen getrieben werden / und die man in den Wald verführen kan / zu den Bäumen selbst."

2. Bechers Leistung auf technologischem Gebiet

die seiner Meinung nach größere Leistungen vollbringen können als die bisher gebräuchlichen Maschinen. Allerdings sind diese Angaben Bechers doch mit einiger Vorsicht zu betrachten, da uns der Nachweis fehlt, ob Becher hier wirklich exakte Berechnungen vornahm oder ob es sich nur um, wenn auch realisierbare, Projekte handelte; denn neben solchen praktischen Zwecken dienenden Vorschlägen finden sich bei Becher auch „Erfindungen", die man heute vielleicht etwas zu geringschätzig als „barocke Spielereien" abtut. Man denke nur an sein (scheinbares) Perpetuum Mobile, eine Turmuhr, die durch aufgefangenes Regenwasser in dauerndem Gang gehalten werden sollte[15].

Für das Manufakturwesen erfand Becher ebenfalls neue Geräte und Maschinen oder verbesserte die herkömmlichen. Sein Werkhaus ließ er mit den damals modernsten Werkzeugen ausrüsten und eine von ihm verbesserte Bandmühle aufstellen[16]. Gerade mit der Einführung dieser Maschine sah sich Becher mit einem Problem konfrontiert, das in der merkantilistischen Epoche sehr umstritten war, dem sogenannten Maschinenproblem. Es ging hier um die Frage, ob man Maschinen einführen dürfe, welche die Zahl der bisher benötigten Arbeitskräfte herabsetzten. Vom rein merkantilistischen Standpunkt aus gesehen, waren solche Maschinen abzulehnen und solche Erfindungen zurückzuhalten, da sie nach damaliger Auffassung dem Gedanken der „Peuplierung" widersprachen. „Der Merkantilismus erblickte dagegen in der zahlreichen gewerblich tätigen Bevölkerung eine Vorbedingung für die Blüte des Gemeinwesens[17]."

Bechers Auffassung in diesem Punkte ist nicht klar zu umreißen. Hier gerät der Wirtschaftstheoretiker mit dem Erfinder in Konflikt. Hat er selbst in seinem Werkhaus in Wien die Bandmühle eingeführt, so widerspricht das seiner Forderung, die er im „Politische Discurs" vertritt; denn dort billigt er es, wenn die Regierung „diejenige künstliche inventiones verbiethen, durch welche man in der Arbeit die Menschen erspahrt, als da sind, die Band- und Strumpfmühlen, auch andere dergleichen instrumenta[18]". Ähnlich doppeldeutig äußert Becher sich in der „Närrischen Weisheit oder weisen Narrheit". Hier beschreibt er ein „Web-Instrument mit zwey Personen in einem Tage 100 Ellen

---

[15] Hassinger (1951), S. 21, berichtet ausführlich darüber.
[16] Vgl. Hatschek (1886), S. 36 ff. Zum Maschinenproblem speziell äußert sich eingehend J. Landau, Die Arbeiterfrage in Deutschland im 17. und 18. Jahrhundert und ihre Behandlung in der deutschen Kameralwissenschaft. Diss. Zürich 1915, S. 192 ff.
[17] K. Ergang, Friedrich der Große in seiner Stellung zum Maschinenproblem. In: Beiträge zur Geschichte der Technik (Jahrbuch VDI) 2, 1910, S. 79.
[18] J. J. Becher, Politische Discurs. ³1688, S. 124.

Lacken zu weben", schließt aber daran die Bemerkung: „Wiewohl ich nicht rathen will/ Instrumenta zu erfinden/ um Menschen zu ersparen/ oder ihnen ihre Nahrung zu verkürtzen/ so will ich doch nicht abrathen/ Instrumenta zu practiciren/ welche vortheilhafftig und nützlich seyn[19]."

Sah Becher in der Hebung von Handel und Gewerbe eine Aufgabe des Staates, so bot nach seiner Auffassung auch nur eine staatliche Lenkung des gesamten Bildungswesens dazu die Grundlage; denn nur mit ausreichend vorgebildeten Menschen ließen sich die gestellten Aufgaben bewältigen. Bereits in „Politische Discurs" entwickelte Becher einen Behördenplan, wo er verschiedene Kollegien für Recht, Polizei, Gesundheitswesen u. ä. forderte. Für die Erziehung und den Bereich der Wissenschaften plante er ein „Collegium doctrinale", das zur „Beförderung der Kinderzucht/ Studien, allerhand Exercitien und Stabilirung guter Wissenschaften[20]" dienen sollte. Darüber hinaus legte Becher einen eigenen Schulplan vor, der teilweise auf Vorschlägen des Marburger Professors und späteren Pfarrers in Hamburg Balthasar Schupp (1610—1661) und auf den Schriften von Comenius (1592—1670) basierte.

Bechers Plan sieht ein vierfach gestuftes Schulwesen vor.

1. Als Unterbau bleibt die Lese-, Schreib- und Rechenschule bestehen.

2. Vom zehnten Lebensjahr an besuchen die Schüler dann die Lateinschule.

3. Als dritte Stufe sieht nun Becher eine „mechanische Schule" vor, die Arithmetik, Geometrie, Trigonometrie, Kriegs- und Zivilbaukunst, Statik, Zeichnen und Buchhaltung umfaßt.

4. Den besonders Begabten, die später die Universität besuchen wollen, steht schließlich eine „philosophische Schule" offen, über deren besondere Lehrfächer Becher allerdings nichts aussagt[21].

Bechers Plan einer „mechanischen Schule" gelangt in veränderter Form erst im folgenden Jahrhundert zur Ausführung. Davon wird in einem anderen Kapitel noch zu sprechen sein.

Hassinger charakterisiert Bechers angestrebtes Ziel mit den treffenden Worten: „Sieht man von den theologischen und denen der reinen

---

[19] J. J. Becher (1707), S. 11 f.
[20] J. J. Becher (1688), S. 55.
[21] Der Schulplan findet sich in: „Entwurff oder Einladung einer Ruh-Liebenden und ihrem Nechsten zu dienenden Philosophischen Gesellschaft" (angehängt an die Psychosophia oder Seelen-Weisheit. Güstrow 1678. — Wahrscheinlich aber älter, vgl. dazu Hassinger (1951), S. 88).

Naturerkenntnis gewidmeten Werken ab, so ist sein Forschen und Darstellen nie ohne politische Zielsetzung. Alchimie, Technik, Sprachpädagogik werden nicht durchforscht und weitergetrieben ohne den Gedanken an Deutschlands Wohlfahrt[22]."

3. Technologische Ansätze bei Wilhelm von Schröder

Nicht jene Universalität des Wissens, aber auch nicht jenen ruhelosen, neuen Ideen nachgehenden Geist Bechers besaß der zweite bedeutende „österreichische Kameralist", Wilhelm von Schröder[23]. 1640 in Sachsen geboren, besuchte er später das Gymnasium in Gotha und wurde durch seinen Vater am Hofe Herzog Ernst des Frommen eingeführt. Im Jahre 1659 bezog Schröder die Universität Jena, um dort Jura zu studieren, gab das Studium aber bereits nach einem Jahr wieder auf und reiste, mit Empfehlungsschreiben versehen, über Holland nach England. Auf Fürsprache von Robert Boyle (1627—1691) wurde er bald Mitglied der eben (1660) erst gegründeten „Royal Society for the Improvement of Natural Knowledge", die es sich neben der naturwissenschaftlichen Forschung zum Ziele setzte, die „nützlichen Künste", also Handwerke und Manufakturen, zu verbessern. Schröder lernte hier den Alchimisten Kenelm Digby (um 1605—1665) kennen, der seine naturwissenschaftlichen Interessen weckte. In England wurde er auch mit den Staatsanschauungen von Thomas Hobbes vertraut, die seine späteren Schriften stark beeinflußten. 1663 kehrte Schröder nach Jena zurück und reichte eine Dissertation ein, die als staatsgefährdend abgelehnt wurde, da er in ihr den Gedanken eines krassen Absolutismus verfocht. Schröder kehrte wieder nach England zurück, und die nächsten Jahre waren von einer ruhelosen Reisetätigkeit erfüllt, bis er endlich, ähnlich wie Becher, auf Grund seiner alchimistischen und wirtschaftlichen Projekte die Aufmerksamkeit Kaiser Leopolds I. erregte. Wohl wegen seiner Kontakte zu England schickte ihn der Kaiser 1674 mit dem Auftrag nach London zurück, die englische Wirtschaft zu studieren. In einem Memorial der Wiener Hofkammer war genau festgelegt, worauf Schröder sein Augenmerk zu richten habe[24]. Er sollte sich vor allem über die englischen Woll-

---

[22] H. Hassinger (1951), S. 252.
[23] Der hier wiedergegebene Lebenslauf folgt der Darstellung von H. v. Srbik, Wilhelm von Schröder. Ein Beitrag zur Geschichte der Staatswissenschaften. In: Sitzungsberichte der Kaiserl. Akademie der Wissenschaften, Bd. 164. Wien 1910.
[24] „Memorial vor Herrn Wilhelm Schrötter, was derselbe in Engelland zu observiren habe." (Konzept Wien, Hofkammerarchiv, Wien 1675, abgedruckt bei Srbik (1910), S. 157 f.)

manufakturen unterrichten, um so Grundlagen für eine Errichtung von derlei Manufakturen in Österreich zu schaffen[25] und weiterhin die Glas-Spiegel- und Bleiweißerzeugung kennenlernen. Nach seiner Rückkehr schien seine Stellung am Hofe so weit gefestigt, daß er 1677 Becher als Leiter des Kunst- und Werkhauses ablöste. Allerdings verhinderten die Pest, die die von England mitgebrachten Arbeiter hinwegraffte, und der Brand des Hauses im Jahre 1683 sich anbahnende Erfolge. Pläne eines Wiederaufbaus scheiterten, da der Hof seine Unterstützung versagte. Schröder geriet in wirtschaftliche Schwierigkeiten und reiste wieder im Lande umher. In dieser Zeit verfaßte er seinen „Unterricht vom Goldmachen", eine alchimistische Schrift, und 1686 erschien schließlich sein Hauptwerk, die „Fürstliche Schatz- und Rent-Kammer", die ihm erneut die Gunst des Kaisers eintrug. Die letzten beiden Lebensjahre war er als Rat der Zipser und Preßburger Kammer tätig und starb 1688 zu Eperies in Ungarn.

Die „Fürstliche Schatz- und Rent-Kammer" zeigt Möglichkeiten und Wege zur Auffüllung der Staatskasse. Alle wirtschaftlichen Einrichtungen im Lande werden deshalb in erster Linie vom Standpunkt des steuerlichen Nutzens her betrachtet. Dennoch sollte man Schröders Auffassung, der im Gegensatz zu Becher ein überzeugter Anhänger des Absolutismus ist, keineswegs als „fiskalisch" bezeichnen. Er fordert in dieser Schrift nicht Steuererhebung ohne Rücksicht auf die Auswirkungen bei Handel und Gewerbe, sondern Stärkung der Wirtschaftskraft aus der Einsicht heraus, daß nur ein blühendes Gewerbewesen einer andauernden und sinnvollen Steuerbelastung gewachsen sein kann.

Aus solcher Erkenntnis resultiert auch Schröders Beschäftigung mit technologischen Problemen, die, wenn auch in bescheidenem Maße, ihren Niederschlag in der „Fürstlichen Schatz- und Rent-Kammer" findet. Bereits während seines ersten Aufenthaltes in London bekundete er starkes Interesse für die Versuche der „Royal Society", neben der eigentlichen naturwissenschaftlichen Forschung auch eine Bestandsaufnahme der Gewerbe und ihrer Produktionsweisen vorzunehmen. Deren Bestandsaufnahme gliedert sich in zwei Teile, einmal die rein zahlenmäßige, statistische Erfassung und zum anderen die technologische Beschreibung der erfaßten Gewerbezweige.

Dieses Prinzip befolgt auch Schröder in seiner Schrift. Um einen Überblick über die zu erwartenden Einnahmen an Steuern zu erhal-

---

[25] Ebd.: „4. Was sonsten von kunstlichen manufacturen webereyen in Engelland ist, so sich hier practiciren liess, darauf ist auch zu attendiren. 5. Nicht weniger was von curiosen instrumenten und inventionen zu manufacturen allda vorhanden, als da ist daß instrument spizen zu machen und dergleichen."

3. Technologische Ansätze bei Wilhelm von Schröder

ten, schlägt er dem Landesherren die Erstellung eines „Manufactur-Inventarii" vor, also eine tabellarische Erfassung aller Gewerbe, ihrer Meister, Gesellen und Lehrjungen. Hierzu gehört eine Aufstellung der verbrauchten und verkauften Materialien und Produkte, ihrer Anschaffungs- und Verkaufspreise und des jeweiligen Gewinnes[26]. Gleichfalls für dringend erforderlich hält Schröder „die Historia eines jeden Handwercks / darinnen die Geheimniß / wie solches menagiret werde / beschrieben seyn, Denn ohne dieses das rechte Inventarium nicht kan gemacht werden[27]". Wie Schröder sich ein solches Inventarium in der Form vorstellt, zeigt er am Beispiel der „Kappelmacher" (Kappenmacher) und „Zeugmacher", wobei er der Beschreibung eine „particulir-Tabel" beifügt[28].

Erst wenn der Landesherr ein solches Inventar besitzt, ist er nach Schröders Auffassung in der Lage, die Wirtschaft seines Landes zu heben, ihre Mängel zu erkennen und zu beseitigen[29]. An einer Stelle bezeichnet Schröder das Inventarium als eine „Staats-Brille"[30], durch die allein man den wirklichen Zustand eines Landes erkennen könne. Die Anfertigung eines solchen Verzeichnisses möchte Schröder einem neu zu gründenden „Manufactur-Ambt" übertragen. Zwar gab es damals in Wien schon ein von Becher ins Leben gerufenes „Commercien Collegium", aber dessen Wirksamkeit scheiterte an einem Teil seiner Mitglieder, die entschiedene Gegner Bechers waren und seine ursprünglichen Absichten durchkreuzten. Becher hatte sich das Collegium als eine Art Aufsichtsbehörde über die gesamte Wirtschaft gedacht, die in regelmäßigen Abständen den Wirtschaftsprozeß analysieren und entsprechende staatliche Maßnahmen einleiten sollte. Dieses Vorhaben scheiterte jedoch, da das Kollegium nur höchst selten tagte.

Schröders „Manufactur-Ambt" hingegen soll sich allein auf die Gewerbe konzentrieren, unabhängig sein und einem „studium continuum, non interruptum"[31] obliegen. Die Hauptaufgabe besteht in der An-

---

[26] Schröder, Wilhelm von; Fürstliche Schatz- und Rent-Kammer, S. 84: „Erstlich daß alle Handwercker und Handarbeiter klein und groß nach ihren Sorten rubriciret / nachgehents unterschrieben werden. Wie viel Meister / Gesellen / Jungen / wie viel sie in ihrem Handwerk consumiren / was sie machen / was sie verkauffen / wie viel sie gewinnen / wie viel sie verwechseln / wie viel Leute sie employiren / und wer weiters von ihnen dependiret."
[27] Schröder (1686), S. 84.
[28] Ebd., S. 85—93.
[29] Ebd., S. 103: „Die Mauth-Bücher und das Manufactur-Inventarium, werden alle Tage einem Fürsten eine neue Anleitung geben / wie das Einkommen eines Landes zu vermehren / und das Land zu verbessern sey."
[30] Ebd., S. 94.
[31] Ebd., S. 95.

fertigung des „Manufactur-Inventarii", wobei besonderer Wert auf die Beschreibung der Produktionsvorgänge gelegt wird[32]. Schröder weiß genau, daß eine staatliche Förderung und natürlich auch Lenkung nur möglich sind, wenn die Regierung die technologischen Gegebenheiten kennt. Eine staatliche Manufaktur läßt sich nur dann mit Erfolg einrichten, wenn neben der finanziellen Basis auch vorher Produktionsweisen und der Einsatz von neuen Maschinen und Geräten untersucht worden sind. Allerdings weiß Schröder auch um die Schwierigkeiten, technologische Verfahrensweisen von den zunftgebundenen Handwerkern zu erfahren. Deshalb fordert er die erneute Einrichtung eines Manufakturhauses, wie es Becher und er geleitet hatten. Der Besitzer eines solchen Betriebes soll vom Staate privilegiert werden und dafür als Gegenleistung die bei ihm erprobten Arbeitsverfahren dem „Manufactur-Ambt" zuleiten, damit dieses die dort gewonnenen Erfahrungen für seine Projekte weiterverwenden kann[33]. Schröder fußt hierbei eindeutig auf den Vorstellungen Bechers, der, wie wir bereits sahen, sein „Kunst- und Werkhaus" als Muster- und Lehrwerkstatt für das gesamte Reich verstanden wissen wollte.

Was Becher und Schröder über ihre Zeitgenossen zumindest im deutschen Raum hinaushebt, ist das deutliche Bewußtsein von der Bedeutung der Technik für die Wirtschaft. Wie sich noch zeigen wird, greifen sie damit der Praxis beinahe um einhundert Jahre voraus. Allerdings muß hinzugefügt werden, daß beide auf Grund ihrer Ausbildung, Entwicklung und Begabung den Kameralisten ihrer Zeit, nehmen wir beispielsweise Seckendorff, weit überlegen waren. Beide besaßen gründliche naturwissenschaftliche Kenntnisse und beschäftigten sich mit der Alchimie, einem Gebiet, das zum Experimentieren reizte. Becher ist auf diesem Gebiete, aber auch auf dem der Mechanik der wesentlich genialere, während Schröder mehr im Theoretischen stekkenbleibt. Dem Hang zum Experiment entspricht der Drang zum Projektieren, eine Eigenschaft, die oft zu phantasievollen Vorstellungen führt und dabei manchmal den wirklichen Nutzen eines solchen Projektes verschleiert. Kurzel-Runtscheiner würdigt Becher, Schröder und auch v. Hörnigk treffend, wenn er schreibt: „... sie alle haben im Sinne der kameralistischen Forderung, das Manufakturwesen zu schützen und zu entwickeln, gewirkt und damit das Wiederaufblühen von Technik und Gewerbe im deutschen Raum eingeleitet[34]."

---

[32] Ebd., S. 97: „So sollen aber / zu unserem Zweg ferner zugelangen / die Bediente des Manufactur-Amts / nach kurz vorher erwehnter Arth alle Manufacturen / und Künste mit allen ihren Geheimnissen zubeschreiben gehalten seyn / damit man sich dessen / wie gemeldet bedienen könne."
[33] Schröder (1686), S. 97 f.
[34] E. Kurzel-Runtscheiner, Meister der Technik. Wien 1957, S. 121.

II. Ansätze technologischen Denkens in der sogenannten „Hausväterliteratur"

1. Ursprung und Bedeutung der „Hausväterliteratur"

Im ersten Kapitel wurde von der „Kameralistik" und der sich damit entwickelnden Literatur gesprochen. Letztere war je nach dem beabsichtigten Schwerpunkt politischer, wirtschaftlicher oder finanztechnischer Natur und ist im großen und ganzen doch als wissenschaftlich zu kennzeichnen. Gerade wegen ihrer Wissenschaftlichkeit setzten diese Bücher beim Leser einen gewissen Bildungsgrad voraus, über den in dieser Zeit nur ein eng begrenzter Kreis von studierten Leuten verfügte.

Wenn aber die Frage nach dem technologischen Verständnis einer bestimmten Zeit aufgeworfen wird, so genügt es nicht, die Untersuchung nur auf eine Bevölkerungsschicht zu beschränken, die, mit gewissen Vorbehalten, schon immer Neuerungen und geistige Entwicklungen anregte. Objektiv wird das Bild erst, wenn auch jene Bevölkerungsschichten Berücksichtigung finden, die eine geringe oder, auf Grund ihrer Zugehörigkeit zu einem bestimmten Stand, gar keine Beziehung zur Wissenschaft besitzen. Hier sind vor allem Teile des niederen Landadels, des Bürgertums (Handwerker und Kaufleute mit geringem Vermögen) und der Bauernstand zu nennen. Otto Brunner weist in seinen sozialgeschichtlichen Arbeiten[1] nach, daß mit dem Aufkommen des Absolutismus und der damit sich entwickelnden neuen Wirtschaftsform, dem Merkantilismus, der selbst wiederum die Industrialisierung vorbereitet, das Ende der „adlig-bäuerlichen" Kulturwelt gekommen ist, von der die bisherige europäische Kultur- und Geistesgeschichte entscheidend geprägt erscheint. Das „Haus" gilt, wie Brunner feststellt, als grundlegendes Sozialgebilde dieser Epoche[2], wobei dieses Wort heute eine starke Begriffsverengung erfahren hat. „Haus" war bis zum Beginn des 18. Jahrhunderts ein Sammelbegriff, der die Einheit von Familie, Haushalt und Wirtschaftsbetrieb umschrieb, was natürlich hauptsächlich auf den ländlichen Wirtschafts-

---

[1] O. Brunner, Adeliges Landleben und europäischer Geist. Das Leben und Werk Wolf Helmhards von Hohberg 1612—1688. Salzburg 1949; Das „ganze Haus" und die alteuropäische Ökonomik. In: Neue Wege der Sozialgeschichte, Göttingen 1956, S. 36—61.

[2] O. Brunner (1949), S. 237.

II. Ansätze technologischen Denkens in der „Hausväterliteratur"

oder Gutsbetrieb zutraf, in beschränktem Maße aber auch für die Haushaltung in der Stadt galt.

Basierend auf der antiken Ökonomik (u. a. Xenophon und Aristoteles), seit dem 16. Jahrhundert verschmolzen mit dem Gedankengut Luthers, entwickelte sich vorwiegend im deutschen Raum eine „Lehre vom Hause", die vor allem die ethischen Grundlagen des Zusammenlebens im „Hause" behandelte[3]. In Deutschland entstand nun im obengenannten Zeitraum eine neue Literaturgattung, die nach den hauptsächlich angesprochenen Lesern als „Hausväterliteratur" bezeichnet wird. Diese Literatur umfaßt allerdings nun nicht nur ethische Probleme, sondern erhält durch die Einbeziehung landwirtschaftlicher Fragen den Charakter eines Handbuches für den „Hausvater". Brunner definiert diese Schriften wie folgt: „Hausväterliteratur ist die Bezeichnung einer vorwiegend auf deutschem Boden entstandenen und verbreiteten Gruppe von Werken des 16.—18. Jahrhunderts, die die Lehre vom Haus mit einer eingehenden Darstellung der Landwirtschaft verbinden[4]."

Die Werke der „Hausväterliteratur" sind zunächst in erster Linie für den Gutsherrn gedacht. Erst später erstreckt sich ihr Einfluß auch auf die oben erwähnten Bevölkerungsschichten. Solche Bücher sollen bei der Bewirtschaftung des Besitzes als praktische Ratgeber dienen. Bei der Gutswirtschaft handelte es sich um ein kompliziertes, geschlossenes Wirtschaftssystem, dessen Lenkung vielseitige Kenntnisse erforderte. Wie vielgestaltig die Aufgaben eines „Hausvaters" waren, läßt sich am besten an den Sachgebieten erkennen, die in den „Hauslehren oder Haushaltungsbüchern" enthalten waren. Neben dem ethischen Teil, in dem die religiösen Aufgaben des Hausvaters, der Hausmutter, ihr Verhältnis zueinander, zu den Kindern und dem Gesinde abgehandelt wurden, stand ein technischer Teil, der sich auf die praktische Wirtschaftsführung erstreckte. Hier fanden sich Ratschläge über die Ackerbestellung, die Viehzucht, die Jagd und Fischerei, über Tätigkeiten im Haushalt, wie Backen, Brauen, den Bau von Hof- und Stallgebäuden. Hinweise über Krankenpflege fehlten ebensowenig wie „die Lehre von gewerblichen Techniken, die im Rahmen des Hauses ausgeübt wurden, wie Ziegel- und Kalkbrennen, Regeln für den Betrieb von Steinbrüchen und für das Verhalten zu Handwerkern, die zeitweise im Hause arbeiteten. Aberglauben, Traumdeutung, Astrologie,

---

[3] Hierüber informiert ausführlich: J. Hoffmann, Die „Hausväterliteratur" und die „Predigten über den christlichen Hausstand." Weinheim-Berlin 1959. Göttinger Studien zur Pädagogik, Heft 37.
[4] O. Brunner, Handwörterbuch der Sozialwissenschaften, Bd. 5, Stuttgart-Tübingen-Göttingen 1956. Art. Hausväterliteratur, S. 92 f.

2. Technologische Ansätze bei Coler, Böckler, Glorez, Florinus

Empfehlungen für die Aufstellung von Haushaltsrechnungen, Briefsteller, Juristisches, Hinweise auf ‚Raritäten' oder ‚Curiositäten'[5]."

Uns mag diese Mischung von Ratschlägen und Belehrungen, deren Zusammenstellung sich je nach Verfasser änderte, heute etwas merkwürdig erscheinen, doch da diese „Hauslehren" den gesamten Problemkreis der ländlichen Haushaltung in einem nicht allzu weitläufigen Werk erfassen sollten, war kein anderer Weg gangbar. Lag im Anfang das Schwergewicht auf dem ethischen, so verschob es sich, als man gegen Ende des 17. Jahrhunderts im Zuge des sich entwickelnden rationalistischen Denkens mehr Wert auf die „nützlichen Dinge" legte, mehr auf den praktischen Teil. Für die Kultur- und die Wissenschaftsgeschichte stellt die „Hausväterliteratur" eine unschätzbare Fundgrube dar. Auf die Bedeutung für die Entwicklung der Landwirtschaftswissenschaft wiesen Karl Fraas und Wilhelm Roscher bereits im letzten Jahrhundert hin. Die sozialgeschichtlichen und ethischen Momente in der „Hausväterliteratur" wurden jedoch erst in jüngster Zeit von Otto Brunner und Julius Hoffmann dargelegt. Doch auch für die Wissenschaftsgeschichte anderer Disziplinen bietet sich reiches Material. Hier muß nicht zuletzt die Technikgeschichte genannt werden. Ein erster Anfang soll im Rahmen dieser Arbeit geboten werden, wobei jedoch zu betonen ist, daß dabei nicht so sehr der technische als vielmehr der technologische Standpunkt im Auge behalten werden muß.

2. Die Berücksichtigung technologischer Probleme in der „Hausväterliteratur" bis zum Beginn des 18. Jahrhunderts

Ob und inwieweit man bei den Verfassern der „Hauslehren" schon von einem „technologischen Denken" im Sinne Beckmanns sprechen kann, soll nun an Hand von Beispielen aus verschiedenen Hauslehren in chronologischer Folge dargelegt werden.

Als der Begründer der deutschen „Hausväterliteratur" gilt Johann Coler (1566—1639). In Adelsdorf bei Goldberg in Schlesien geboren, studierte er zunächst ab 1588 in Frankfurt/O. „artes liberales" und Medizin. In den neunziger Jahren befaßte er sich in Wien und Jena mit der Jurisprudenz und wandte sich später noch der Theologie zu. Coler starb als Pfarrer und Superintendent in Parchim (Mecklenburg).

Während seiner ersten Studienzeit verfaßte Coler jene „Hauslehre", die als Vorbild für alle späteren Werke dieser Gattung diente. Fast

---

[5] J. Hoffmann (1959), S. 63 f.

II. Ansätze technologischen Denkens in der „Hausväterliteratur"

alle Verfasser von „Hauslehren" nehmen mehr oder minder auf Johann Coler Bezug, schreiben von ihm ab, ergänzen oder verbessern ihn. Colers Hauptwerk besteht aus zwei Teilen, dem „Calendarium Oeconomicum Perpetuum" (1. Auflage 1592) und der „Oeconomia oder Haußbuch", die in der vermehrten Ausgabe von 1604 zusammengefaßt wurden[6].

In welchem Maße Coler auf der antiken Ökonomik und der antiken Agrarlehre fußt, wie weit er sie übernimmt und auf Grund eigener Überlegungen und Beobachtungen weiterführt, ist für unseren Zusammenhang nicht weiter entscheidend, darüber informiert eingehend die bereits genannte Arbeit von Hoffmann.

Ob aber Coler gegen Ende des 16. Jahrhunderts schon in der Lage war, technologische Zusammenhänge zu erkennen und zu beschreiben, läßt sich am besten an seiner Schrift „Oeconomia oder Haußbuch" darlegen[7].

Selbstverständlich spielt die Behandlung technischer Vorgänge und Gegebenheiten in Colers Buch nur eine nachgeordnete Rolle; denn der ländliche Wirtschaftsbetrieb seiner Zeit verfügt, wenn man einmal von speziellen Ackergeräten absieht, nur über sehr wenige technische Hilfsmittel. Doch verbreitet sich Coler in zwei Kapiteln sehr ausführlich über das „Backen" und „Brawen", also zwei Tätigkeiten, die sich vornehmlich in den Städten schon seit langem zu selbständigen Handwerkszweigen entwickelt hatten, deren Keimzelle aber im ländlichen Haushalt lag. Hier hätte der Verfasser eines „Hausbuches" nun eine eingehende Beschreibung zum Beispiel des Backens geben, er hätte Arbeitsvorgang und technische Hilfsmittel erklären können. Nichts von alledem ist bei Coler zu finden. Was er in seinen weitschweifigen Erklärungen bietet, sind lediglich, modern ausgedrückt, „Tips", Hinweise, wie man dieses und jenes beachten müsse, wie man den Geschmack des Brotes verbessern könne usw. Anregungen zum Gebrauch technischer Hilfsmittel fehlen völlig. Taucht ein bestimmter „terminus technicus" auf, so wird er nicht weiter erläutert, sondern als bekannt vorausgesetzt.

---

[6] Nach dieser Ausgabe wird zitiert.
[7] Der vollständige Titel lautet: „Oeconomia oder Haußbuch M. Johannis Coleri. Erster Teil: Zum Calendario Oeconomico & perpetuo gehörig. Darinnen begriffen vnd außführlich erkleret ist / Wie ein Haußwirth / nach dem ihn Gott der Allmechtige gesegnet / ferner seine Nahrung nechst Gott anstellen sol / auch fruchtbarlichen geniessen vnd verbrauchen: Alldieweil in solchem angezeiget wird / wie ein Haußwirth erstlich sein Gesinde wol regieren sol / hernach / von allerley sachen zur Haußhaltung gehörig / Als von Brawen / Backen / Bleichen / Weinbergen / Gärten / Hölzung / Ackerbaw / Viehzucht / Jagten / Fisch vnd Vogelfang / Endlich von einer Haußartzney oder Haußapotheken vor den gemeynen Man."

2. Technologische Ansätze bei Coler, Böckler, Glorez, Florinus

Das gilt auch für das Kapitel über das „Brawen". Hier gibt Coler nur Hinweise, wie das Bier geschmacklich zu verbessern, wie es zu lagern sei. Dann folgt eine seitenlange Aufzählung der in den einzelnen deutschen Landschaften und Orten gebrauten Biere und eine Beurteilung ihres speziellen Wohlgeschmacks. Auch hier bietet Coler keinerlei Beschreibung des Brauvorganges und der zu verwendenden Gerätschaften. Ist das aber doch einmal der Fall, wie im Kapitel über den „Gartenbaw", wo er das Pfropfen beschreibt, so erscheint seine Darstellung wenig instruktiv. Zwar zählt Coler die zum Pfropfen nötigen Werkzeuge auf und nennt den Verwendungszweck, erläutert aber nicht den Gebrauch der Geräte[8].

Warum beschreibt Coler das „Brawen", „Backen" und den „Gartenbaw" in dieser, wie es scheint, oberflächlichen Weise? Liegt hier mangelndes technisches Verständnis oder gar Unkenntnis vor? Verbreitet er sich hier über eine Materie, die er als Theoretiker gar nicht beherrschen kann, und schreibt er nur von anderen ab? Diese Fragen lassen sich, wie uns scheint, mit guten Gründen verneinen. Nicht zuletzt beweist das die oben erwähnte Textstelle. Coler kennt durchaus die Geräte, welche zum Pfropfen nötig sind oder dazu verwendet werden können, aber er erachtet es nicht für wichtig, sie näher zu beschreiben; denn sie sind jedem bekannt. Diese Feststellung erscheint zunächst äußerst simpel. Aber wenn etwas allgemein bekannt ist, ist es meistens alt. Die Arbeitsvorgänge beim Backen, Brauen, bei der Anlage von Stallungen, Brunnen oder Fischteichen wurden seit Jahrhunderten fast unverändert überliefert. Neuerungen setzten sich nur zögernd durch. Coler hätte also nur Allzubekanntes wiederholt, wäre er in seinem Buche darauf eingegangen. Allerdings kann man nun mit ebenso gutem Grund auf eine gewisse Stagnation auf dem technischen Sektor schließen; denn Coler hätte Neuerungen auf diesem Gebiet sicher erwähnt. Gewiß, in den einzelnen Handwerkszweigen ging man zuweilen neue Wege, aber auch hier engten falsch verstandenes Traditionsbewußtsein und strenge Zunftregeln die Suche nach Verbesserungen ein. Wenn sich eine Neuerung dennoch durchsetzte, blieb sie meist streng gehütetes Geheimnis der Zunft. Hier waren also tech-

---

[8] Coler (1604), 2. Teil, S. 113 f.: „Es muß aber ein Gärtner einen langen Messel haben / damit er die Propffstemme auffspelt, so mus er zum wenigsten ein höltzern keilichen haben, das er in die auffgespaltene stemme stecket. / das er die Propffreiser einsetzen kan / Item ein scharff Messer oder Stoßsegichen / damit er die Propffstemme mit entzwey schneide / sonderlich wenn sie etwas dicke sein / vnd mit einem glat one riß vnd verletzung oder verderbung der rinden nicht können entzwey geschnitten / einen feinen breiten scharffen Messel (denn des Gärtners Zeug mus alles gar scharff sein) vnd höltzerne Hammer / damit man die Este von den Beumen abschlegt..."

nischen Kenntnissen und Erkenntnissen einer breiteren Schicht von vornherein Grenzen gesetzt.

Colers „Haußbuch" wendet sich vor allem an den Landmann, den „Hausvater", darum ist es populärwissenschaftlich gehalten. Das Verhältnis des Menschen zur Technik und zur Wirtschaft, beziehungsweise deren Nutzen für das Leben, wird nicht erörtert. Damit soll natürlich keineswegs bestritten werden, daß zu Colers Lebzeiten Schriften erschienen, die durchaus bereits technologische Aspekte aufwiesen, wie zum Beispiel das 1607 in Leipzig erschienene „Theatrum machinarum" von Heinrich Zeising[9]. „Der technologische Aspekt wird", wie Albrecht Timm hervorhebt, „durch die dem 3. Teil beigefügte ‚sächsische Mühlenordnung' des Kurfürsten August aus dem Jahre 1568 nur unterstrichen[10]." Doch hierbei handelt es sich eben um ein „Fachbuch", das mit großer Wahrscheinlichkeit nur einen ganz kleinen Interessentenkreis ansprach. Von einer Breitenwirkung, wie sie Colers Buch erreichte und wie seine zahlreichen Auflagen noch bis in die Mitte des 18. Jahrhunderts (!) hinein beweisen, konnte keine Rede sein.

Nachdem der Dreißigjährige Krieg zunächst eine Weiterentwicklung der „Hausväterliteratur" zumindest gehemmt hatte, nimmt sie in den Jahrzehnten danach einen ungeahnten Aufschwung und gewinnt ihre eigentliche Bedeutung. Der Anstoß dazu geht, wenn auch indirekt, von den Landesherren aus, die sich angestrengt bemühen, das durch den Krieg verlorengegangene Arbeitsethos wieder zu wecken und die Wirtschaft in Gang zu bringen. Ein Ausdruck dieser Bemühungen ist auch, wie bereits erwähnt, die nun entstehende „Kameralistik".

Auf Colers Arbeiten fußend, entsteht nun bald eine wahre Flut von „Hauslehren", die den Markt überschwemmt und ihre Abnehmer findet. Hängen viele Verfasser auch sklavisch an dem Vorbild Colers, so gibt es doch einige, die andere Wege zu gehen versuchen, freilich dabei Colers große Leistung im Auge behalten. Hier ist vor allem der „Architect & Ingenieur" (so bezeichnet er sich selbst in einem seiner Bücher) Georg Andreas Böckler zu nennen. Wahrscheinlich um die Mitte des 17. Jahrhunderts in Straßburg geboren, lebt er längere Zeit dort sowie in Frankfurt/M. und Nürnberg und tritt 1675 in die Dienste Johann Friedrichs von Brandenburg. Böckler macht sich vor allem durch seine Schriften technischer und ökonomischer Art einen Namen. Neben mehreren Schriften aus dem Bereiche des Kriegswesens erscheint 1661 sein „Theatrum machinarum novum oder Schauplatz der mechanischen

---

[9] Zeising behandelt hier in erster Linie Hebezeuge aller Art, wobei er eine kurze Einführung in die Gesetze der Mechanik vorausschickt.
[10] Timm (1964), S. 25.

2. Technologische Ansätze bei Coler, Böckler, Glorez, Florinus

Künsten von Mühl- und Wasserwerken", ein mit zahlreichen Abbildungen versehenes Maschinenbuch. 1664 bringt er seine „Architectura Nova Curiosa" heraus. Hier befaßt sich Böckler zunächst allgemein mit dem Luft- und Wasserdruck, um dann deren Anwendung und Ausnutzung bei der Anlage von Brunnen, Gärten und Palästen zu demonstrieren.

Ansätze technologischer Art aber verrät die „Nützliche Hauß- und Feldschule", die 1678 in Nürnberg verlegt wird. Hier versucht sich demnach ein „Techniker" an der Darstellung des „Hauswesens", und das ist auch in jedem Kapitel des dickleibigen, in Großoktav gehaltenen Bandes deutlich zu spüren. Wie Böckler es unternimmt, den Nutzen der Technik für die Bewirtschaftung eines Gutes und seiner Haushaltung aufzuzeigen, wird im folgenden dargelegt.

Böckler beginnt mit der Beschreibung eines „Meyerhofes" in seiner Idealform, wie er also unter Ausnutzung aller wirtschaftlichen und technischen Möglichkeiten aussehen sollte[11]. Was bei Coler völlig fehlt, von einigen schmückenden Vignetten abgesehen, wird hier zum wichtigen Bestandteil des Buches; das Bild, oder vielmehr die präzise Zeichnung, der genaue Grundriß oder Querschnitt! Der Grundriß eines „Meyerhofes" mit seinen Wirtschafts- und Wohngebäuden bildet den Ausgangspunkt für Böcklers Darlegungen. Er beginnt mit der Aufzählung der Baumaterialien, also der Steine, Erden und Hölzer und zeigt ihre zweckmäßigste Verwendung für die jeweiligen Gebäudeteile. Daran schließt sich eine Beschreibung der anzulegenden Gebäude wie Wohnhaus, Ställe, Scheunen, Waschküche, Backhaus und Brunnen. Böckler geht allerdings nicht so weit, daß er den Bau dieser Anlagen rein handwerklich schildert, also praktisch einen „Schnellkursus" im Bauen und Zimmern gibt. Seine Absicht ist es vielmehr, dem Bauherren und zukünftigen „Hausvater" Kenntnisse zu vermitteln, damit er die Anlage seines Hofes überwachen und nach ökonomischen Gesichtspunkten gestalten kann. Die Erzielung eines größtmöglichen Nutzens, wenn es Böckler auch nicht wörtlich ausspricht, soll erreicht werden. Grundrisse, Quer- und Längsschnitte verdeutlichen jede Erklärung. Selbst im Abschnitt „von Weyhern und Fisch-Teichen"[12] fehlen sie nicht. Die Anlage einer Schleuse zur Regulierung des Abflusses wird an Hand von drei Zeichnungen erläutert[13]. Ergeht sich Coler noch in allgemeinen Hinweisen und Andeutungen, so tritt bei Böckler stets der „Architect & Ingenieur", das heißt der präzis denkende Praktiker, zutage.

---

[11] Böckler (1678), S.1—58.
[12] Böckler (1678), S. 314 ff.
[13] Ebd., S. 316 ff.

II. Ansätze technologischen Denkens in der „Hausväterliteratur"

Von Coler wurde oben eine Textstelle zitiert, in der er die beim Pfropfen nötigen Werkzeuge aufzählt. Vergleicht man einmal damit die entsprechende Stelle bei Böckler, so erscheinen dort zunächst Schaubilder, die in Form von tabellarischen Übersichten, wie sie auch heute noch in Konversationslexika zu finden sind, die einzelnen Geräte zeigen[14]. Zwar war es bisher durchaus üblich, solche Geräte abzubilden, aber sie erschienen doch meist nur als Attribute der auf den Kupfern dargestellten Personen. Auf diese Weise wurde zwar dem Betrachter die jeweilige Funktion eines Werkzeuges klar, er erhielt jedoch keinen Eindruck von diesem selbst, seiner Form und Konstruktionsweise. Das aber ist gerade die Absicht Böcklers. Seine Abbildungen der Instrumente sind als Vorlagen für einen Nachbau gedacht, das heißt, der „Hausvater" kann auf Grund der Vorlagen beim Schmied das gewünschte Werkzeug anfertigen lassen.

Zu den Abbildungen gibt Böckler dann noch kurze Erläuterungen über den jeweiligen Verwendungszweck des Werkzeuges. Erinnert man sich nochmals an Colers Aufzählung der Gartengeräte und setzt eine Textprobe aus der „Hauß- und Feldschule" dagegen, so wird der grundsätzliche Unterschied deutlich. Zu Figur 1 schreibt Böckler: „Eine Raupenscheer / mit einer stählern Feder / so man mit einem Stricklein ziehen kan / diese wird auf eine Stange gestecket / damit man in der Höhe den Bäumen die Rauppen-Nester abzwicken könne[15]." Und bei Figur 6 heißt es: „Ist eine grosse Hepe / so zu dem Heckenwerck gebrauchet / wird an ethlichen Orthen eine Reißhacke genennet[16]." Abbildungen von Zäunen, Hecken und Gräben[17] sowie geometrische Grundrisse von Ziergärten[18] vervollständigen den gärtnerischen Teil.

Im Buch „Vom Weinbau" befaßt Böckler sich mit der Hege und Pflege der Weinstöcke, verweist auf die dazu nötigen Werkzeuge, um dann näher auf vier abgebildete Weinpressen einzugehen. Der Weiterverarbeitung des Weines zu Weinbrand mißt Böckler eine so große Bedeutung zu, daß er eine genaue Anleitung zum „Distillieren" gibt. Weiterhin untersucht er verschiedenartige Destilliergeräte[19]. Bemerkens-

---

[14] Ebd., nach den Seiten 353, 382, 408, 410.
[15] Böckler (1678), S. 381.
[16] Ebd., S. 381.
[17] Ebd., S. 422.
[18] Ebd., S. 580.
[19] Ebd., S. 879: „Die Instrument und Werckzeuge / wie auch die Oefen / so zum Distillieren erfordert werden / so seynd dieselbigen sehr viel und mancherley / je nachdem es die Materi erfordert / so man distillieren will / nach solchem müssen auch die Instrumenta und Werckzeuge geordnet und zugerichtet werden. Wann wir demnach bey unserm Meyerhofe nur solche Oefen / so gemein und zur Artzney gehörig / allhie zu beschreiben vor-

2. Technologische Ansätze bei Coler, Böckler, Glorez, Florinus

wert ist dieser Abschnitt insofern, als Böckler sich hier als ein Mann ausweist, der einen klaren Sinn für das Nützliche und Praktische besitzt und seine Vorschläge nach ökonomischen Gesichtspunkten unterbreitet. Nur was dem „Hausvater" auch wirklich zum Vorteile dienen kann, führt er in seinem Buche an. Was uns heute als selbstverständlich erscheint, war es für jene Zeit keineswegs. Eine ganze Reihe von „Hauslehren", die sich „modern" geben wollen, sind vollgestopft mit Hinweisen auf neue Erfindungen und Projekte, die meist noch nicht auf ihre Verwendbarkeit hin geprüft wurden und für einen „Hausvater" uninteressant sind, weil er sie in seiner Wirtschaft ohnehin nicht gebrauchen kann. Beispiele dazu soll der noch zu behandelnde Andreas Glorez liefern[20].

Böckler hingegen hält sich streng an die wirtschaftlichen Gegebenheiten und die technischen Möglichkeiten des „Meyerhofes". Das erweist sich auch an seinen Beiträgen über „Wag und Gewicht"[21]. Genaues Wägen, präzise Hohlmaße und die Fähigkeit, die Grundfläche eines unregelmäßigen Feldstückes berechnen zu können, sparen dem „Hausvater" viel Geld, meint Böckler. Auch der Abschnitt über die Berechnung und Anfertigung von „Sonnen-Uhren"[22] kann nicht nur als reine Spielerei angesehen werden; denn die Anschaffung einer für alle Bediensteten sichtbaren mechanischen Uhr käme wesentlich teurer.

Die weite Verbreitung und Beachtung, die Böcklers „Nützliche Hauß- und Feldschule" damals findet, ist nicht zuletzt dem Umstand zuzuschreiben, daß der Verfasser aus der Blickrichtung seines Berufes (Architekt und Ingenieur) heraus seine Anregungen klar und nüchtern darlegt. An die Stelle des humanistisch gefärbten und etwas weitschweifigen Stiles von Coler tritt nun der, man kann schon sagen, ohne anachronistisch zu sein, „naturwissenschaftliche" Stil Böcklers. Sein Buch zeigt durchaus technologische Vorstellungen, wenn er Technik (siehe das „Distillieren") und Naturwissenschaft (siehe das „Visieren" und die Flächenberechnung) dem „Hausvater" nahebringen will. Gewiß hat Böckler manches, was er anscheinend selbst nicht genügend kannte oder konnte, weggelassen, aber das spricht nur für ihn. So verzichtet er ebenfalls wie Coler auf eine Beschreibung des Back- und Brauvorganges, wobei er jedoch anmerkt, daß das auch nicht nötig sei, da man auf dem Hofe keine so große Bäcker- oder Brauerei brauche, wie sie in den Städten vorhanden seien.

---

genommen; als wollen wir die andern / so zur Chymia und höhern Künsten gehörig / hiermit vorbeygehen / und nur diejenigen beschreiben / so zur Haußhaltung unsres Hofes dienlich sein möchten /..."

[20] Vgl. S. 37.
[21] Böckler (1678), S. 1240 ff.
[22] Ebd., S. 1262 ff.

II. Ansätze technologischen Denkens in der „Hausväterliteratur"

Wenn an Hand von „Hausväterliteratur" eine gewisse Entwicklungslinie in bezug auf ein technisches Allgemeinverständnis und Interesse gezeigt werden soll, fügt sich, chronologisch gesehen, an dieser Stelle die „Georgica Coriosa" ein; denn ihr Verfasser, der Landedelmann Wolf Helmhard von Hohberg (1612—1688), der dieses zweibändige Werk 1682 in Nürnberg drucken ließ, zählt auch heute noch zu den bedeutendsten Vertretern der „Hausväterliteratur". Dieses Urteil bezieht sich vor allem auf die in seinem Werk hervortretende ethisch-geistige Grundhaltung und nicht auf den technisch-praktischen Teil, der bis zu Hohberg hin — Böckler stellt hier eine Ausnahme dar — nur als nützliches Anhängsel zu verstehen ist. Otto Brunner schildert in seinem Buch „Adeliges Landleben und europäischer Geist" das Absterben der bis zum Ende des 17. Jahrhunderts vorherrschenden adlig-bäuerlichen Kulturwelt und Hohberg als einen ihrer letzten Vertreter. Technologisches Gedankengut ist bei Hohberg begreiflicherweise kaum zu finden. Mit naturwissenschaftlichen Problemen beschäftigt er sich nur so weit, als sie ihm nützlich für die Intensivierung des Ackerbaues erscheinen. Von der aufstrebenden Technik in Handel und Gewerbe nimmt er kaum Notiz[23].

Beinahe zwanzig Jahre später (1699) erscheint, wohl in Nürnberg[24], ein Hausväterbuch, das wiederum in technologischer Hinsicht Aufschlüsse bietet und jene dynamische Entwicklung verdeutlicht, die sich im letzten Drittel des 17. Jahrhunderts anbahnt und dann im 18. Jahrhundert voll zum Tragen kommt. Der Titel des dicken Foliobandes, dem sich noch bald darauf eine „Continuation" anschließt, lautet: „Vollständige Hauß- und Land-Bibliothec. Worinnen der Grund unverfälschter Wissenschaft zu finden ist / deren sich bei jetziger Zeit ein Hof-Handels-Hauß-Burgers- und Land-Mann zu seinem reichlichen Nutzen bedienen kan." Der Verfasser nennt sich „Andreas Glorez aus Mähren", und das ist auch die einzige biografische Angabe, die zu ermitteln war. Glorez ist weder in den zeitgenössischen Verfasser-Lexika

---

[23] Brunner (1949), S. 275: „Hohberg war kein Naturforscher, der auf einem dieser Gebiete selbständig gearbeitet hat, und kein Naturphilosoph, dem es auf die Entwicklung eines geschlossenen Naturbildes angekommen wäre. Er schöpft sein beträchtliches Wissen aus der ihm zugänglichen Literatur und ist daher von ihren Anschauungen abhängig. Er ist Landwirt, und daher stehen für ihn die qualitativen Prozesse, die chemischen, mineralogischen und biologischen Probleme im Vordergrund. Die quantitative, mathematisch-mechanische Naturwissenschaft seiner Zeit, die an der gewerblichen Technik ausgerichtet war, bedeutet ihm daher nichts."
[24] Auf dem Originaltitel des uns zugänglichen Exemplars (Göttinger UB) steht als Verlagsort Regensburg aber überklebt mit Nürnberg. Es handelt sich hier vermutlich um eine zweite Auflage; denn Johann Beckmann erwähnt eine Ausgabe von 1670. In: Beytrage zur Geschichte der Erfindungen, Band II, 1784, S. 592 f.

2. Technologische Ansätze bei Coler, Böckler, Glorez, Florinus

noch in den heute gebräuchlichen Handbüchern zu finden[25]. Völlig unbekannt wiederum kann besagter Glorez auch nicht gewesen sein, zumindest was sein Buch betrifft; denn der Kameralist Julius Bernhard von Rohr (1688—1742) geht in seiner Bibliografie kameralistischer und hauswirtschaftlicher Schriften auf Glorez ein und verweist dabei auf eine neuerliche Auflage von 1707[26]. Was an diesem Werk von Glorez zunächst auffällt, ist der Titel, beziehungsweise der Untertitel, womit der Verfasser sein Buch allen Bevölkerungsschichten empfiehlt, während sich doch die sonstige „Hausväterliteratur" besonders an den Landwirt wendet. Demzufolge weist bei Glorez naturgemäß der Inhalt seines Werkes eine andere Zusammensetzung auf, da er einen großen Leserkreis mit verschiedenartigen Interessen erfassen will. Der enge Rahmen des „Hauses" (im Brunnerschen Sinne) wird gesprengt, wie sich noch zeigen wird.

Glorez schreibt in der Vorrede: „So nützlich nun diese Wissenschaft (gemeint ist die Haushaltungskunst, d. Verf.) ist, so nothwendig und schwehr ist sie auch: sonderlich wo großes Haußwesen vorhanden / da erfordert's auch großen Fleiß und sattsame Erfahrung in allem / da sie erlernet werde. Zu dem Ende viel gelehrte Männer / so hierinn Erfahrnüß gehabt / als benanntlich Aristoteles, Virgilius, Cicero, Plinius, Crescentius &c. und nach ihnen zu unseren Zeiten Colerus, Boeclerus, Herr von Hohberg / und andere mehr / diesen edlen Schatz / durch ihre Schrifften der Nachwelt hinterlassen haben. Dessen ohnerachtet / habe auch ich diese meine Hauß- und Landbibliothec mit sonderbahrem Fleiß / dem Leser und Liebhaber dieser Kunst / zu sonderbahrem Nutzen / zusammen tragen / in vier Theil abtheilen / und als einen Hauß-Schatz in offentlichen Druck auf eine gantz neue Manir / herauß geben wollen[27]."

Diese „neue Manir" besteht zum einen darin, daß Glorez den ethischen Teil, sonst Schwerpunkt der „Hauslehre", auf knapp zwei (!) Seiten abhandelt, dann aber den technisch-praktischen Fragen und Problemen um so mehr Aufmerksamkeit widmet.

Glorez gliedert sein Buch — zunächst wird nur vom ersten Band gesprochen — in vier große Teile, die alle reichlich mit Kupfern versehen sind. Sie sollen, genau wie bei Böckler, dem Verständnis des Textes und in zweiter Linie erst als Schmuck dienen. Hier ist noch

---

[25] Auch Beckmann konnte über Glorez nichts ermitteln.
[26] J. B. v. Rohr, Compendieuse Haushaltungs-Bibliotheck. Leipzig 1716, S. 106: „Andrea Gloretzens vollst. Land- und Haus-Bibliotheck, Regenspurg 1707. Fol. Es ist dieses ein sehr grosses und weitläufftiges Werk, ja das weitläufftigste, so mir unter den Teutschen Haushaltungs-Büchern bekandt ist."
[27] Glorez (1699), Vorrede, S. II.

II. Ansätze technologischen Denkens in der „Hausväterliteratur"

nachzutragen, daß bezeichnenderweise, und damit Brunners vorhin zitierte Feststellung nur bestätigend, in Hohbergs „Georgica Curiosa" die Kupfer meist Genreszenen darstellen, die mehr illustrierend wirken.

Im ersten Teil handelt Glorez nahezu alles ab, was bisher die „Hauslehren" in ihrer Gesamtheit ausmachte, also Ackerbau, Viehzucht, Hauswirtschaft usw. Schon darin wird eine starke Akzentverschiebung deutlich. Bei der Behandlung der einzelnen Themen verfährt er ähnlich wie Böckler. Dabei hat er nicht unwesentliche Passagen von diesem benutzt oder sich zumindest von ihm inspirieren lassen. Das schon mehrfach bemühte Beispiel der Beschreibung von Gartenwerkzeugen läßt sich auch hier wieder anführen. Am Schluß dieses Teiles gibt er, wie ebenfalls schon Böckler, eine Anleitung zum Bau von Sonnenuhren[28]. Allerdings ist bei Glorez alles viel ausführlicher dargestellt. Zahlreiche Skizzen, mathematische Formeln und detaillierte Bauanleitungen lassen den Schluß zu, daß der Verfasser hier eine umfangreiche Spezialarbeit, wenn auch nicht wörtlich abgeschrieben, so sicher doch weitgehend benutzt hat.

Während der zweite Teil des Werkes medizinischer Natur ist, erscheint der dritte Hauptteil für unsere Untersuchungen wichtig. Die Kapitelüberschrift allein ist schon sehr instruktiv: „Dritter Theil. Welcher offenbahrt gantz seltzsam und höchst-verwunderliche theils aus frembden Sprachen in das Teutsche übersetzte, sehr viel auch durch scharpff und tiefes Nachsinnen erst neuerfundenen Künsten, dem hohen Herrn zu ergötzlicher Zeit-Vertreibung, dem gemeinen Mann aber zu reichlicher Nahrung gelangend[29]." Mit dieser geschickten Argumentation versucht hier Glorez zwei Schichten von Lesern zu gewinnen, die sich auf Grund ihrer verschiedenen sozialen Stellung diametral gegenüberstehen.

Welcher Art sind nun die Anregungen, die Glorez in diesem Teil bietet? Auch hier gibt schon ein bloßer Überblick über die Kapitelüberschriften den nötigen Aufschluß. Einige seien als Beispiele genannt:

I. Kapitel. „Wie man ein Glas erweichen, auch darein Controfey und andere Figuren drucken könne[30]."

III. Kapitel. „Neu-erfundene Manir, wie man auf eine gantz sonderbare Weiß den Caton oder andere Leinwath, wie auch allerhand Spallir geschwind und recht schon drucken kan[31]."

---

[28] Glorez (1699), Teil I, S. 183 ff.
[29] Ebd., Teil III, S. 1.
[30] Ebd., Teil III, S. 11 ff.
[31] Ebd., Teil III, S. 11 ff.

2. Technologische Ansätze bei Coler, Böckler, Glorez, Florinus

Es folgen zahlreiche Artikel über chemische Verfahren, sowie eine Anleitung zur Herstellung von Spiegeln. Im XLII. Kapitel schildert Glorez dann die „Eigentliche wohlbewehrte Manir und Kunst allerhandt Perspectiv-Gläser zu schleiffen"[32], und im XLVIII. Kapitel beschreibt er eine „Absonderliche Drehbank, auf welcher nicht nur viel andere Sachen, sondern auch erhoben und hohle Augen, und andere Gläser auf eine leichte Weis künstlich ausgearbeitet und poliret werden können"[33].

Die Aufzählung ließe sich beliebig fortsetzen, es wird aber auch so bereits deutlich, daß die von Glorez angeführten und durchaus mit technischem Sachverstand beschriebenen Verfahren der ursprünglichen Zielsetzung der „Hausväterliteratur" nicht mehr gerecht werden, daß sie nahezu einen Fremdkörper darstellen. Der oben erwähnte Julius Bernhard von Rohr urteilt über das Buch von Glorez: „Der Author hätte die letzten drey Theile, welche nicht eigentlich zur Wirthschaffts-Kunst gehören, gar füglich auslassen können und sollen, weil sie nur den Preis des Buches vermehren[34]."

Man muß der Kritik Rohrs in gewissem Sinne recht geben; denn was Böckler klug vermieden hatte, tut Glorez mit Fleiß. Er fügt der reinen Hauswirtschaftslehre „Curiosa" an, die ebenso in einem gesonderten Buch hätten erscheinen können. Glorez befriedigt hier den allgemeinen Wunsch nach Neuheiten und Neuigkeiten, ohne sich über deren Nutzen Rechenschaft abzulegen.

Dieses Buch von Glorez wäre allerdings nicht so ausführlich besprochen worden, wenn der Verfasser nicht unmittelbar danach noch einen zweiten Band hätte erscheinen lassen, der Andreas Glorez durchaus als einen „Technologen" ausweist. Hier vermeidet er alle Fehler, die sein erstes Buch erheblich belasten. Rein äußerlich scheint der zweite Band nur eine Fortsetzung des ersten zu sein; denn der Titel lautet: „Continuation der vollständigen Hauß- und Land-Bibliothec[35]." Doch schon ein kurzes Überfliegen der Kapitelüberschriften zeigt, daß es sich um eine verbesserte, überarbeitete Auflage handelt. Der Begriff Bibliothek, also quasi eine Sammlung von mehreren in sich ab-

---

[32] Glorez (1699), Teil III, S. 103 ff.
[33] Ebd., Teil III, S. 106 ff.
[34] Rohr (1716), S. 106.
[35] Allerdings ist nicht mit Sicherheit der Nachweis zu erbringen, daß Glorez der Verfasser ist; denn es war damals durchaus üblich, erfolgreiche Bücher nachzuahmen und unter dem Namen eines bekannten Autors herauszugeben. Selbst wenn also Glorez nicht der Verfasser sein sollte, ist das für die Untersuchung der technologischen Probleme dieses Buches nicht wesentlich.

geschlossenen Büchern, trifft auch hier wieder zu, nur daß diesmal die Zusammenstellung wesentlich sinnvoller ist als im ersten Band.

Der erste Teil beschäftigt sich wieder mit den Problemen der Haushaltung und der Landwirtschaft, wobei eine ganze Reihe technologischer Fragen berührt werden. Im sechsten Buch des ersten Teiles behandelt Glorez, ähnlich wie Böckler, die Feldmesserei, deren Kenntnis er für wichtig hält[36]. Glorez beginnt mit der Erklärung der zum Feldmessen notwendigen Instrumente und schließt daran die Definitionen von Fachausdrücken. Dann folgt die Berechnung von Vielecken der verschiedensten Formen. Zur Erleichterung der Rechenoperationen ist eine mehrseitige Tabelle mit dem „Großen Einmaleins" eingefügt. Der Terminus „Lehrbuch" trifft bei diesem Teil den Kern. Die Erläuterungen sind auch für den Laien verständlich und übersichtlich aufgebaut.

Ähnlich verfährt der Verfasser im siebenten Buch[37]. Dort erklärt er die Berechnung von Hohlmaßen und die Anfertigung eines „Visier-Stabes", mit dem man unter Zuhilfenahme von Faustregeln rasch relativ genaue Messungen vornehmen kann, ohne erst umständlich rechnen zu müssen, was meist, besonders auf dem Markte, viel Zeit kostet. Von gleichem Nutzen für den „Hausvater" ist das achte Buch, Dort zeigt Glorez an Hand von vergleichenden Tabellen den Wert der in Deutschland gängigen Münzen, Maße und Gewichte an. Die notwendige, aber mühselige Umrechnung wird durch die Tabellen wesentlich erleichtert[38]. Somit erfolgt ein sinnvoller Einsatz technischer Hilfsmittel, der den ökonomischen Überlegungen des „Hausvaters" entspricht. Den zweiten Teil des Werkes bildet ein umfangreiches Kräuterbuch, in dem die heimischen und exotischen Pflanzen auf ihre Art und Heilwirkung hin untersucht werden. Der dritte Teil ist wiederum technologisch der bedeutsamste. Auf nahezu zwanzig Seiten beschäftigt sich der Verfasser mit der Pyrotechnik. Auch hier befolgt er das übliche Schema: Materialien, Definition der Begriffe und schließlich die Anfertigung der ver-

---

[36] Glorez (1702), S. 43: „... also und gleichermassen will nicht allein der Nutz / sondern sogar die Nothdurfft erheischen / auch von der Feldmesserey / oder Abmessung der Wißmatten / Aecker / Holtzer und andern Grundstücken kürtzlich deßwegen zu handlen / weilen bey Erkauffung / Tausch und Contracten der Landgüter / Märck / Schlösser und Höfen fast die erste Frag / wie viel bey solchem Gut auf ein Feld / Einsetz: wie viel Tagwerck, Holtz und Wißmat sich befünden? Diese Frag aber ohne die Feldmeßkunst genau / und der Gewißheit nach / nicht beantwortet / also auch keine rechte Wissenschaft / sondern nur obenhin nach Schätzung des gemeinen Mannes / eingeholt werden kan. Als wird hierinnen ein gantz leichter / doch solcher Bericht gegeben / daß man ohne Fehler die Grundstück und dero Grösse erkennen / und abmessen könne / auch ohne Rechenkunst."

[37] Glorez (1702), S. 69 ff.

[38] Glorez (1702), Teil I, S. 149 ff.

2. Technologische Ansätze bei Coler, Böckler, Glorez, Florinus

schiedenartigsten Feuerwerkskörper. Mag auch die Pyrotechnik nicht unbedingt mit der Hauswirtschaft etwas zu tun haben, so durfte Glorez doch eines größeren Interesses sicher sein, als das wahrscheinlich bei seinem Artikel über das Schleifen von Linsen der Fall war.

Technologisch gesehen ist aber vor allem der nächste Beitrag in diesem Teil von Wichtigkeit; denn er behandelt eine Disziplin, die im allgemein damals nur von wenigen beherrscht wurde, die Mechanik In der Kapitelüberschrift schreibt Glorez: „Das Ander Buch. In welchen durch gantze leichten Beweise / die Mechanischen Künste / und die Practic / mit den allergewissensten Reguln / unterschiedliche Werckzeuge und Instrumenta zu machen / mit wenigem Gewalt schweren Last zu heben / erkläret werden[39]."

Glorez gibt zunächst wieder Definitionen und erläutert dann die Grundregeln der Mechanik. Daran schließen sich Ausführungen über die Grundbestandteile mechanischer Geräte, über Hebel und Rolle. Die daran anschließenden Konstruktionsbeschreibungen und die bis ins Detail gehenden Konstruktionszeichnungen sind so gehalten, daß auch der Laie sie verstehen und die abgebildeten Geräte nachbauen kann. Glorez beschränkt sich dabei auf solche, die Kaufmann und Landwirt in ihren Arbeitsbereichen verwenden können und die ihnen die körperliche Arbeit erleichtern helfen. Er beschreibt vor allem „Hebezeuge", die beispielsweise in Scheunen und Speichern an- oder aufgebaut werden können: „Ein Instrument oder Hebezeuge mit der Schrauben und Rädern / einen Last damit zu heben[40]" oder „Ein Instrument / Erden mit in die Höhe zu ziehen[41]." Obwohl Vorteil und Nutzen dieser Geräte auf der Hand liegen, glaubt Glorez sich genötigt, den Beruf des Mechanikers verteidigen zu müssen. Was im Bergbau und im Kriegswesen längst selbstverständlich ist, nämlich der Einsatz von Maschinen, und dazu kann man in gewissem Grade auch die von Glorez beschriebenen Hebezeuge rechnen, wird im alltäglichen Lebensbereich zumindest mit Argwohn betrachtet. Man bedarf der Maschine noch nicht, im Gegensatz zum Bergbau beispielsweise, wo das Absaufen der Schächte die Erfindung neuer Maschinen geradezu erzwang, wollte man den meist lohnenden Abbau nicht aufgeben[42].

---

[39] Ebd., Teil III, S. 19.
[40] Glorez (1702), Teil III, S. 29.
[41] Ebd., Teil III, S. 32.
[42] W. G. Waffenschmidt, Technik und Wirtschaft. Jena 1928, S. 46: „Die Maschine dagegen bleibt unerhört lange Wunderwerk, unverstanden, ebenso so weit über dem Bewußtseinsinhalt wie die Technik des täglichen Lebens darunter bleibt. Man bestaunt das Geschöpf des Menschengeistes, bleibt aber abseits stehen."

II. Ansätze technologischen Denkens in der „Hausväterliteratur"

Glorez bemüht sich deshalb um eine Aufwertung der „Mechanica" und fordert für den „Mechanicus" ein höheres gesellschaftliches Ansehen. Da dieser die „mathematischen Künste" in die Praxis umsetzt, ist er nach der Auffassung des Verfassers vom Können her dem „Mathematicus", also dem Theoretiker, zumindest ebenbürtig. Um so mehr, da der „Mechanicus" mit seiner Arbeit ja dem „gemeinen Nutzen"[43] dient. Der Verfasser glorifiziert hier geradezu den „Mechanicus" und singt ein Loblied auf seine Tätigkeit[44]. Solche überschwenglichen, meist übertreibenden Behauptungen sind äußerst ungewöhnlich, auch wenn sie in gewisser Weise dem Sprachstil jener Zeit entsprechen. Hier jedoch, und das läßt sich auch bei anderen Schriftstellern nachweisen, ist dieser überschwengliche Ton vom Anliegen des Verfassers, der „Mechanica" mehr Geltung zu verschaffen, bestimmt. Das Neue, Ungewohnte wird — modern gesprochen — „werbewirksam" propagiert. Ein ähnlicher Sprachstil findet sich bei Rohr und Beckmann, wenn sie den Nutzen der Ökonomie oder der Technologie preisen.

Was Glorez hier bietet, ist selbstverständlich nicht neu, sondern er greift auf Vorbilder zurück. Bemerkenswert erscheint aber, daß diese Gedankengänge aus ihrer Isoliertheit in Spezialschriften von Glorez herausgelöst und breiteren Leserschichten nahegebracht werden. Die Technik wird demnach, um der Verbesserung der Lebensverhältnisse zu dienen, in den Wirtschaftsprozeß des „Hauses" miteinbezogen.

Noch ein weiteres Beispiel aus dem Bereiche der „Hausväterliteratur" soll das erwachende Interesse an der Technik mit ihren auch für die „Hauswirtschaft" zu nutzenden Möglichkeiten verdeutlichen.

Im Jahre 1702 erscheint der „Oeconomus Prudens et Legalis oder Allgemeiner Klug- und Rechts-verständiger Haus-Vater"[45]. Der Verfasser oder vielmehr einer der Verfasser dieses umfangreichen, mit vielen Abbildungen ausgestatteten Foliobandes ist der Geistliche Franz

---

[43] Glorez (1702), Teil III, S. 19: „Eben also der Verstand des Menschen / vermittelst deren Mathematischen Künste / welche die Theorica und die Mechanica darvon ist erkannt werde. Derhalben soll der Mechanicus, der die Wercke dem gemeinen Wesen zum besten ausgibt / in allen Ehren gehalten werden / dieweil von ihme alle schöne und bequeme Inventiones so zum gemeinen Nutzen im Brauche seynd / erfunden worden seynd..."
[44] Ebd., Teil III, S. 20: „Es lasse sich auch keiner / wann er auch schon ein großer Herr wäre / verdriessen / daß man ihn einen Mechanicum schiltet / dann wie von Plutarchio und andern berühmten Authoribus gedacht wird / so ist derselbe Name ein Ehrenname / der allein Leuten zugehöret / die grosses Verstandes und Kunst seynd / und die mit der Witze und Hand grosse Wercke / hervorab / die zum Kriegswesen gehören / erfinden und zu wegen bringen können."
[45] Zitiert wird nach der zweiten, unveränderten Auflage, die 1705 in Frankfurt, Nürnberg und Leipzig erschien.

2. Technologische Ansätze bei Coler, Böckler, Glorez, Florinus

Philipp Florinus, der 1674—1675 als Rektor der Lateinschule in Sulzbach wirkte (gest. 1699)[46]. Daß bei der Abfassung dieser „Hauslehre" mehrere Autoren beteiligt waren, geht eindeutig aus der vermutlich vom Verleger geschriebenen Vorrede hervor[47]. Einer der Mitautoren wird im Buchtitel namentlich genannt, der Jurist Johann Christoph Donauer[48], der zu jedem Kapitel einen Rechtskommentar beisteuert. Allein dadurch erhält das Werk gerade für jene Personen einen beachtlichen Wert, die ebenfalls im Titel als potentielle Käufer und Leser angesprochen werden. Dieses Buch ist demnach ein Werk, „welches nicht nur allen Menschen insgemein / sondern auch allen Amtleuten / Pflegern / Kellern / Castnern / Centgraven / Verwaltern / Schössern / Voigten / Richtern / etc. nützlich und nöthig ist." Aus der Aufzählung geht hervor, daß sich Florinus und seine Mitverfasser an solche Personen wenden, die eine vorwiegend verwaltende Funktion ausüben und somit meist über eine Anzahl von Untergebenen verfügen[49]. Das ist besonders im Hinblick auf die technologischen und rechtskundlichen Beiträge nicht unwesentlich; denn die Verfasser konnten bei einem solchen Leserkreis immerhin einen gewissen Bildungsstand voraussetzen, der es ihnen erlaubte, Fachwissen zu vermitteln, ohne erst, wie es Glorez zu tun müssen glaubte, die theoretischen Grundlagen zu schaffen. Wie die Verfasser dem jeweiligen Bildungsstand und Aufgabenkreis Rechnung tragen, wird später noch an dem ebenfalls unter dem Namen von Florinus 1719 erschienenen „Oeconomus Prudens et Legalis Continuatus oder Grosser Herren Stands und Adelicher Haus-Vatter" bewiesen werden.

Der Aufbau des Buches entspricht auch hier wieder dem seit Coler üblichen Schema. Im Gegensatz zu Glorez widmet Florinus als Geistlicher naturgemäß den ethisch-moralischen Belangen wieder besondere Aufmerksamkeit, die auf 142 Folio-Seiten erörtert werden. Dem „Personenteil" schließt sich das zweite Buch „von dem Bau-Wesen / und denen darzu gehörigen Materialien"[50] an, dessen technologischer Aspekt

---

[46] Vgl. Dunckels Nachrichten über verstorbene Gelehrte. Cöthen 1783, Band I, S. 341 u. S. 376.
[47] „Also hat er (Florinus, d. Verf.) sich gerne anderer Männer / in denen Materialien / die er zwar hergegeben und angeordnet / doch aus Bescheidenheit / ausser seiner Sphaera zu seyn / geurtheilt / oder in welchem er ein grösseres Vertrauen auf andre / als auf sich / gesetzet / bedienen wollen."
[48] „Rechtsbemerkungen von Joh. Christoph Donauer / J. V. D. Hoch-Fürstl. Nassauischen Rath / des Heil. Röm. Reich-Stadt Nördlingen Consulenten."
[49] Im Jahre 1713 erscheint eine gekürzte Ausgabe, „Der Kluge Landmann", die, im Preise erschwinglicher, sich an eine breitere Leserschicht wendet und somit „so wohl Hohen als Niedrigen ... zu sonderbahrem Vortheil und Nutzen zusammengetragen" wurde.
[50] Florinus (1702), S. 143: „Von dem Bau-Wesen / und denen darzu gehörigen Materialien / als Holtz / Steinen / Ziegeln / Sand und Kalch / von

II. Ansätze technologischen Denkens in der „Hausväterliteratur"

durch die stets angefügten Rechtsanmerkungen noch verstärkt wird, wenn zum Beispiel bei der Erläuterung des Wasserleitungsbaues Fragen des Wasserbaurechts angesprochen werden.

Daß bei Florinus auch im technischen Teil nichts grundlegend Neues geboten wird, macht die unter Anmerkung 50 angeführte Überschrift des zweiten Buches deutlich. Böcklers „Nützliche Hauß- und Feldschule" dient hier als Vorlage, an die man sich fast sklavisch hält. Der „Meyerhof" bildet wieder den Ausgangspunkt. Dennoch kann man dem Verfasser dieses Teiles nicht den Vorwurf des Plagiats machen. Zwar hält er sich rein äußerlich an das Vorbild Böcklers, geht aber dennoch vielfach über ihn hinaus. Obwohl auch hier die Absicht des Buches dahin geht, daß der Bauherr „den Bau / nach seinem eigenen Gutachten / moderiren und regieren möge"[51], also keineswegs über handwerkliche Fähigkeiten spezieller Art verfügen muß, bietet der Verfasser einen weit tieferen Einblick in die Materie als Böckler.

Wie eingangs erwähnt, wendet sich Florinus besonders an jene Personen, die in großen Wirtschaftsbetrieben eine leitende Funktion ausüben. Aus diesem Grunde erscheint die Beschreibung einer Brauanlage und die der Herstellung von Bier, dem Hauptgetränk des Gesindes, sinnvoll. Zahlreiche Risse vom Brauhause und von dessen Einrichtung stehen am Anfang der Beschreibung. Bemerkenswert ist, daß der Verfasser neben der Baubeschreibung gleichzeitig an den entsprechenden Stellen den Brauvorgang selbst schildert und den richtigen Gebrauch der Geräte lehrt. Die Zeichnungen sind außerdem so gehalten, daß sie als Vorlage für den Baumeister und den Handwerker dienen können. Der Verfasser gibt nicht nur ein Gesamtbild des entsprechenden Gerätes, sondern setzt mehrere Detailzeichnungen daneben, die einen Nachbau wesentlich erleichtern.

Die Risse sind in diesem Kapitel wie folgt gegliedert: „Ein im Riß entworffnes Bräuhauß samt dessen Zugehör"[52]. Auf demselben Blatt sind daneben noch der „Aufzug", die „Wasser-Mühle oder Pompe" und „Durchschnitt oder Profil einer Dörr" dargestellt. Weiterhin folgen

---

denen zum Bau erforderten Metallen / Bestellung der Handwercksleuten / Stärcke und Vestigkeit / Bequem- und Zierlichkeit des Gebäues / vom Grundgraben und Unterbau / von denen Mauren / Verding- und Öffnung derselben / von Dach- und Feuer-Mauren / etlichen Vorbildern der Gebäude / Fürstellung eines unmangelhafften Meyer-Hofs / Bräu-Hause / Maltz-Tennen und Dörr-Stuben / von Wein-, Obs- und Oel-Pressen / Cisternen / Quell- und Brunnen-Stuben / Wasserleitungen / Wasserfang / Schöpf-Brunnen / grossem Pump-Werck / von Hand-, Roß-, Mahl-, Zain-, Schleiff- und Säg-Mühlen / Feuer-Sprützen / Feldmessen / Marck- und Gräntz-Scheidungen / Visieren und Sonnen-Uhren."

[51] Florinus (1702), S. 162.
[52] Ebd., S. 246 ff.

"Eine Pferd-Mühl mit zweyen Gängen", daneben eine „zerstückte oder zerlegte Mühl", der „Grund des Bräuhauses", „das ander angezeigte Profil des Bräuhauses" und „In Profil angezeigtes Bräuhauß". Ebenso ausführlich sind die Beschreibungen von Mühlen verschiedenster Art zum Mahlen, Schleifen und Sägen, die den Eindruck noch verstärken, daß hier der Versuch unternommen wird, den ländlichen Wirtschaftsbetrieb — modern ausgedrückt — zu „mechanisieren".

Ungewöhnlich erscheint es jedoch zunächst, daß sich im Bereiche der Feldbestellung kaum Ansätze einer „Mechanisierung" finden. Der Verfasser des Kapitels über den Ackerbau wendet den Ackergeräten keinerlei Aufmerksamkeit zu, was wiederum den Schluß zuläßt und damit die technikgeschichtliche Forschung nur bestätigt, daß um die Wende vom 17. zum 18. Jahrhundert kaum neue landwirtschaftliche Geräte entwickelt, wenn auch zuweilen vorhandene verbessert wurden. Um so mehr befaßt man sich in dieser Zeit mit der „physicalischen" Seite des Ackerbaues. Um eine Ertragssteigerung zu erzielen, ist man um eine intensive Bodenpflege und Bodenverbesserung bemüht[53].

Im Vorwort hatte der Verleger des „Oeconomus Prudens et Legalis" eine Fortsetzung angekündigt, die sich vor allem an den Adel wenden sollte. Dieses Buch, der „Oeconomus Prudens et Legalis Continuatus" erscheint 1719 in Leipzig, Frankfurt und Nürnberg. Der Untertitel „Grosser Herren Stands und Adelicher Haus-Vatter" erweckt zunächst den Eindruck, als ob es sich auch hier um ein „Hausväterbuch" im herkömmlichen Sinne, wenn auch vielleicht mehr auf den angesprochenen Stand hin zugeschnitten, handelt. In der Vorrede jedoch erläutert der Verleger Zweck und Ziel des Buches, indem er sich wie folgt ausdrückt: „Weil sich der Adel in zwey Classen theilet / in den hohen und ordinairen Adel / so hat man sich beflissen in diesem Werck beyden ein Genüge zu thun / dergestalt / daß die Fürsten und Stands-Personen / in ihren Regierungsangelegenheiten einige hierzu dienliche Stücke / als auch der andere Adel in seiner Haushaltung nützliche Beyhülffe finden wird."

Diese Ankündigung sprengt den Rahmen der bisher in der „Hausväterliteratur" üblichen Thematik. Dennoch fügt sich diese scheinbar neue Thematik nahtlos an die alte, wenn man sich vergegenwärtigt, daß hier auch der Landesherr als „Hausvater" angesprochen und im engeren Sinne als Spitze und Herr seines Hofes, im weiteren Sinne als Vater seiner Landeskinder betrachtet wird. Diese von der Lehre Luthers beeinflußte Auffassung findet sich schon im 16. Jahrhundert verbreitet. So erhält der volkstümliche Kurfürst August von Sachsen (1526—1586)

---

[53] Vgl. F. Lütge, Deutsche Sozial- und Wirtschaftsgeschichte. Berlin-Göttingen-Heidelberg 1960, S. 278 ff.

II. Ansätze technologischen Denkens in der „Hausväterliteratur"

den Beinamen „Vater August" wohl nicht zuletzt deshalb, weil er selbst die Tätigkeiten eines „Hausvaters" ausübt, indem er sich intensiv mit der Landwirtschaft, dem Garten- und Obstbau befaßt[54].

Der Begriff des „Hauses" als der grundlegenden Wirtschaftseinheit ist so fest im Denken jener Zeit verwurzelt, daß er beinahe zwangsläufig bei der Entstehung einer deutschen Kameralistik mit der sich nun entwickelnden Staatswirtschaft in Verbindung gebracht wird. Beschränkte sich der Begriff „Ökonomik" bisher fast ausschließlich auf die Landwirtschaft und das Hauswesen, so wird er nun auch auf den Staat als Wirtschaftseinheit ausgedehnt. Um die Wende vom 17. zum 18. Jahrhundert unterscheidet man nun zwischen „Privat-Oeconomie" und „Staats-Oeconomie", wobei der erste Begriff gewissermaßen als ein Mikrokosmos des zweiten Begriffes zu verstehen ist.

Nach diesem Exkurs wird es verständlich, daß Florinus und seine Mitautoren ihr Werk mit Recht als „Hauslehre" bezeichnen können.

Der „Oeconomus Prudens et Legalis Continuatus" besteht aus fünf Büchern, von denen vor allem das erste für unsere Untersuchung wichtig ist. In den einzelnen Kapiteln werden die Aufgaben des Landesherren in Fragen der Hofhaltung, der Regierungskunst, der Verwaltung, der Theologie und Politik angesprochen[55]. Dennoch würde sich bei einem Vergleich mit den Aufgaben des „Hausvaters" ergeben, daß hier die gleichen Grundfragen der Ethik und des Wirtschaftens erörtert werden.

Allerdings gehen die Autoren nicht mehr, wie im ersten Bande, von Idealformen aus (Beispiel des Meyerhofes), sondern halten sich an das Bestehende, Wirkliche. So werden zum Beispiel im ersten Buche die Organisationsstrukturen der Höfe von Versailles, Berlin oder Wien untersucht und auf deren Verschiedenheiten hingewiesen[56]. Fragen der Regierungskunst zeigt man an Hand von Briefen, Verordnungen und Testamenten verschiedener zeitgenössischer Herrscher. Im siebenten Teil des ersten Buches geht es vor allem um die Fragen der Verwal-

---

[54] Vgl. auch Neue Deutsche Biographie, Band 1, 1953. Artikel August von Sachsen von H. Rößler, S. 448 ff.
[55] Florinus (1719), Titelblatt: „I. Von grosser Herren Hofhaltungen insgemein. II. Von Einrichtung eines Fürstlichen Hof-Staats. III. Von einer vollkommenen Regierungs-Kunst. IV. Was ein Fürstlicher Haus-Vatter in Ansehung des gantzen Reiches zu beobachten. V. Was von dem Fürstlichen Haus-Vatter / in seinem Lande in dem Politischen Staat zu beobachten. VI. Was von einem Fürstlichen Haus-Vatter in dem Kirchen-Staat zu beobachten. VII. Was von einem Fürstlichen Haus-Vatter in dem Cameral-Staat und in der Oeconomie zu beobachten."
[56] Ebd., S. 107 ff.

2. Technologische Ansätze bei Coler, Böckler, Glorez, Florinus

tung, wobei mehrfach aus Seckendorffs „Teutschen Fürsten-Staat" zitiert wird. Überhaupt wird der Herzog Ernst zu Sachsen-Gotha als vorbildlicher „Landes-Vatter" herausgestellt und seine „Kammerordnung" in voller Länge abgedruckt[57].

In technologischer Hinsicht bietet dieser Band kaum Nennenswertes, hier muß er wohl, wie es der Verleger auch in der Vorrede andeutet, als Fortsetzung des ersten Bandes von 1702 gesehen werden, so daß eine Behandlung technologischer Fragen nur eine Wiederholung bedeutet hätte. Dennoch werden auch hier technologische Probleme angeschnitten. So wird im Kapitel „Von denen Fürstlichen Divertissements und Lustbarkeiten"[58] unter dem Abschnitt „Gemüths-Vergnügungen" gefordert, der Fürst solle sich um die Einrichtung von Bibliotheken, Kunstkammern, Laboratorien, Naturalienkammern und ähnlichem bemühen. Weiterhin fordert man ein „Maschinen-Hauß", in dem die Modelle von Maschinen und Erfindungen verschiedenster Art gesammelt und zur Schau gestellt werden[59].

Auch bei der Erziehung der Prinzen legen die Verfasser auf eine technologische Ausbildung Wert. Neben den „Artes Liberales", sollen auch die „sieben mechanischen Künste"[60], darunter die „Agricultur", die „Architectur", die „Chirurgie" und die „Schiffs-Kunst" gelehrt werden.

Dieser Abschnitt unserer Untersuchung umfaßte einen Zeitraum von rund einhundert Jahren, und Ziel war es, die Wandlungen aufzuzeigen, die sich besonders auf dem Wege zu einem technologischen Denken hin im 17. Jahrhundert vollzogen haben. Bewußt wurde hier eine Literaturgattung untersucht, die, abseits von der speziellen Fachliteratur, sich bemühte, die neuen Entwicklungen in Richtung auf ein Einbeziehen der Technik in den Wirtschaftsprozeß aufzunehmen und an breite, vielfach technikfremde Leserschichten weiterzugeben.

Zwar war die „Hausväterliteratur" der literarische Ausdruck der absterbenden adlig-bäuerlichen Kulturwelt, wurde aber dennoch einer

---

[57] Florinus (1719), S. 771—785.
[58] Ebd., S. 126 ff.
[59] Ebd., S. 130: „Machinen-Hauß: Wann ein Fürst selbst die Mechanic verstehet / welches dann einem gantzen Land überaus zuträglich / so wird er an dieser Collection, eine seiner grösten Gemüths-Vergnügungen haben. Und solten billig von allen Erfindungen / und allen vortrefflichen Gebäuen / so in der gantzen Welt gefunden würden / accurate Modelle hienein gesetzt werden / welches ein Schatz wäre / so nicht etwa nur einer Provintz / sondern gantz Teutschland nutzen könte / und welchen zu sehen / alle Curiosi, dahin reisen würden."
[60] Ebd., S. 349.

der Ausgangspunkte (am deutlichsten bei Florinus erkennbar) der sich im 18. Jahrhundert entwickelnden Kameralwissenschaften und Vorbild der „Staats-Oeconomie". In Verbindung mit den Gedanken einer Staatslehre im Sinne von Seckendorff, Thomasius und anderen bestimmte sie im 18. Jahrhundert die wirtschaftliche Entwicklung vor allem in den mittel- und norddeutschen Territorialstaaten.

III. Julius Bernhard von Rohr, Wegbereiter des wissenschaftlichen Lehrfaches Technologie

1. Rohrs Lebensgang und seine Geisteshaltung

In diesem Kapitel wird der Versuch unternommen, das Werk des sächsischen Kameralisten und Gelehrten Julius Bernhard von Rohr besonders auf seinen technologischen Aspekt hin zu analysieren und damit den Beweis zu erbringen, daß Rohr nahezu fünfzig Jahre vor Beckmann Anstöße zu einer wissenschaftlichen Behandlung der Technologie im Rahmen der Staatswissenschaften lieferte.

Die Literatur über Rohr ist äußerst dürftig und geht in den meisten Fällen über die Nennung seines Namens und seiner Lebensdaten nicht hinaus. Selbst in den Standardwerken von Fraas[1], Roscher[2] und Mombert[3] finden sich nur kurze, zudem noch teilweise falsche Angaben über Leben und Werk. Das ist um so verwunderlicher, da Zedlers „Vollständiges Universal-Lexicon" eine recht ausführliche und ziemlich zuverlässige Biografie bietet, die kurz vor dem Tode Rohrs erschien[4] und von Inama-Sternegg für seinen Artikel in der „Allgemeinen Deutschen Biographie" benutzt wurde. Die Würdigung der Leistung Rohrs umfaßt allerdings auch dort nur wenige Zeilen.

Geboren wurde Rohr am 28. 3. 1688 auf dem Rittergute und Schlosse Elsterwerda in Kursachsen, das sich seit fast einhundert Jahren im Besitze seiner Familie, einer Nebenlinie derer von Rohr in der Mark Brandenburg, befand. Den ersten Unterricht erhielten er und seine Geschwister durch Hauslehrer. Mit siebzehn Jahren bezog Julius Bernhard von Rohr die Universität Leipzig, wo er Rechtswissenschaften, aber auch Physik, Chemie und Mathematik studierte. In letzterem Fach hörte er vor allem Christian Wolff, bis dieser Leipzig verlassen mußte und einen Ruf nach Halle annahm.

---

[1] K. Fraas, Geschichte der Landwirthschaft. Prag 1852, Band I, S. 112.

[2] W. Roscher, Geschichte der Nationalökonomie in Deutschland. München 1874, S. 378 f.

[3] P. Mombert, Geschichte der Nationalökonomie, Band II. Jena 1927, S. 174.

[4] Zedlers Vollständiges Universal-Lexicon, Band 31. Leipzig 1742. Artikel über Rohr.

Im Jahre 1710 lieferte Rohr seine erste Dissertation mit dem Titel „De retractu gentilitio filiorum in feudis". Anschließend unternahm er mit seinem Vater eine Reise nach Hamburg, wobei er besonderes Interesse für das Kaufmannswesen bekundete.

Im Jahre 1711 reiste er als Kavalier der kurfürstlich-sächsischen Gesandtschaft zur Kaiserwahl nach Frankfurt am Main. Kurze Zeit später kehrte er nach Leipzig zurück und schrieb bald darauf (1712) zwei weitere Dissertationen mit den Titeln „Dissertatio de excolendo studio oeoncomico tam principum quam privatorum" und „De iure principum circa augendas et conservandas subditorum opes". Beide Arbeiten stellen gewissermaßen das Leitmotiv seiner späteren Schriften dar.

Der plötzliche Tod seines Vaters und total zerrüttete Vermögensverhältnisse, die zur Veräußerung des Gutes Elsterwerda zwangen, unterbrachen zunächst Rohrs Studiengang.

Doch bald wandte er sich nach Halle und setzte bei Christian Wolff das Studium der Mathematik fort. Den Lebensunterhalt verdiente er sich dabei durch Stundengeben. Als Anhänger Wolffs geriet er schuldlos in Schwierigkeiten, als man ihn fälschlicherweise als Verfasser einer gegen den Hallenser Juristen N. H. Gundling (1671—1725) gerichteten Schmähschrift verdächtigte. Er verließ Halle, und nach einer Studienreise durch Holland wurde er 1714 zum Beisitzer in der magdeburgischen Stifts- und Erblandsregierung berufen[5]. Mit besonderen Befugnissen („votum extraordinarium") versehen, war er seit 1726 in der Lausitz in Justiz- und Kameralsachen tätig. 1731 wurde er vom Herzog von Sachsen-Merseburg zum herzoglichen Landkammerrat ernannt. Daraufhin wurde er 1732 Domherr am Domkapitel zu Merseburg und ließ sich bald darauf auf eigenen Wunsch zur Landkammer nach Merseburg versetzen. 1738 trat er in den Ruhestand und zog sich auf seinen 1720 erworbenen Landsitz zwischen Dresden und Meißen zurück. 1739 vermählte er sich mit einer Bürgerlichen und starb im Jahre 1742 in Leipzig.

Im Anschluß an Rohrs Lebensbeschreibung bietet Zedlers „Vollständiges Universal-Lexicon" eine Aufzählung sämtlicher von Rohr in Druck gegebenen sowie seiner geplanten Schriften. Rohrs schriftstellerisches Werk muß auch in seiner Gesamtheit gesehen werden, da sich erst die einzelnen Schriften in der Gesamtschau wie Mosaiksteinchen zu einem Bilde fügen. Deshalb sind sie vollständig aufgeführt.

---

[5] Herr Dr. Schlechte vom Hauptstaatsarchiv Dresden, dem der Verfasser für Auskünfte zu danken hat, hält diese Angabe in Zedlers Lexikon für falsch.

1. Der Mathematischen Wissenschafften Beschaffenheit und Nutzen, Halle/ Leipzig 1713.
2. Untherricht der Kunst der Menschen Gemüther zu erforschen, Leipzig 1714 (mehrere Auflagen).
3. Einleitung der Klugheit zu leben, 1715.
4. Compendieuse Haushaltungs-Bibliotheck, Leipzig 1716 (3. Aufl. 1755!).
5. Vollständiges Haußhaltungs-Recht, Leipzig 1716.
6. Fortsetzung des vollständigen Haushaltungs-Rechts, Leipzig 1734.
7. Germani Constantis moralischer Tractat von der Liebe gegen die Personen andern Geschlechts, Leipzig 1717.
8. Einleitung zur Staats-Klugheit, oder Vorstellung wie Christliche Regenten, zur Beförderung ihrer eigenen und ihres Landes Glückseeligkeit, ihre Unterthanen zu beherrschen pflegen, Leipzig 1718..
9. Introductio in Jurisprudentiam privatam Romano-Germaniam, Leipzig 1719.
10. Nöthiger und nützlicher Vorrath von allerhand zur Haus-Wirtschafft gehörigen Verträgen, Instructionen, Bestallungen, Ordnungen usw., Leipzig 1719.
11. Einleitung zur allgemeinen Land- und Feld-Wirthschaffts-Kunst derer Deutschen, Leipzig 1720.
12. Vollständiges Ober-Sächsisches Hauß-Wirthschaffts-Buch, Leipzig 1722.
13. Vollständiges Ober-Sächsisches Kirchen-Recht, Franckfurt und Leipzig 1723.
14. Compendieuse Physicalische Bibliotheck von den meisten und neuesten Schrifften der Natur-Wissenschafft, Leipzig 1724.
15. Erkänntniß der Glaubens-Lehren, zu Beförderung der zeitlichen Glückseligkeit, Leipzig 1725. .
16. Versuch einer erleichterten und zum Gebrauch des menschlichen Lebens eingerichteten Vernunfft-Lehre, Leipzig 1726.
17. Erleichterte und zum Gebrauch des menschlichen Lebens eingerichtete Tugend-Lehre, Nürnberg 1725.
18. Hauswirthliche auf Deutschland eingerichtete Nachricht von dem Wein-Bau, Leipzig 1730.
19. Einleitung zur Ceremonial-Wissenschaft der Privat-Personen, Berlin 1730.
20. Einleitung zur Ceremonial-Wissenschafft der großen Herren, Berlin 1733.
21. Einleitung zum allgemeinen bürgerlichen Recht, Nürnberg 1731.
22. Anweisung zur wahren Gemüths-Ruhe, Leipzig 1732.
23. Natur-mäßige Geschichte der von sich selbst wilde wachsende Bäume und Sträucher in Deutschland, Leipzig 1732.
24. Vernunfft- und Schrifft-mäßige Betrachtung des Todes, Berlin 1732.
25. Physicalisch-Oeconomischer Tractat von dem Nutzen der Gewächse, insonderheit der Kräuter und Blumen in Beförderung der Glückseligkeit und Bequemlichkeit des Menschlichen Lebens, Coburg 1736.
26. Geographisch-Historische Merckwürdigkeiten des Vor- und Unter-Hartzes, Leipzig 1736.

27. Juristischer Tractat von dem Betrug bey den Heyrathen, 2 Theile, Berlin 1736 u. 1738.
28. Geographisch- und Historische Merckwürdigkeiten des Ober-Hartzes, Franckfurt und Leipzig 1739.
29. Phyto-Theologia oder Vernunfft- und Schrifft-mäßiger Versuch, wie aus dem Reiche der Gewächse die Allmacht, Güte, Weißheit und andere Eigenschafften Gottes zu erkennen, Franckfurt und Leipzig 1740.
30. Julius Bernhard von Rohrs Historische Nachricht aller von ihm bisher in Druck gegebenen Bücher und Schrifften, und derer, welche er noch zu elaboriren gesonnen ist, Leipzig 1735.

Geplante Schriften:

1. Theologische Hand-Bibliothec eines Christlichen Politicers.
2. Schau-Platz der göttlichen Regierung der Welt, oder vollständiger Beweiß, daß die Wege des Herrn eitel Güte und Wahrheit sind.
3. Bibliothec der erschrecklichen und erfreulichen Ewigkeit.
4. Physicalischer und Theologischer Tractat von denen Himmeln, oder von dem Wohn-Haus des himmlischen Vaters, und dessen Wohnungen.
5. Ein Philosophischer, Theologischer und Juristischer Tractat, von der göttlichen Zusammenfügung bey dem Ehestande.
6. Ein vollständiges Botanisches Werck von denen sich selbst in Deutschland wachsenden wilden Kräutern und Blumen.
7. Ein Compendium der Wirthschaffts-Kunst, darinnen aus allgemeinen und Physicalischen Gründen die Sätze der Oeconomie, wie sie sich auf alle Europäische Länder appliciren lassen, vorgetragen.
8. Ein auf Deutschland gerichtetes vollständiges Werck von den mancherley Künsten und Handwercken.
9. Ein vollständiges und zu dem allgemeinen Gebrauch des menschlichen Lebens eingerichtetes Maschinen-Lexicon.

Auch die von Rohr nur geplanten Schriften sind aufgezählt, da von Rohr in der unter Nr. 30 aufgeführten Schrift ausführlich auf sie eingeht und deren Grundkonzeptionen darlegt. Vor allem die beiden zuletzt genannten Titel sind in Hinblick auf die Untersuchung technologischer Aspekte von besonderer Wichtigkeit.

Zunächst einige kurze, einleitende Bemerkungen zur Geisteshaltung Julius Bernhard von Rohrs.

Rohr ist überzeugter Lutheraner. Seine Glaubensrichtung ist weitgehend von der Philosophie seines Lehrers Christian Wolff geleitet. Das Weltgeschehen wird durch „natürliche" und durch die „Vernunfft" erkennbare Gesetze bestimmt. Ihr Vorhandensein beweist gleichzeitig die Existenz Gottes. Schon in den Titeln seiner theologischen Schriften wiederholt sich die Formel „vernunfft- und schrifftmäßig" die darauf hindeutet, daß Rohr die Naturgesetze mit den Lehren der Bibel zu vereinen sucht, beziehungsweise sie als gegenseitigen Beweis ihrer Richtigkeit ansieht. Der Einfluß des Wolffschen Eudämonismus, des Strebens nach irdischer Glückseligkeit, hat das gesamte Schaffen Rohrs bestimmt[6]. „Die zeitliche Glückseeligkeit ist ein Zusammenfluß alles desjenigen Guten, so man sich vorstellen kann, und uns in dieser Welt zu überkommen möglich ist. Denn wie die ewige Glückseeligkeit zuwege gebracht werde, lehret eigentlich die Theologie"; schreibt Rohr in der „Einleitung der Klugheit zu leben"[7].

Die Klugheit wiederum ist das Mittel des Menschen, die irdische Glückseligkeit zu erlangen. Rohr unterscheidet hier zwei Arten der Klugheit, die „Prudentia speculativa" und die „Prudentia practica". Seine Definition lautet: „Wer die besten und wichtigsten rationes zu geben weiß, warum er so, und nicht anders denckt, besitzt die größte Prudentiam speculativam; wer die gründlichsten Beweißthümer giebt, warum er so und nicht anders thut, die größte Prudentiam practicam[8]." Wenn Rohr, wie sich an seinem Gesamtwerk ablesen läßt, die „Prudentia speculativa" auch für wichtig hält, da sie Denkansätze und Erkenntnisse vermittelt, so ist für ihn die „Prudentia practica" doch das Entscheidende, da sie das Gedachte in das Praktische, dem menschlichen Leben Nützliche umsetzt. Etwas überspitzt ausgedrückt, läßt sich formulieren: Rohr ist ein Theoretiker des Praktischen. Deshalb verlieren sich alle Vorschläge und Gedanken Rohrs nie im Spekulativen, sondern sind stets als Anregung für den konkreten Fall im täglichen Leben gedacht.

Das wichtigste Hilfsmittel, die „zeitliche Glückseligkeit" zu erlangen, stellt nach Rohrs Meinung die „Natur-Wissenschaft" dar. Dieser Terminus ist für den hier behandelten Zeitraum neu. Bisher war nur der Ausdruck „Natur-Lehre" gebräuchlich, dessen Sinngehalt weitgehend auch dem heutigen Begriff der Naturlehre entsprach. Ob von Rohr den Begriff der „Natur-Wissenschaft" selbst geprägt hat, ist mit letz-

---

[6] Vgl. Beitrag von Inama-Sternegg über Rohr in der Allgemeinen Deutschen Biographie, Band 29. Leipzig 1889, S. 60 ff. Carl Günther Ludovici (1707—1778) zählt Rohr zu den „fürnehmsten Wolffianern". In seinem „Ausführlichen Entwurf einer vollständigen Historie der Wolffischen Philosophie", 3 Teile. Leipzig 1737—1738, führt er im dritten Teil eine ausführliche Biografie Rohrs an und lobt ihn mit Überschwang (S. 211—224). Im Kapitel „Erläuterungsschriften der Wolffischen Weltweisheit" in Teil 3 führt Ludovici alle bis 1737 erschienenen Bücher Rohrs auf und erwähnt erfreulicherweise auch die in Zeitschriften erschienenen Rezensionen. Wie hoch Ludovici Rohr einschätzte, zeigt folgendes Zitat: „In der Deutlichkeit ist der Hr. von Rohr ein Held. In der Vorschreibung nützlicher Regeln, besonders was seine moralischen Schrifften anlanget ein deutscher Solon."
[7] Rohr, Einleitung der Klugheit zu leben, Leipzig 1715, S. 1.
[8] Ebd., S. 3 f.

ter Sicherheit nicht nachzuweisen, fest steht aber, daß er damit den Bereich der Naturlehre erweitert, indem er ihr den Bereich der uns heute geläufigen Naturwissenschaft hinzufügt[9].

In den Bereich der „Natur-Wissenschaft" fallen bei Rohr, wie noch zu zeigen ist, auch technologische Probleme. Immer wiederholt er in seinen Schriften die Forderung, daß jeder, wes Standes und Berufes er auch sei, ausreichende „physicalische" Grundkenntnisse haben müsse, um bei seiner Tätigkeit einen effektiven Nutzen erzielen zu können. Wörter wie „physicalisch", „praktisch", „nützlich" oder „öconomisch" sind bei Rohr beinahe als synonym aufzufassen!

Das Streben nach zeitlicher Glückseligkeit, die Klugheit zu leben, ist das Generalthema, unter dem seine theologischen, juristischen und ökonomischen Schriften als eine Einheit zu begreifen sind. Unsere Arbeit wird sich allerdings im wesentlichen auf Rohrs ökonomische Arbeiten beschränken, da hier vor allem die Fragen technologischer Art aufgeworfen und dargelegt werden.

Bei der Untersuchung des Werkes von Philipp Florinus wurde auf die Differenzierung des Begriffes „Oeconomie" in „Privat-Oeconomie" und „Staats-Oeconomie" und ihren gleichzeitigen kausalen Zusammenhang hingewiesen. Auch Rohr nimmt diese Unterscheidung häufig vor, gebraucht aber ebenso oft das Wort „Oeconomie" allein, und nur aus dem jeweiligen Sinnzusammenhang wird die spezielle Bedeutung ersichtlich. So kann dann bei Rohr und seinen Zeitgenossen „Oeconomie" als „Landwirthschafft", „Hauß- oder Privat-Wirthschafft" oder als „Staats-Wirthschafft" verstanden werden. Die Mehrdeutigkeit dieses Begriffes findet sich noch in der Mitte des 19. Jahrhunderts. Man defi-

---

[9] Rohr, Compendieuse Physicalische Bibliothek, Leipzig 1724, Vorrede: „Wenn die Land-Haußwirthe werden anfangen die Natur-Wissenschafft zu studieren, oder die Herren Physici sich auf die Oeconomie legen, so werden so wohl das Studium Physicum, als Oeconomicum so einander die Hand biethen, manche Lehrsätze einander ablernen, und beide einander verbessern. Die Natur-Wissenschafft lernt von der Haußwirtschafft aus der Erfahrung manche Eigenschafften, Künste und Würckungen, gewisser Mineralien, der Vögel, Fische und andern Thiere, der unterschiedenen Wasser, des Erdreichs, u. s. w. die ihr unbekannt gewesen, und davon sie a priori, wenn sie auch noch so sehr speculiret, und sehr viel physicalische Bücher nachschlagen, keinen Grund entdecken können und die Haußwirthschaffts-Kunst hingegen lernet von der Natur-Wissenschafft manchen Grund von diesem oder jenem, was sie aus der Erfahrung wahrnimmt, und wird je mehr und mehr fähiger einige Lehrsätze der Physic auf die Oeconomie zu apliziren. Also wird die Natur-Wissenschafft erweitert, zugleich brauchbarer, den Welt- und Staats-Leuten, und den Ungelehrten, die bey den Wissenschafften immer den Nutzen gleich bey den Händen greiffen wollen, beliebter, u. die Haußwirthschaffts-Kunst gelehrter, an neuen Erfindungen reicher, und ebenfalls nützlicher."

niert ihn wie folgt: „Ein Oekonom ist deshalb bald ein Landwirth, der eine mittlere oder kleinere Landwirthschaft betreibt oder ein Beamter (Wirthschafter) in einem größeren Landwirthschaftlichen Betriebe. Die Volkswirthschaftslehre wird mit dem Namen Nationalökonomie bezeichnet[10]."

Rohrs ökonomische Schriften kann man grob in zwei Gruppen einteilen, erstens in die Schriften vorwiegend hauswirtschaftlichen und zweitens in die weitgehend staatswirtschaftlichen Charakters. Wenn auch die enge Verflechtung dieser Gruppen im Auge behalten wird, ist eine getrennte Behandlung in unserer Untersuchung der Übersichtlichkeit wegen zweckmäßig.

2. Rohrs Forderung nach einer wissenschaftlichen Behandlung der „Oeconomie"

Im Anschluß an die oben behandelte „Hausväterliteratur" erscheint es sinnvoll, zunächst Rohrs Arbeiten mit vorwiegend hauswirtschaftlichem Charakter zu analysieren. Mit seiner „Einleitung zur allgemeinen Land- und Feld-Wirthschaffts-Kunst derer Deutschen", Leipzig 1720, und dem „Vollständigen Ober-Sächsischen Hauß-Wirthschaffts-Buch", Leipzig 1722, zählt Rohr „trotz gewisser neuartiger Züge"[11] zu den „Hausvätern". Im großen und ganzen auf der überlieferten Literatur fußend, sind seine Bücher jedoch durch die starke Berücksichtigung der „Natur-Wissenschaft" wesentlich gehaltvoller und wurden noch in der Mitte des 18. Jahrhunderts fast unverändert nachgedruckt. Das gilt auch für eine seiner ersten Schriften, die „Compendieuse Haushaltungs-Bibliotheck", Leipzig 1716, die 1755 eine posthume dritte vermehrte Auflage erlebte. Dieses Buch hat wohl die meiste Verbreitung gefunden und wird oft als sein Hauptwerk zitiert. Der Terminus „Bibliotheck" klingt zunächst etwas irreführend; denn es handelt sich hierbei um eine Bibliografie, die, in Kleinoktav gedruckt, rund 450 Seiten umfaßt. Rohr hat hier das Schrifttum seiner Zeit über die „Privat-Oeconomie" und die ihr verwandten Sachgebiete zusammengetragen. Insgesamt sind dort einige hundert Schriften des

---

[10] Allgemeine deutsche Real-Encyklopädie für die gebildeten Stände. Conversations-Lexicon, 11. Bd. Leipzig 1867, S. 37.
[11] J. Hoffmann (1959), S. 85. Hoffmann untersucht in seiner Arbeit vor allem die Personenteile im Hinblick auf Fragen der Ethik und der Moral, die gerade bei Rohr, wie er in der Vorrede des oben genannten zweiten Buches ausdrücklich betont, nur eine untergeordnete Rolle spielen. Auf die Hausmutter eingehend, meint er, daß eine Christin „ohnedem wissen muß, was sie zu thun hat, wenn sie die ewige Seligkeit erlangen will".

deutschen Raumes, aber auch Englands, Frankreichs und Hollands, nach Sachgebieten geordnet, aufgeführt.

Freilich begnügt sich der Verfasser nicht mit einer reinen Aufzählung, sondern rezensiert jede Schrift, wenn auch oft nur in kurzen Sätzen, und untersucht ihre Brauchbarkeit für die Hauswirtschaft. Dabei scheut er sich nicht, vor dem Kauf bestimmter Schriften zu warnen, weil sie entweder veraltet sind oder zahlreiche Fehler oder Mängel aufweisen. Am Schluß jeder Rezension stehen bestimmte Siglen, die den vom Verfasser bemessenen Wert eines Werkes auf den ersten Blick hin erkennen lassen. Rohr verwendet dazu die Kleinbuchstaben „a" und „b". Einwandfreie wissenschaftliche Werke erhalten die höchste Bewertung „aaa". Je nach Art der Kombination mit dem Buchstaben „b" kann der Leser sofort erkennen, ob es sich um ein gutes, „populärwissenschaftliches" Werk, oder, bei Überwiegen des Buchstaben „b", um ein abzulehnendes Buch handelt. Mit der Bewertung verbindet sich für Rohr die Absicht, dem Leser klarzumachen, welche der angeführten Bücher er sich als verantwortungsbewußter „Hausvater" nach Möglichkeit anzuschaffen habe. Oftmals gibt der Verfasser Zitate aus den besprochenen Büchern wieder, wenn sie nach seiner Meinung einen Kerngedanken ausdrücken, das heißt, seinen Vorstellungen adäquat sind. Oft entwickelt er auch im Anschluß an solche Zitate eigene Gedanken, die häufig verbunden sind mit Verbesserungsvorschlägen. Die „Compendieuse Haushaltungs-Bibliotheck" umfaßt siebzehn Kapitel. Abgesehen von den Kapiteln I—III entsprechen die einzelnen Überschriften dem bei den „Hausvätern" üblichen Schema, wobei die Kapitel XII—XVII dort selten in dieser geschlossenen Form behandelt werden. Aber in Auswahl sind auch sie den „Hauslehren" angegliedert[12]. Vor die eigentlichen Rezensionen schiebt Rohr neben der Vorrede drei Kapitel ein, in denen er seine Vorstellungen von der „Hauswirthschaffts-Kunst" und deren Intensivierung mit Hilfe der Wissenschaften entwickelt. Wurde vorhin von der Verklammerung von „Staats- und Privat-Oeconomie" gesprochen, so bietet sich hier das beste Beispiel für diese These. Denn während die Kapitel I und III den Belangen der Hauswirtschaft gewidmet sind, schiebt Rohr im II. Kapitel eine Abhandlung über das „Cameralwesen" ein und dokumentiert damit die enge Verknüpfung beider Sachge-

---

[12] IV. vom Ackerbau, V. von dem Weinbau, VI. vom Bierbrauen, VII. von der Kochkunst und Confituren, VIII. von der Gärtnerey, IX. von den Wäldern und der Jägerey, X. von Wassern, Teichen und Fischerey, XI. von der Viehzucht, XII. von Bergwerkssachen und mineralischen Reiche, XIII. von Commercienwesen, XIV. von einigen Theologischen Schriften, deren Erkänntniß einem Hauswirthe nöthig, XV. von einigen juristischen Schriften, ..., XVI. von einigen Medicinischen Schriften, ..., XVII. von der Erkänntniß einiger Mathematischen Schriften, die einem Hauswirte nützlich.

2. Rohrs Forderung nach einer ökonomischen Wissenschaft

biete[13]. Schon hier sei die enge Verbindung gerade dieses Kapitels mit Rohrs „Einleitung zur Staats-Klugheit", Leipzig 1718, angedeutet.

Rohr baut in diesen Kapiteln durchaus auf den Traditionen der „Hausväter" auf, aber im Gegensatz zu der Mehrzahl von ihnen bewahrt er nicht nur das Althergebrachte, Überlieferte, sondern richtet seinen Blick auf Gegenwart und Zukunft. Seiner Meinung nach genügt es nicht mehr, daß der Hauswirt seinen Besitz nach der Art seiner Väter bewirtschaftet und verwaltet. Wissenschaft und Gewerbe haben in den letzten Jahrzehnten große Fortschritte erzielt, und Rohr will sie auch auf die „Privat-Oeconomie" ausgedehnt wissen. Nicht zuletzt bei seinem Lehrer Christian Wolff, der sich intensiv um die Vermehrung der Erträge bei Körnerfrüchten bemühte[14], erkannte er die Möglichkeiten, die Hauswirtschaft mit Hilfe der „Natur-Wissenschafft" zu verbessern. Aber nicht nur diese Wissenschaft allein kann sie verbessern, auch Mechanik, Kommerzwesen und Rechtswissenschaft gehören dazu. Eine Ausschöpfung all dieser Möglichkeiten ist jedoch nur dann denkbar, wenn, das ist Rohrs Schlußfolgerung, die „Privat-Oeconomie" Gegenstand wissenschaftlicher Betrachtungen wird, das heißt, die Universitäten sich dieses Gebietes annehmen[15]. Die Lehrer an den Universitäten wiederum sollen die Ergebnisse ihrer Arbeiten publizieren, und zwar so, daß sie auch der Hausvater, der ja meist kein Studium absolviert hat, verstehen und für sich auswerten kann, also allgemeinverständlich, das heißt in deutscher Sprache!

Wissenschaft soll also nicht mehr um ihrer selbst willen betrieben werden, wie es bisher der humanistischen Tradition der Universitäten entsprach, sondern sie soll von nun an auch praktische Zwecke im Auge haben.

---

[13] Rohr, Compendieuse Haushaltungs-Bilbiotheck: I. von Erlernung der Haushaltungs-Kunst überhaupt, II. von dem Cameralwesen, III. von der Privatwirtschaffts-Kunst und vornehmlich Land- und Feld-Oeconomie.

[14] Rohr, Leipzig 1722, S. 161.

[15] In der Vorrede zur dritten Auflage, die mit großer Wahrscheinlichkeit der zweiten von 1734 entnommen ist, äußert Rohr folgendes: „Wenn man die Oeconomie nicht wie von dem niedrigsten Theile der Hauswirthe getrieben wird, sondern als das was sie wirklich ist, als eine Kunst deren Vorschriften sich auf die Känntniß der Natur gründen, und die nur vermittelst dieser Känntniß kann gehörig ausgeübet werden und erweitert betracht, so verdienet sie unter den gelehrten Wissenschafften eine ansehnliche Stelle; Es ist auch bey ihr nöthig verschiedene andere Theile der menschlichen Erkänntniß zu ihrer Vollkommenheit anzuwenden, und sich dessen, was die Vorfahren gethan haben, zum Unterricht zu bedienen und solches zu vermehren, das heißt, es wird bey ihnen erfordert, Bücher zu lesen. Außer denen welche die Anfangsgründe dieser Kunst vortragen, sind andere nöthig, welche besondere Gegenstände abhandeln oder Lehren aus andern Wissenschaften, die hier zu gebrauchen sind, vortragen..."

Rohr fordert aber nicht nur eine Hinwendung der Gelehrten auf die Praxis des Alltages, sondern hält die Einführung der „Oeconomia" als Hochschulwissenschaft für unbedingt erforderlich. In seiner Dissertation „De excolendo studio oeconomico tam principum quam privatorum" werden zum ersten Male seine Vorstellungen deutlich. In der „Haushaltungs-Bibliotheck" greift er auf diese Arbeit zurück und unterbreitet detaillierte Vorschläge, wobei er mit Nachdruck auf Daniel Georg Morhof (1639—1691), Joh. Chr. Becmann (1641—1717), Joh. Georg Döhler (1667—1749) und Christian Thomasius (1655—1728) hinweist, die ebenfalls in ihren Schriften die Einrichtung einer „Oeconomischen Profession" für dringend notwendig erachten[16]. Aber auch bei ihnen bemängelt Rohr, daß sie zwar sich mit dem Problem der „Oeconomie" als einer neuen Wissenschaft beschäftigen, jedoch keiner von ihnen tiefer in die Materie eindringt. Dazu gehörten, meint Rohr, ein intensives Studium und eine gründliche Kritik der bisher erschienenen ökonomischen Literatur, deren Anfänge ja schon in der Antike wurzeln[17].

Der stärkste Widerstand gegen die Einrichtung einer „Oeconomischen Profession" kommt naturgemäß von den Universitätsprofessoren selbst, die ihre Tätigkeit streng von der eines profanen Gelderwerbs geschieden wissen wollen. Die gesellschaftliche Trennung von „Lehrstand" und „Nährstand"[18] verhindert eine gegenseitige Annäherung. Der Dünkel des geistig Höherstehenden vor allem vertieft diese Kluft. Keiner kann diese Tatsache besser durchschauen als Rohr selbst, der einerseits ein vielseitiger Wissenschaftler ist, andererseits aber als Kameralbeamter mit den Problemen des Handwerks und des Handels konfrontiert wird. Mit scharfen Worten geißelt er die Gelehrten, die sich lieber mit „abgedroschenen und schulfüchsischen Thematibus" befassen, als ihre Arbeit auf die Erfordernisse des wirtschaftlichen Lebens abzustellen[19]. Das bedeutet jedoch, daß derjenige,

---

[16] Rohr (1716), S. 36: „Es wäre wohlgethan, wenn auf den Academien ein Professor Oeconomicae bestellet würde, der die Studiosos in dem vornehmsten, was zu der Stadt und Landes Wirthschafft gereicht, unterrichte; und gehöret solches billich mit unter die Fehler der Universitäten. Es ist auch kein Zweifel, daß wenn an Höfen dißfalls gehörige Vorstellung geschähe, man solche höchst nöthige und dem gantzen Lande ersprießliche Profession etabliren würde. Damit ich aber erweise, daß es nicht bloß meine eigene Speculationes, so wird aus dem folgenden erhellen, daß unterschiedene gelehrte und berühmte Leute gleicher Meinung mit mir sind."
Rohr zählt anschließend die oben angeführten Namen auf.
[17] Ebd., S. 9.
[18] Zedler, Bd. 12, 1735, Sp. 910, Stichwort Haus-Taffel: „Denn es wird das gantze menschliche Geschlecht in drey Haupt-Stände ein- und abgetheilet, nemlich in Lehr-, Wehr- und Nehr- oder Haus-Stand."
[19] Rohr (1716), S. 11. Rohr legt dar, „daß denen Heren Gelehrten auf Universitäten sich ein großes Feld von vieltausend Materien zu ihren philo-

2. Rohrs Forderung nach einer ökonomischen Wissenschaft

welcher von nun an seine wissenschaftliche Arbeit auf die Ökonomie hin gerichtet betreiben will, sich zunächst einmal mit der Arbeitsweise und Struktur des Handwerks, der Manufakturen, der Agrarlehre und des Handels beschäftigen muß, ehe er brauchbare Ergebnisse erzielen kann. Erst wenn er Technologie und, auch das ist wichtig, die Historie dieser Erwerbszweige zwar nicht völlig beherrscht, aber doch ausreichend kennt, vermag er seine Forschungen zweckgerichtet zu lenken. Ein persönlicher Kontakt mit den Bauern, Handwerks- und Manufakturmeistern und den Kaufleuten ist unumgänglich notwendig. Der oben erwähnte Johann Christoph Becmann charakterisiert die Lage gegen Ende des 17. Jahrhunderts recht treffend, wenn er feststellt: „Die Oeconomie hat bißhero gantz neglect gelegen, ... weil sie mehr auf die Übung, Erfahrung und besonderen Umstände ankäme, als auf die Kunst und Regeln, sonderlich da die Gelehrten, die sich auf das Bücher-Schreiben legen, insgemein von diesen nichts verstehn, die aber durch öftere Übung die Heimlichkeiten der Oeconomie gelernt, als Kaufleute, Hauswirthe u.s.w. sind nicht geschickt, etwas von solchen Sachen aufzuzeichnen[20]."

Rohr fordert also einen engen Kontakt zwischen dem Gelehrten und dem Gewerbetreibenden. Ist jener zum Beispiel mit der Arbeitsweise eines Handwerkers genügend vertraut, so kann er auf Grund seiner wissenschaftlichen Kenntnisse Produktionsvorgänge beschreiben und somit die Erfahrungen eines einzelnen einer Vielzahl von interessierten Personen vermitteln, und darüber hinaus ist er nun in der Lage, Verbesserungsvorschläge zu machen, die entweder eine Produktionssteigerung bewirken oder sogar Anstoß zu einer neuen Erfindung sind[21]."

---

sophischen Dissertationibus zeigen würde, wenn sie anfiengen in die Oeconomie zu gehen, und daß sie sich hierdurch bey denen Weltklugen besser recommandiren würden, wenn sie solche dem menschlichen Leben nützliche Sachen abhandleten, als mit abgedroschenen und schulfüchsischen Thematibus. Sie könten auch gnung Gelegenheit haben, dieselben durch Hülffe der Natur-Lehre und der Geometrie scientifice zu tractiren, da es dann auch denen Heren Opponenten, die der Oeconomie unerfahren, an gelehrten Sachen, welche sie verstehen und angreifen könten, nicht fehlen würde."

[20] Zitiert bei Rohr (1716), S. 12.
[21] Ebd., S. 14 f.: „Ich wolte viel mehr behaupten, daß sich ein Gelehrter bemühen solte, eine Erkänntniß von all demjenigen zu haben, was auch den gemeinsten Leuten bekannt ist, und daß es ihnen schimpflich sey, wenn sie von Ungelehrten hierinnen übertroffen werden. Nun möchte einer sagen: Wenn ein Gelehrter dasjenige verstehen soll, was ein Ungelehrter weiß; so müste er Kochen und waschen, einen Schuster oder Schneider u. s. w. abgeben können... Zum andern muß man einen Unterschied machen unter Theorie und Praxi. Es ist gar nichts unmögliches noch ungereimtes, daß ein Gelehrter von vielen dergleichen Sachen sich eine ziemliche Notiz zuwege bringen kan; er kan vollkommen begreifen, warum bey vielen

Diese Äußerungen Rohrs sind von entscheidender Bedeutung; denn dabei wird zum ersten Male ziemlich genau das umrissen, was Johann Beckmann 1777 mit dem neuen Terminus „Technologie" meint und begreift, erstens die Historie der Gewerbe (gemeint sind ihre Entwicklung und ihr Zustand im Sinne einer Bestandsaufnahme) und zweitens die Kenntnis der Produktionsvorgänge, das heißt der Weg vom Rohprodukt zur fertigen Ware, ohne daß der „Technologe" selbst alle Arbeitsvorgänge handwerklich zu beherrschen braucht.

Wenn jedoch eine „Symbiose" zwischen dem Gelehrten und dem Gewerbetreibenden Früchte tragen soll, muß nicht nur der Gelehrte seine überhebliche Haltung ändern, sondern müssen auch der Handwerker, der Manufakturunternehmer und Meister, der Landwirt und der Kaufmann zur Zusammenarbeit bereit sein; denn auch von dieser Seite ist in dieser Zeit ein deutlicher Widerstand spürbar, geboren aus der Angst, dadurch Betriebsgeheimnisse preiszugeben, die eventuell den Konkurrenten nützen könnten. Gerade die Fertigung von Erzeugnissen, die auf chemischen Prozessen basieren, man denke an die Glasmacherei, die Tuchfärberei, das Brauen von Bier usw., war meist streng gehütetes Geheimnis einer Zunft oder einer Werkstatt. Die Herstellung des Porzellans, dessen „Nacherfindung" wohl nach neuesten Untersuchungen nun endgültig dem sächsischen Gelehrten Ehrenfried Walther von Tschirnhaus zuzuschreiben ist, wurde in Kursachsen zum Staatsgeheimnis erklärt[22].

Die ängstliche Geheimhaltung von Produktionsverfahren war jedoch nicht immer ein Zeichen von Engstirnigkeit. Der fast überall unzureichende staatliche Schutz von neuen Erfindungen und neuen technologischen Verfahren forderte solche Maßnahmen. Gewiß gab es mancherlei staatliche Privilegien, die eine neue Erfindung schützen sollten, aber einen Schutz, wie sie heute unser Patentrecht gewährt, indem es die Grundidee einer Konstruktion gegen Nachahmung absichert, gab es damals kaum[23].

Die Preisgabe von Produktionsgeheimnissen hätte also unter Umständen für den Hersteller große finanzielle Einbußen mit sich gebracht. Der Vorsprung vor der Konkurrenz wäre erheblich verringert worden.

Profeßionen dergleichen Würkungen auf dergleichen Ursachen erfolgen, wie die Sache tractiret, auf was vor Art eines und das andere könne darbey verbessert werden, u. s. w. Unterdessen wird er nicht geschickt seyn, und es auch nicht nöthig haben, dergleichen Metiers auszuüben."
[22] Vgl. E. W. v. Tschirnhaus, Medicina mentis (hrsg. v. R. Zaunick). Acta Historica Leopoldina, Nr. 1. Leipzig 1963, S. 19 ff.
[23] Vgl. F. Hoffmann, Kursächsische Erfinderpatente. Zeitschrift für Industrierecht, Jg. 8, 1913, S. 298—299; Jg. 9, 1914, S. 107—109.

2. Rohrs Forderung nach einer ökonomischen Wissenschaft

Noch in der Mitte des 18. Jahrhunderts beklagen sich ökonomische Schriftsteller und Kameralisten über das Mißtrauen der Handwerker und Manufakturunternehmer. Christian Ludwig von Griesheim gibt 1759 ein Buch heraus mit dem Titel: „Die Stadt Hamburg nach ihren politischen oeconomischen und sittlichen Zuständen" (zitiert wurde nach der zweiten Auflage, Hamburg 1760). Um Einblick in das Handwerksleben zu gewinnen, ließ er sich von den Handwerksmeistern als Lehrling einstellen: „Ich befolgte die Regel eines reisenden Fabrikanten: aus einer Werkstätte in der Stille was abzusehen, und davon seinen Meistern nichts merken zu lassen, sonst werden sie Geheimnis voll; die Canäle, was zu lernen, sind gleich verschlossen. Niemand hat jemals eine Schreibtafel bey mir angetroffen." (Vorrede § XII.)

Und J. S. Halle (1730—1810), einer der ersten im deutschen Raum, der in Anlehnung an die französischen Enzyklopädisten, eine „Kunsthistorie" herausgibt, schreibt 1761: „Es ist schade, daß sich noch immer zwischen den Künstlern oder Handwerksleuten und den Gelerten so viel kezzerisches Mißtrauen äußert, wenn sich die lezten wegen der Arbeiten der erstern erkundigen[24]."

Wurde bisher immer von dem „Gelehrten" gesprochen, so meint Rohr vor allem die Wissenschaftler, die sich hauptsächlich mit naturwissenschaftlichen Fragen beschäftigen, also Vertreter von Spezialdisziplinen, deren Kenntnisse der „Oeconomic" von Nutzen sein können. Daneben besteht aber weiterhin seine Forderung nach der Einrichtung eines selbständigen Lehrfaches der „Oeconomic", das gewissermaßen alle Wissenschaften, vornehmlich Jura, Finanzwissenschaften und naturwissenschaftliche Fächer als Grundlage und Wurzel hat und deren praktische Zusammenfassung darstellt. Welche wissenschaftliche Spannweite von solch einem zukünftigen „Oeconomen" verlangt wird, geht aus einer Textstelle in der „Haushaltungs-Bibliotheck" hervor[25]. Dort zählt er all jene Sachgebiete auf, die ein „Oeconom"

---

[24] J. S. Halle, Werkstäte der heutigen Künste oder die neue Kunsthistorie. Berlin 1761—1779. Vorrede.

[25] Rohr (1716), S. 79: „Wer ein vollständiges Werck von dem Cameral-Wesen, und zwar in Ansehung eines gewissen Landes zu schreiben gesonnen, muß den Statum Physicum eines Landes untersuchen, dessen Ackerbau, die Beschaffenheit des Grundes und Bodens, die Bergwercke, Wäldereyen, Viehzucht, die Natur der Wasser, das Bierbrauen, die Weinberge u. s. w. ferner den Politischen Zustand, den Genie und die Neigung derer Einwohner, die Fundamental-Gesetze des Landes, die Verträge, Capitulationes und Reversalien des Landes-Herren gegen die Unterthanen, damit er wisse, ob dieses oder jenes, so er vorschlägt, mit der Verfassung des Landes zu conciliiren sey. Er muß die Reichs-Gesetze inne haben, daß er nicht etwas aufs Tapet bringe, das ihnen zuwider, oder dadurch denen Gerechtsamen derer Nachbarn praejudiciret werde, als welches nur zu Zwistigkeiten Gelegenheit geben würde. Er muß in der Physic, Chymie, Docimatique, Mathe-

unbedingt kennen muß. Neben Physik, Chemie, Mathematik, Mechanik und Rechtswissenschaften fordert er Kenntnisse aus der Geologie, der Mineralogie, der Agronomie und der Technologie, also Gebieten, die erst in der zweiten Hälfte des 18. Jahrhunderts sich zu eigenständigen Wissenschaften entwickelten.

Daß damals ein Gelehrter über einen derartigen Wissensumfang verfügen konnte, beweist nicht zuletzt Rohr selbst mit seinen literarischen Arbeiten. Dabei handelt es sich um fundierte Kenntnisse; Dilettantismus und Oberflächlichkeit, die so manchem „Vielschreiber" seiner Zeit eigen sind, spürt man bei ihm kaum. Allerdings ragt Rohr mit seiner Belesenheit und praktischen Kenntnis aus dem Kreise der Gelehrten heraus. Ein Universalwissen, wie er es von den zukünftigen Professoren der Ökonomie verlangt, konnte zwar als ideelles Leitbild bestehen, aber niemals im Rahmen einer neuen Wissenschaft zur Grundlage gemacht werden. Im weiteren Verlauf der Untersuchung wird noch von Rohrs Forderungen und ihrer teilweisen Verwirklichung durch die von Friedrich Wilhelm I. begründeten „Kameral-Wissenschaften" die Rede sein.

Seine „Compendieuse Haushaltungs-Bibliotheck", die, wie er in der Vorrede betont, im organischen Zusammenhange mit den Bibliografien aus dem Bereiche der „Mathematic" und „Physic" zu sehen sind, zeugt von der außergewöhnlichen Literaturkenntnis Rohrs, die ihn zu seinen späteren Schriften befähigte[26]. Daß Rohr nicht nur kritiklos las und fremde Lesefrüchte mit eigenen Worten weitergab, sondern stets um eine Analyse der Gedankengänge bemüht war, wurde bereits angedeutet. Gewiß, vieles, was Rohr in seinen Schriften anregt und fordert, entstammt fremden Quellen, dennoch ist er nicht als reiner Eklektiker zu bezeichnen, dem keinerlei eigene Ideen zur Verfügung stehen. Zu betonen ist jedoch, daß Rohr vielfach erst durch „Denk-

---

matic und Mechanic eine gründliche Erkäntniß haben, um von der Natur der Wasser, der Mineralien, des Erdreichs u. s. w. geschickter zu urtheilen, und zu wissen, was bey denen Handwerckern zu verbessern, wie allerhand nützliche Maschinen anzurichten, die Mühlen in bessern Stand zu setzen sind u. s. w."

[26] Der Jenenser Professor der Politik, Gottlieb Stolle (1673—1744) gibt 1718 (zweite Auflage 1724) eine „Anleitung zur Historie der Gelahrtheit denen zum besten so den Freyen-Künsten und der Philosophie obliegen" heraus. Stolle bemüht sich dabei vor allem um eine Bestandsaufnahme solchen Schrifttums, das den Studenten von Nutzen sein kann. Auch die „Oeconomic" behandelt Stolle ausführlich, wobei er fortlaufend Rohr preist oder zitiert. In der Vorrede zur ersten Auflage (in der zweiten unverändert abgedruckt) schreibt Stolle über Rohr: „In dem Capitel von der Oeconomie habe ich keinem andern, als dem Herrn von Rohr, folgen können, theils weil er mir hinlänglich und glaubwürdig gedäuchet, theils auch, weil kein anderer Autor vorhanden ist, den ich hierbey hätte gebrauchen können."

2. Rohrs Forderung nach einer ökonomischen Wissenschaft

anstöße" den Weg zu eigenen Ideen und Vorstellungen findet, indem er diese weiterentwickelt. Dieser Prozeß des Durchdenkens und Weiterentwickelns von vorgedachten Problemen läßt sich in Rohrs Arbeiten sehr leicht verfolgen, da er im Gegensatz zu vielen seiner gelehrten Zeitgenossen stets die Quellen seines Wissens anführt. Bei einem Mann wie J. H. G. von Justi (wohl 1717—1771), der in der Wissenschaftsgeschichte einen nicht unbedeutenden Rang einnimmt, ist das wesentlich schwerer, da Justi unbekümmert abschreibt, ohne jemals eine Quelle anzugeben.

In Weiterführung des vorangegangenen Kapitels, das sich mit der „Hausväterliteratur" befaßte, gehen wir kurz auf die eigentliche Bibliografie in der „Compendieusen Haushaltungs-Bibliotheck" ein, die, wie oben erwähnt, die gleichen Sachgebiete aufweist wie die „Hausväterliteratur". Bereits das erste Kapitel „vom Ackerbau", das nach den drei Kapiteln der Einleitung folgt, bietet technologische Einblicke, die wir gerade auf diesem Sektor der Hauswirtschaft bei den „Hausvätern" vermißten.

Rohr beginnt das Kapitel mit einer Einführung in die Geschichte des Ackerbaus. Damit beschreitet er einen Weg, der für seine Zeit gerade auf diesem Gebiet ungewöhnlich ist. Darstellungen vor allem der antiken Agrarlehren erscheinen in großer Zahl, ohne daß man aber der Geschichte selbst Aufmerksamkeit widmet. Dabei läßt Rohr auch die Technikgeschichte nicht außer acht. Er beschreibt unter anderem Dreschmethoden, die uns durch die Bibel überliefert sind[27]. Aus diesem Grunde behandelt er auch agrargeschichtliche Fragen der vorrömischen und vorgriechischen Zeit mit großer Ausführlichkeit, was ebenfalls für seine Zeit nicht selbstverständlich ist. Er führt diese technikgeschichtlichen Betrachtungen bis in seine Gegenwart fort und gelangt damit zu seinem Hauptanliegen, der Verbesserung des Ackerbaues durch die Anwendung von „natur-wissenschaftlichen" Erkenntnissen[28]. Fragen der künstlichen Düngung (keineswegs erst eine Ent-

---

[27] Rohr (1716), S. 128 f.: „Sie hatten dreyerley Art zu Dreschen, denn erstlich führten sie Dresch-Wägen ohne Räder, und mit Rädern. Die ohne Räder waren große höltzerne Tafeln, die unten mit eisernen Nageln besetzt waren, und oben drauf wurden schwere Lasten gelegt. Diese nun zogen die Ochsen auf dem Geträide umher, daß die Körner ausfielen, wodurch das Stroh zugleich zermalmt wurde, wie solche Abarbanel und Rabi Salomon beschreiben. Ein solcher Dreschwagen wird verstanden Esaiae am XLI. 15. Die mit Rädern hatten eiserne Zacken, auf solchen Dreschwägen saßen die Leute, die denselben mit Hülffe des Viehes herum brachten." Rohr stützt sich hier aber nur auf die Luther-Bibel als Quelle.
[28] Rohr (1716), S. 138: „Die Herren Physici, so hierzu Gelegenheit hätten, solten fleißiger seyn, allerhand oeconomische Experimenta bey dem Feldbau zu machen, damit wir hierinnen mehr Gewißheit und auch mehrere neue Decouverten erlangten."

deckung von Justus von Liebig) und der Zucht von ertragreicherem Getreide werden angeschnitten und entsprechende Bücher werden dem Landwirt empfohlen. Besondere Aufmerksamkeit widmet Rohr vor allem jenen Schriften, die sich mit der Mechanisierung der Landwirtschaft befassen, wobei er, im Gegensatz zu der in der Kameralistik vorherrschenden „Maschinenfeindlichkeit", auch solche Geräte empfiehlt, die Arbeitskräfte einsparen oder teilweise ersetzen[29]. Dazu ist zu bemerken, daß in der Landwirtschaft trotz der von den Landesherren angestrengten Peuplierungspolitik ein notorischer Arbeitskräftemangel herrscht, der allein mit einer Mechanisierung auszubalancieren ist. Auch hier wieder fordert Rohr eine stärkere Verbindung von Theorie und Praxis[30].

Das Kapitel „von den Wäldereyen und der Jägerey" bietet ebenfalls eine Fülle technologischer Anregungen. Hier rezensiert Rohr vor allem jene Bücher, die sich mit der Nutzung des Waldes befassen. Von einer Forstpflege in unserem Sinne ist zwar damals noch nicht die Rede, aufschlußreich ist aber, daß Rohr eingehend in diesem Zusammenhang auf Öfen hinweist, die bei geringerem Holzbedarf eine größere Heizleistung erzeugen[31]. Diese Bemühungen verfolgen einen doppelten Zweck: Einmal sollen sie dem Hauswirt unnötige Kosten

---

[29] Ebd., S. 147: „Gleichwie die Mathematischen Wissenschafften überall in dem menschlichen Leben gar nützlich zu gebrauchen; Also ist auch durch derselben Hülffe bey dem Feldbau und dahin gehörigen Materien eines und das andere verbessert worden, und es ist kein Zweifel, daß durch die Mathematic noch mehrere cultiviret werden könne. Joseph von Locatelli, ein spanischer Ritter, hat ein Instrument erfunden, zugleich zu pflügen und zu säen, welche man in den Actis Anglicanis beschrieben findet. Anno 1700 ist im Erzen, einem Chur-Braunschweigischem Amte, eine sogenannte Dresch-Mühle inventiret und erbauet worden, welche durch Assistenz dreyer Personen in einem Tage soviel Getraide ausdrischt, als sonst achtzehn Personen auf die gewöhnliche Art mit ihren Dreschflegeln ausdreschen können."
[30] Ebd., S. 148: „Es würde zur Verbesserung derer Mühlen gar vieles contribuiren, wenn die Herren Mathematici sich fleißig bey den Mühlenverständigen nach allen genau erkundigten, und alle Sorten derer Mühlen nebst ihren Theilen accurat abzeichneten und ausmäßen."
[31] J. B. v. Rohr, Compendieuse Haushaltungs-Bibliotheck, [3]1755, S. 397 f.: „1717 ist in Leipzig auf Angaben einer hohen Standesperson ein gewisser vortheilhafter Ofenbau experimentiret worden. Man that den Versuch damit in einem gewissen Brauhause im Brühl, und befand daß man an einem Gebräude wirklich drey siebentheile Holz erspared." ... „Der Hr. Professor Lehmann zu Leipzig hat eine Heiz- und Siedemaschine erfunden, und 1719 in seinem Garten im Monat Julio vor Notario und Zeugen ein Instrument hierüber aufgerichtet, und in Gegenwart vieler Leute die Maschine mit großer Holzersparung zum Sude gebracht und beständig im Sude erhalten. Sie schafft sehr großen und viel Geld ersparenden Nutzen in allerhand Arten der Haushaltung, den Handwerkern und Siedereyen, welche laulicht und warm, heiß und siedend Wasser bedürfen." (Die in den Anmerkungen 32 und 33 gebrachten Zitate entstammen der nicht mehr greifbaren zweiten Auflage von 1734).

2. Rohrs Forderung nach einer ökonomischen Wissenschaft

ersparen, wichtiger aber noch ist der volkswirtschaftliche Aspekt. In dieser Zeit wird eine zunehmende Holzknappheit spürbar, die besonders das Bauwesen und die metallverarbeitenden Gewerbe einzuschränken droht, da hier das Holz als Grundmaterial beziehungsweise Brennstoff benötigt wird. Der Kohle als Ersatz für das Brennholz begegnet man noch mit Skepsis, da man den „stinkenden Rauch" für schädlich hält[32]. Die Förderung steht noch in den Anfängen. Es liegt demnach im staatswirtschaftlichen Interesse, Versuche und Erfindungen zu fördern, die eine bessere Ausnutzung des Brennholzes versprechen.

Auch für jene Teile der Haushaltung, die vorwiegend als Aufgabenbereich der „Hausmutter" gelten, bietet Rohr reichhaltiges Schrifttum an und steuert selbst Vorschläge technologischer Art bei. Im Kapitel „von der Koch-Kunst und Confituren" finden sich Anregungen zur Verbesserung der Küche und des Küchengerätes. Allerdings dünken uns heute manche Vorschläge Rohrs skurril und scheinen mehr barocke Spielereien zu sein, als daß sie einen wirklichen Nutzen versprechen. Dennoch sind sie von Rohr durchaus ernst gemeint und wurden auch in diesem Sinne von seinen Zeitgenossen verstanden[33].

Eine weitere Fülle technologischer Anregungen bietet Rohr im Abschnitt: „von Bergwerkssachen und mineralischem Reiche", die nach der Auffassung seiner Zeit als Bereich der Urproduktion zur Hauswirtschaft gehören. In der vorliegenden Arbeit jedoch wurde der Bergbau als Gegenstand einer eigenen Wissenschaft ausgespart.

Folgende Hauptgesichtspunkte und Forderungen Rohrs sind nach der Analyse der „Compendieusen Haushaltungs-Bibliotheck" festzuhalten:

---

[32] In diesem Zusammenhange geht Rohr auf einen Vorschlag des „in der Welt sattsam bekannten D. Becher" ein, der in seiner „närrischen Weisheit" den Vorschlag mache, „dem Turf und Steinkohlen den stinkenden Rauch zu benehmen, und ihn in Theer zu verkehren, man könnte ihn zu Schiffen und Stricken gebrauchen, nach dessen Absonderung die Kohlen hernach viel stärkere Hitze gäben als zuvor, auch weder raucheten noch stänken, welches sonder Zweifel auf die Art, als wie das Pech aus Holze geschmolzen wird, geschehen müßte."

[33] Rohr (1716), S. 225 ff.: „Auch die Mathematischen Wissenschafften erweisen bey der Koch-Kunst ihren Nutzen. Die Geometrie lehret allerhand künstliche Figuren und Abtheilungen bey denen Torten Pasteten und Confituren anzubringen. Die Bau-Kunst, wie die Küchen auf eine bequeme Art anzulegen, die Feuermäuren so zu erbauen, daß dieselben bey veränderten Winde nicht rauchen mögen..." „Die Mechanica zeiget die Construction unterschiedener Arten der Bratenwender, entweder durch eine Feder, oder durch ein Rad, so von einem Hunde herumgetrieben wird, oder auf andere Art, ingleichen die Verfertigung derer bey denen Köchen nöthigen Gefäße und Instrumente, welche alle, wenn sich die Herren Mathematici darum bekümmern wolten, zu einer bessern Commodität des menschlichen Lebens eingerichtet werden könten."

1. Die „Haushaltungs-Kunst" und die „Staats-Oeconomie" müssen zum Gegenstand wissenschaftlicher Forschung werden.

2. Die zukünftige Aufgabe der Lehrer an den Universitäten besteht darin, auf Grund ihrer wissenschaftlichen Kenntnisse, die durch praktische Erfahrungen erweitert werden sollen, die „Haushaltungs-Kunst" nach ökonomischen Gesichtspunkten weiterzuentwickeln.

3. Diese Weiterentwicklung ist nur mit Hilfe „naturwissenschaftlicher" und damit auch technologischer Erkenntnisse möglich.

3. Rohrs technologische Ansätze in der Schrift „Einleitung zur Staats-Klugheit"

In den Anfangskapiteln der „Compendieusen Haushaltungs-Bibliotheck" hatte Rohr den Definitionen der Begriffe „Privat-Oeconomie" und „Staats-Oeconomie" breiten Raum gegeben, sich dann aber in der eigentlichen Bibliografie auf die „Haus-Wirthschaft" beschränkt. Im Jahre 1718 erscheint in Leipzig nun eine Schrift Rohrs von nahezu 1500 Oktavseiten, die sich ausschließlich mit der „Staats-Oekonomie" und der Regierungskunst schlechthin befaßt. Ihr Titel lautet: „Einleitung zur Staats-Klugheit, oder Vorstellung wie Christliche Regenten, zur Beförderung ihrer eigenen und ihres Landes Glückseligkeit, ihre Unterthanen zu beherrschen pflegen". Allein schon der Titel weckt Assoziationen zu Veit Ludwig von Seckendorffs Hauptwerk, dem 1656 in Hanau erschienenen „Teutschen Fürsten-Stat", und es wird sich erweisen, daß auch vom Inhalt her dieses Werk Julius Bernhard von Rohr wesentlich beeinflußt hat, ohne daß man allerdings Rohr des Plagiats zeihen könnte. Rohrs „Einleitung zur Staats-Klugheit" hat, soweit uns bekannt, nur diese eine Auflage von 1718 erlebt. Die Bedeutung der Seckendorffschen Schrift war mit ihren allgemeingültigen und in gewissem Sinne zeitlosen ethischen Grundsätzen nicht mehr zu übertreffen. Noch in der Mitte des 18. Jahrhunderts diente sie als Lehr- und Lernbuch der Staatslehre an den deutschen Universitäten. Dennoch erscheint es nicht nutzlos, die Schrift Rohrs näher zu untersuchen, da er, wie bereits bemerkt, eine Weiterführung und größere Wirklichkeitsnähe der Ideen Seckendorffs erstrebt.

Rohr begegnet der Gefahr, von seinen Lesern nur als ein Plagiator der Seckendorffschen Ideen angesehen zu werden, sogleich in der Vorrede und versucht allen potentiellen Vorwürfen die Spitze abzubrechen, indem er betont: „Sie (die Einleitung zur Staats-Klugheit, d.

3. Technologische Ansätze in Rohrs „Staats-Klugheit" 63

Verf.), ist von des Hrn. Veit Ludwigs von Seckendorf teutschen Fürsten-Staate, der biß anhero von den Teutschen mit guten Nutzen gelesen und tractieret worden, gar sehr unterschieden[34]." Weiterhin grenzt er seine Schrift gegenüber der von Seckendorff mit der Feststellung ab, daß dieser mehr bestehende Zustände, und diese wiederum mehr moralisch als politisch, aufgezeichnet habe, „als daß er die Mittel angewiesen, auf was vor Art eines das andere zu disponiren und einzurichten sey"[35]. Er, Rohr, hingegen „füge bey den meisten Capituln einige Desideria und unmaßgebliche Vorschläge mit an"[36]. Außerdem werde man finden, daß in seiner Schrift „sehr viel Materien, die der Herr von Seckendorf unberührt gelassen, abgehandelt seyn"[37].

Am Schluß der Vorrede zählt dann Rohr noch eine Reihe von Kameralisten auf, unter ihnen Marperger und Schröder, die ihm mit ihren Schriften, wie er sich ausdrückt, „einige Assistenz geleistet"[38].

Die „Staats-Klugheit" umfaßt fünfzig Kapitel, in denen nahezu alle Fragen der Regierungskunst behandelt werden, u. a. Rechtsfragen, Polizeiwesen, Kammerwesen, Diplomatie, und nicht zuletzt Ökonomie. Für unseren Zusammenhang ist vor allem die Behandlung ökonomischer Fragen wichtig, die in zahlreichen Kapiteln erörtert werden[39]. Allein die Aufgliederung der Kapitel und ein flüchtiger Vergleich mit den von Seckendorff behandelten Themen macht deutlich, daß Rohrs Ausführungen mehr auf das Praktische zielen, daß seine Schrift mehr einem Handbuch der Regierungskunst gleicht, während der „Fürstenstat" vornehmlich eine Bestandsaufnahme darstellt, ein Abbild des Herzogtums Sachsen-Gotha.

Das erste Kapitel der „Staats-Klugheit" gibt in ausführlicher Weise eine Definition dieses Begriffes. Rohr macht auch hier wieder, wie in der „Klugheit zu leben", deutlich, daß die „Klugheit" ein Mittel sei,

---

[34] Rohr (1718), Vorrede. Gezählte Seite I.
[35] Ebd., Vorrede. Gezählte Seite III.
[36] Ebd., Vorrede. Gezählte Seite II.
[37] Ebd., gezählte Seite III.
[38] Ebd., gezählte Seite X f.: „Ich habe in dem Tractat selbst die Autores, derer ich mich bedienet, angeführet, überhaupt aber will hier noch Erwehnung thun, daß mir der Freyherr von Schröder, der Herr Cammer-Rath Leib, Herr Hof-Rath Marperger, die gelehrten und Ruhm-würdigen Herren Autores der Unschuldigen Nachrichten, Herr D. Döhler, Hr. Höm, durch ihrer Schrifften einige Assistenz geleistet."
[39] Folgende Kapitel sind für unseren Zusammenhang von besonderer Bedeutung: Das erste Capitel von der Staats-Klugheit, ... 4. von dem Oeconomie-Wesen... 6. von Erziehung und Unterrichtung eines Prinzen ... 14. von dem Schul-Wesen. 15. von Academien. 27. von Besetzung der Ämter in der Republic... 30. von der Land- und Feld-Oeconomie. 34. von Manufacturen... 35. von Handwercken.

die zeitliche Glückseligkeit zu erlangen, wobei man aber nicht die „wahre Glückseeligkeit" (sprich ewige Glückseligkeit), das eigentliche Bemühen aller menschlichen Bestrebungen, aus den Augen verlieren dürfe. Allerdings dürfe man dieser Klugheit sich nur soweit bedienen, „ohne sich und andern zu praejudizieren und Hinderniß darbey zu besorgen..."[40]. Rohr grenzt hier ganz klar die Freiheit des Individuums gegenüber der Gesellschaft ein oder, im lutherischen Sinne, gegenüber dem Nächsten ab.

Diese Forderung gilt nach Rohrs Auffassung in besonderem Maße für den Landesherren, der wie kein anderer auf Grund seiner Machtmittel in der Lage wäre, eine auf seinen eigenen Nutzen bedachte „Politic" zu treiben[41]. Doch „es kann ein Lands-Herr nicht glücklich seyn, wenn er nicht auch zugleich auf die Glückseeligkeit und das Wohl seiner Unterthanen sein Absehen mit richtet". Rohr sieht zwar hier im Landesherren noch nicht den „ersten Diener seines Staates", lehnt aber ganz entschieden den absoluten Herrschaftsanspruch eines Ludwig XIV. ab.

Ist die Klugheit an sich als ein Mittel zu verstehen, seine eigene Glückseligkeit zu befördern, soweit es in den oben aufgezeichneten Grenzen möglich ist, so hat die „Staats-Klugheit" sich in einem doppelten Sinne auszuwirken: Sie zielt „auf den Nutzen des Landes-Fürsten *und*[42] den Unterthanen, und sinnet Maximen aus, wie dieses oder jenes Gute mit guter Manir auf ein Land gebracht... werde"[43].

Nun „ist die Staats-Klugheit ein sehr weitläufftiges Studium, und begreifft gar viel Wissenschaften in sich", und Rohr gesteht selbst zu, daß es nahezu unmöglich ist, daß ein Landesherr „die gantze Staats-Klugheit excoliren solte"[44]. Er solle aber zumindest auf allen Gebieten der Regierungskunst eine gewisse Einsicht und Kenntnis haben. Einige dieser Bereiche, die seinen speziellen Begabungen und Neigungen entgegenkämen, habe er intensiv zu studieren.

Diese mehr allgemein gehaltenen Anregungen präzisiert Rohr im sechsten Kapitel, wo er sich, wieder in gewisser Anlehnung an Seckendorff, eingehend mit der „Erziehung und Unterrichtung eines Printzen"[45] befaßt. Bereits seit dem Beginn des 17. Jahrhunderts gibt es spezielle Adelsschulen, sogenannte Ritterakademien, die den jungen

---

[40] Rohr (1718), S. 1.
[41] Ebd., S. 1: (Rohr setzt hier für Staats-Klugheit den Terminus „Politic", die er in „gute" und „falsche" Politic scheidet, wobei letztere durch den Eigennutz gekennzeichnet ist.)
[42] Ebd., Hervorhebung durch den Verfasser.
[43] Ebd., S. 13.
[44] Ebd., S. 32.
[45] Ebd., S. 137—166.

3. Technologische Ansätze in Rohrs „Staats-Klugheit"

Adligen auf seine späteren Aufgaben vorbereiten sollen. Im Vordergrund stehen hier die Sprachschulung (Französisch und Italienisch) sowie die Unterweisung in den höfischen Lebensformen. „Ziel der Adelserziehung war nicht der gelehrte, sondern der galante Mensch, der vollendete Hofmann[46]." Aber bereits Gottfried Wilhelm Leibniz (1646—1716) fordert an den Ritterakademien eine stärkere Betonung der Realien[47]. Zweifelsohne haben die Gedanken von Leibniz auf Rohrs Vorstellungen über die Erziehung der zukünftigen Landesherren eingewirkt. Nach Rohrs Auffassung hat die Ausrichtung auf den künftigen Beruf des Prinzen schon im frühesten Kindesalter einzusetzen. Er soll beim Spielen schon unmerklich auf seine spätere Tätigkeit hingelenkt werden, indem man ihm zweckgerichtetes Spielzeug in die Hand gibt: Dieses „Spielzeug" setzt sich aus Modellen von Wirtschaftsgebäuden, von Maschinen oder Werkzeugen zusammen. Spielzeug im herkömmlichen Sinne hält Rohr zwar nicht für schädlich „doch gewiß auch nicht nützlich"[48]. Dem zukünftigen Landesherren soll nur das gelehrt werden, was ihm auch später wirklich von Nutzen sein kann. So ist er in der Religion zu unterweisen. Dazu gehört auch Kenntnis von den „falschen" Religionen, um die eigene rechtmäßige besser erkennen zu können. Weiterhin soll er in der Rhetorik und im Schreiben ausgebildet werden. Besonderer Wert ist dabei auf den "Kanzleistil" im Hinblick auf seine spätere Kammertätigkeit zu legen. Auch die Beherrschung der französischen Sprache als Mittel der Verständigung in der Diplomatie ist unerläßlich, während Latein höchstens als Liebhaberei getrieben werden kann.

---

[46] N. Maaßen - W. Schöler, Geschichte der Mittel- und Realschulpädagogik. Band I. Hannover 1960, S. 38 f.

[47] F. Paulsen, Geschichte des gelehrten Unterrichts. Band I. Leipzig 1896, S. 493 — und N. Maaßen - W. Schöler (1960): „Als Unterrichtsgegenstände nennt Leibniz: die Geheimnisse der Natur und der Kunst, die Grundlagen der mechanischen Künste, Bekanntschaft mit dem Material und Handwerkszeug, die Hauptregeln seiner Verwendung, die Preise der mit ihrer Hilfe hergestellten Sachen, Kenntnis des Handels, Grundlagen der Medizin, der Jurisprudenz und der Theologie, Kenntnis der Landesgesetze, dazu Italienisch und Französisch."

[48] In der Staats-Klugheit deutet Rohr diese Dinge nur an, da er in der Haushaltungs-Bibliotheck bereits darauf eingegangen ist. Dort schreibt er auf Seite 33: „In ihren Kinder-Jahren an statt der andern Spielwercke die offt pretieus sind, und keinen Nutzen schaffen, solten sie ihnen allerhand Modelle von unterschiedenen Gebäuden, Scheunen, Ställen, Brauhäusern, Maltzhäusern u. s. w. verfertigen lassen, die Instrumenta und Werckzeuge, die man bey dem Acker-Bau, bey der Gärtnerey, Jähgerey, Fischerey, Vogelfange u. s. w. braucht, alles nach dem verjüngten Maßstabe, da sie denn von Kindesbeinen an von einem, der sich die Geduld gäbe, mit ihnen gleichsam spielen, zur Oeconomie geleitet werden könnten. Es würden die Kinder von solchen oeconomischen Spielen, als welche ohnedem dasienige nachzuthun pflegen, was sie von großen sehen, eben das Plaisir haben, als von ihren anderen."

Schwerpunkt der Erziehung und des Unterrichts aber hat das „studium oeconomicum" zu sein, da dieses allein ihn zu einem guten Landesherren machen kann[49]. Für den jungen Prinzen sollen dafür „Kunst- und Naturalien-Cammern" angelegt werden, die zu Unterrichtszwecken Maschinenmodelle, Werkzeuge und Rohmaterialien enthalten[50]. Rohr verweist hier auf die Vorschläge des Hallenser Predigers und Gründers der ersten Realschule Christoph Semler (1669—1740), die noch an anderer Stelle von uns erörtert werden[51]. Mit Entschiedenheit wendet sich Rohr gegen die damals in höfischen Kreisen weit verbreitete Auffassung, daß die Beschäftigung mit der Oeconomie dem Bürger und den Staatsbeamten zu überlassen sei[52].

Wichtig sei für den jungen Prinzen aber vor allem die gründliche Kenntnis des Landes: „Das vornehmste Buch, daraus ein Printz zu dem Cameral-Studio angeführt werden kan, ist eine recht vollkommene spezielle Land-Charte seines Landes, die Cammer-Rechnungen, Tabellen der Aemter, welche der Hofmeister mit ihm durchgehen, vornehmlich aber in dem Lande selbst überall herum reisen muß, und ihn lehren, wie und auf was vor Art die Cultur des Landes vorzunehmen, ... was bey dem Commercien-Wesen verbessert, die neue und bequeme Machinen, dadurch die Bequemlichkeit des menschlichen Lebens entweder besser befördert oder erhalten würde, angerichtet. ... die Manufacturen etabliret ... werden könte"[53] u. s. w. Voraussetzung dafür ist nach Rohrs Meinung eine gründliche Kenntnis der „Physic", damit der Prinz „von anderer Leute gethanen Vorschlägen und gemachten oeconomischen Projecten urtheilen könte, ob sie wohl practicabel wären oder nicht"[54]. Daneben hält Rohr eine gründliche Unterweisung im Staatsrecht für erforderlich. Dabei soll sich der Hofmeister auf das Landesrecht stützen und das ausländische sowie das besonders „verwirrte" Römische Recht beiseitelassen. Wichtig sei es vor allem, solche Schriften zu behandeln, die sich mit rechtlichen Proble-

---

[49] Rohr (1718), S. 147: „Drum soll ein junger Printz vor allen Dingen insonderheit, ehe er zu den überhäuften Staats-Affairen und zu der Regierung kömmt, zu diesem studio magnifico, als welches ihn eintzig und allein zu einem grossen Monarchen machen kan angeführet werden."

[50] Rohr (1718), S. 148. (Ein ähnlicher Vorschlag ist, wie bereits beschrieben, im „Adelichen Haus-Vatter" von Florinus zu finden.)

[51] Rohr (1718), S. 14.

[52] Rohr (1718), S. 148 f.: „Ich halte nicht davor, daß dieses Studium einem Fürsten unanständig wäre, denn da unterschiedene Könige und Fürsten die Kaufmannschafft getrieben ... und Künste und Professionen selbst erlernet. So kan auch nicht absehen, wie es dem Caractère eines Fürsten zuwider seyn würde, wenn er eine genauere Erkänntniß dieser Sachen hätt."

[53] Ebd., S. 150.

[54] Ebd., S. 151.

3. Technologische Ansätze in Rohrs „Staats-Klugheit"

men bei der Anlage oder Unterhaltung von Straßen und Brücken, bei der Etablierung von Manufakturen und beim Handel befassen. Im Vergleich mit den im Lande geltenden Gesetzen und Verordnungen ließen sich dann unter Umständen manche Verbesserungen vornehmen[55]. Schließlich geht Rohr zuletzt noch auf jenes Fach, das er selbst intensiv studiert hat, ein, die Mathematik. Doch fordert er für die Prinzenerziehung nur mathematische Grundkenntnisse, und zwar solche, die dem Prinzen später von Nutzen sein werden. Rohr schreibt: „Es sind ihm lauter Practica, die einen evidenten und handgreifflichen Nutzen in dem menschlichen Leben haben, beyzubringen[56]." Gemeint sind hier vor allem die Geometrie, die Baukunst und die Mechanik[57]. Auch das Zeichnen, soweit es sich um technisches Zeichnen und nicht um die „unnütze" Malerei handelt, ist zu fördern.

Fragen der ethischen und moralischen Erziehung behandelt Rohr, wenn man einmal von dem kurzen Hinweis auf die religiöse Unterweisung absieht, nur am Rande. Sein Hauptaugenmerk richtet er stets auf das Praktische und Nützliche, jegliche Bildung um der Bildung willen lehnt er kategorisch ab. Man wäre fast versucht, seine Haltung „materialistisch" zu nennen, stände nicht der eudämonistische Grundgedanke hinter allen seinen Vorschlägen. Durch die ökonomische Ausbildung, die, wie bereits festgestellt wurde, vorwiegend von technologischen Überlegungen bestimmt ist, erhält der Prinz die Befähigung, nach dem Tode seines Vaters die Regierungsaufgaben voll erfüllen zu können. Sein Arbeitsbereich wurde oben schon kurz skizziert. Dennoch sind noch einige von Rohr gemachte Vorschläge hier näher auszuführen.

Im Kapitel „von dem Oeconomie-Wesen" weist Rohr darauf hin, daß der Landesherr eine Doppelfunktion ausübt, da er einmal als Spitze des Hofstaates und Besitzer von Domänen als Hausvater, andererseits als Spitze eines Herrschaftsbereiches als Landesvater anzusprechen ist[58]. Diese Doppelfunktion allein zu erfüllen, geht über

---

[55] Ebd., S. 159: „Es könten diese Schrifften mit den besonderen von dem Landes-Fürsten publicirten Ordnungen, Mandaten u. s. w. bey einer jedweden Materie conferiret und daraus etliche Regulae generales und speciales prudentiae bey einem objecto Rei publicae, die sich gar wohl appliciren liessen, verfertigt werden."
[56] Ebd., S. 163.
[57] Ebd., S. 162: „Jedoch hat ein Printz nicht nöthig, einem ganzen Cursum Mathematicum durchzustudieren, indem ihm dieses allzuviel Zeit wegnehmen, er müste denn sehr grosse Inclination dazu haben, sondern es ist schon genug, wenn er die Geometrie, die Architecturam civilem, die Ingenieur-Kunst, Mechanicam und Hydraulicam verstehet."
[58] Rohr (1718), S. 95 f.: „Es hat bey Fürstlichen Personen eine doppelte Oeconomie statt als die Oeconomica der Privat-Personen, da sie ihr Oecono-

die Kräfte eines Einzelnen. Deshalb benötigt der Landesherr nach Rohrs Auffassung zu seiner Unterstützung ein ausgebildetes Kammerwesen, dessen Aufbau in der Spitze er sich wie folgt vorstellt:

Dem Fürsten stehen zwei Kollegien zur Seite. Das eine Kollegium besteht aus Beamten, die speziell finanzwirtschaftliche Kenntnisse besitzen und für die Regelung und Regulierung der Einkünfte und Ausgaben der Staatskasse zuständig sind. Rohr macht hier allerdings keine näheren Angaben, wie er sich die praktische Arbeit dieses Kollegiums vorstellt. Um so eingehender beschreibt er den Aufgabenbereich des zweiten Kollegiums, das man als eine Art Planungsbehörde im Sinne des 20. Jahrhunderts bezeichnen könnte. Die Mitglieder dieses Kollegiums sollen vor allem Praktiker sein, die eine gründliche Kenntnis des Landes und seiner wirtschaftlichen Gegebenheiten haben und deren Aufgabe darin besteht, Projekte und Vorschläge, die eine Erhöhung der Einkünfte des Landesherren zu versprechen scheinen, zu prüfen oder selbst zu machen[59]. Der Fürst kann sein Land nur dann nach ökonomischen Gesichtspunkten regieren, wenn er über eine fachlich gebildete und unbestechliche Beamtenschaft verfügt. Die Beamten müssen eine ausreichende Besoldung erhalten, damit sie Bestechungsversuchen gegenüber unempfänglich bleiben, und sie müssen so viele Kenntnisse in Verwaltungsfragen und Technologie besitzen, daß sie nicht von Ratgebern abhängig sind.

Im Kapitel über das Ökonomiewesen berichtet Rohr von Schwierigkeiten, die durch ein Beamtentum entstehen, das in keiner Weise technologisch vorgebildet ist. Wie soll beispielsweise ein Beamter über die Anlage und Einrichtung von Manufakturen entscheiden, wenn er noch nie eine von innen gesehen hat, geschweige denn den Produktionsprozeß kennt? Fehlentscheidungen und Fehlinvestitionen sind die Folge. Projekte, oftmals von Abenteuern angedient, kommen zur Ausführung, weil der mit der Entscheidung beauftragte Beamte keinerlei

---

mie-Wesen eben wie Privati in Acht nehmen müssen... Und dann ferner die fürstliche Oeconomica, da sie nicht allein bedacht seyn müssen, wie ihre eigne Einkünffte vermehret und erhalten, sondern auch ihrer Unterthanen Glückseeligkeit und Güter vergrößert und conserviret werden."

[59] Rohr (1718), S. 99 f.: „Scheinet derowegen höchst nöthig zu seyn, daß die Cameral-Sachen in zwey unterschiedliche Collegia getheilet werden, deren das eine, wie gemeldet, die Einkünffte und Ausgaben hätte, das andere aber würde seyn ein Collegium, welches nichts anders thäte, als zu deliberieren, wie die Einkünffte des Landesfürsten zu vermehren, wohin alle solche Vorschläge und Projecta zu diesem Zweck zielende gebracht, allda überleget und, wo möglich ins Werck gerichtet würden. Solch Collegium müste von allersubtilesten ingeniis zusammengesucht, und aus allen, oder doch den vornehmsten Provincien des Landes ansehnliche und erfahrne Personen darein genommen werden, welche das Land kennen und deßen Gelegenheit wohl verstehen."

Sachkenntnisse besitzt. Andererseits kommen positive Vorschläge dann aus demselben Grunde nicht zur Ausführung. Rohr weiß hier aus eigener Erfahrung anschaulich zu berichten[60].

Der zukünftige Beamte soll nach Rohrs Vorstellungen einen engeren Aufgabenkreis, ein Spezialgebiet also, das er schon auf der Universität studiert hat, erhalten. Sprachen wir oben davon, daß Rohr die Beschäftigung der Gelehrten mit der Ökonomie fordert, um Handel und Gewerbe zu fördern, so soll die Universität mit einem eigenen Lehrfach über Ökonomie nun in Zukunft als Ausbildungsstätte der Beamten dienen. Zwar hatten auch bisher die angehenden Beamten, zumindest der höheren Positionen, an den Universitäten studiert, das Schwergewicht lag dabei jedoch auf der Jurisprudenz. Das beste Beispiel für den von Rohr postulierten Idealtyp des Staatsdieners bietet sich in ihm selbst: Er absolvierte ein Studium, das in seiner breiten Fächerung auch für damalige Verhältnisse nicht alltäglich war. Vielleicht mag es daher rühren, daß seine Forderungen manchmal reichlich hoch gegriffen erscheinen. So erwartet er von den Juristen gründliche Kenntnisse auf den Gebieten der Geometrie, der Mechanik, Architektur, des Wasser- und Mühlenbaues usw. Rohr denkt hier durchaus technologisch; denn wie kann man, meint er, ein Urteil in einem Grenzstreit fällen, wenn man keinerlei vermessungstechnische Grundkenntnisse besitzt, um zumindest die Fähigkeiten eines hinzugezogenen Sachverständigen überprüfen zu können? Doch die Beschäftigung mit der „Mathematic" (hier läßt sich mit gutem Recht auch der Begriff Technik dafür einsetzen) ist nicht nur für den Juristen notwendig und nützlich, sondern auch, wie untenstehendes Zitat beweist, für jeden Berufsstand[61]. Hier wird das Bemühen deutlich, durch eine weite

---

[60] Rohr (1718), S. 97 ff.: „So lauffen die Materien, wodurch Nutzen zu schaffen, und durch welche die Einkünffte eines Fürsten zuverbessern, in so vielerley Professiones hinein, daß diejenigen, welche sich damit bemühen sollen, absonderliche Ingenia, so sich bloß und allein auf solche Dinge appliziren, seyn müssen, denn wenn einer, welcher sonst zu thun hat, in einer gewissen Cameral Sache sein Bedencken stellen soll, die etwan außer seiner Sphaere ist, da wird er verdrossen und der Sachen feind. Manchmal werden auch gewisse als impracticable Sachen verworffen, sie seyn sonst so gut wie immer nur wollen, wenn sich der andere nicht darauf geleget und keine Connoissance darvon hat, wie ich denn selbst einmahl von einem gewissen Cameralisten gehöret, daß sein Lebtage an keinem Project-Macher etwas gutes wäre. Allein seine Capacität war so beschaffen, daß er nicht geschickt war, anderer Leute Projecta zu untersuchen, und lieber den alten Schlendrian, als sich den Kopff mit neuen Vorschlägen sehr zubrechen wolte."

[61] Ebd., S. 391 f.: „Die Juristen können in vielen Stücken ohne Erkänntniß einiger mathematischen Wissenschaften, als der Geometrie, Bau-Kunst, Wasser-Bau-Kunst und Mechanica nicht recht fortkommen. z. E. Wenn sie zu Commissionen gezogen werden, da sie gewisse Streitigkeiten, die bey Gräntz-Beziehungen, Mühlen-Bau, Wasserschäden, der Materie unterschie-

Verbreitung technologischer Kenntnisse der sich sprunghaft entwickelnden Technik jene Aura des Geheimnisvollen zu nehmen, die sie bei den nicht enger mit ihr in Berührung Stehenden umgibt. Immer wieder betont Rohr den Nutzen technologischer Kenntnisse, um in jener Zeit des rationalen und die Vernunft glorifizierenden Denkens eine breitere Schicht dafür zu gewinnen, letztlich mit dem Ziel, damit die Produktivität des Staates zu steigern. Daß Rohr vielfach Anregungen anderer Autoren aufgreift und auf ihren Nutzen und Gehalt hin prüft, um sie dann seinen Vorstellungen gemäß umzuwandeln oder abzuändern, wurde bereits dargelegt. In der „Staats-Klugheit" lassen sich jedoch zwei Fälle anführen, beide technologische Fragen behandelnd, wo Rohr nahezu wörtlich die Arbeitsergebnisse von anderen Autoren wiedergibt, weil sie in allen Punkten seinen eigenen Intentionen entsprechen. Die Hauptgedanken zunächst des einen Autors werden im folgenden kurz behandelt.

Rohrs Bemühungen, eine breitere Schicht des Volkes gegenüber technologischen Gegebenheiten aufgeschlossener zu machen, wurden schon mehrfach hervorgehoben. Von der Notwendigkeit einer technologischen Schulung der Beamten war bereits die Rede. Ebenso wichtig erscheint aber Rohr auch eine Ausbildung der Gewerbetreibenden, also der Manufakturmeister und Handwerker. Aus diesem Grunde greift er die Gedanken des sächsischen Kammerrates Johann Georg von Leib[62] auf und fügt Teile davon seiner „Staats-Klugheit" ein.

Leib veröffentlicht in den Jahren 1705—1708[63] „Vier Proben, wie ein Regente Land und Leute verbessern, des Landes Gewerbe und Nahrung erheben, sein Gefälle und Einkommen sonder Ruin derer Unterthanen billichmäßiger Weise erhöhen und sich dadurch in Macht und Ansehn setzen könne". Die Schrift ist von rein merkantilistischem Denken geprägt und behandelt in einzelnen Kapiteln die gesamte Staatswirtschaft. Leibs Denkweise gleicht der von Rohr; denn auch er ist ein Mann der Praxis.

Rohr zitiert vor allem aus dem fünften Kapitel der ersten „Probe", die sich mit dem Manufakturwesen befaßt. Leib entwickelt hier einen

---

dener Servituten, u. s. w. vorfallen, untersuchen und entscheiden sollen. Verstehen sie es selbst nicht, so müssen sie hierinnen mit fremden Augen und Ohren sehen und hören, und zwar den Müllern, Feldmessern, Bau-Meistern und andern dergleichen Leuten in ihrer Kunst Glauben zustellen, inzwischen aber bedauren, daß sie aus Mangel der Unterweisung in Mathematic nicht selbst dergleichen Sachen examiniren mögen, und so können sich auch die Heren Medici, Philosophen, Hauß-Wirthe, Handwercks-Leute derselben mit guten Vortheil bedienen."

[62] Die Lebensdaten Leibs waren nicht zu ermitteln.
[63] Die erste Probe erscheint 1705, die Proben 2—4 kommen 1708 heraus.

3. Technologische Ansätze in Rohrs „Staats-Klugheit"

Plan, „der biß anhero noch von niemandem gezeiget worden / in allen Landen und Orten practicable ist / und wodurch man die Kunst und Wissenschaften / in Manufakturen mit der Zeit alle Ausländer übertreffen könne"[64]. Leib schlägt die Gründung einer „Manufactur-Academie" vor, deren Aufgabe es sei, die Entwicklung des Manufakturwesens im Lande voranzutreiben. Dieser Plan hat zunächst große Ähnlichkeit mit Bechers „Kunst- und Werkhaus" in Wien, geht aber doch, wie sich zeigen wird, in vielem darüber hinaus. Bechers Absicht, sein Manufakturhaus in Form einer Lehr- und Forschungswerkstatt zu betreiben, wird von Leib übernommen und genauer definiert als bei Becher. In der „Manufactur-Academie" sollen zwar ausländische Fachkräfte das handwerkliche Können vermitteln, aber, und hier geht Leib einen Schritt weiter als Becher, es „müsten diesen Personen annoch wenigstens zwey gelehrte und geschickte Professores, als Physices und Mathesos über den Directorem Academiae und wer sonsten nöthig / adjungieret werden"[65].

Die speziellen Aufgaben der Akademie gliedert Leib in vier Punkte:
1. Die ausländischen Manufakturmeister sollen ihre Arbeit in der in ihrem Lande üblichen Weise verrichten und ihre Untergebenen anweisen, darüber hinaus aber überlegen, „wie die Manufacturen immer mehr und mehr verbessert und excoliret werden möchten"[66].

2. „Müste der Professor Physices, was nach Gelegenheit derer Manufacturen und seines Studii nöthig / untersuchen / als z. e. wie weit die Natur derer zu verarbeitenden Materialien zubringen / das darinnen latitirende Vitium zu verbessern." Weiterhin ist er beauftragt, den „Manufactur-Meistern" und „Ordinar-Gesellen" wöchentlich in mehreren Stunden die „Physicam experimentalem" zu lehren[67].

3. Der Professor Mathesos soll neben der Unterrichtung der Meister und Gesellen in Mathematik vor allem „Webstühle / Walckmühlen / und was sonsten in seine Profession lauffen würde / untersuchen / und ebenfalls Mittel ausfinden / denen sich hervor thuenden Mängeln abzuhelffen und die Instrumenta zu Nutzen / und Aufnahme der Academie mehr und mehr zu verbessern..."[68].

4. Der Direktor der Akademie ist dafür verantwortlich, welche neuen Gewerbezweige „zu des Landes Besten" bei der Akademie zu „introduciren" seien[69].

---

[64] Leib (1705), S. 61. (Rohr behandelt Leibs Vorschlag in der „Staats-Klugheit" auf den Seiten 1028—1032.)
[65] Ebd., S. 62.
[66] Ebd., S. 62 f.
[67] Leib (1705), S. 63.
[68] Ebd., S. 64.
[69] Ebd., S. 64.

Dieser Ausschnitt aus den „Vier Proben" von Johann Georg von Leib zeigt, wie verwandt seine Vorstellungen mit denen von Rohr sind. Was Rohr immer wieder fordert, nämlich die Zusammenarbeit von Gelehrten und Handwerkern, die Verbindung von Theorie und Praxis, wird bei Leib in anschaulicher Weise verdeutlicht.

Übernimmt Rohr für das Manufakturwesen die Vorschläge Leibs nahezu kommentarlos, so basieren seine Anregungen für eine Verbesserung des Handwerks auf eigenen Überlegungen. Er wendet sich mit Entschiedenheit gegen eine Mißachtung dieses Gerwerbezweiges, der dieser, teilweise durch eigene Schuld (enge Zunftgesetze und Handwerksmißbräuche), aber auch durch das sich entwickelnde Manufakturwesen bei der Bevölkerung sich ausgesetzt sieht. Die enge Verbindung von Theorie und Praxis wie in der von Leib angeregten „Manufactur-Academie" ist hierbei aus organisatorischen Gründen nur schlecht durchführbar. Rohr schlägt deshalb vor, die Handwerksmeister sollten auf Anordnung des Landesherrn alljährlich ihre Erfahrungen, Verbesserungsvorschläge und Wünsche der Regierung vorlegen, wo sie von dafür bestimmten Gelehrten geprüft und ausgewertet werden sollen[70].

Neben der Förderung des Handwerks regt Rohr auch die Vergabe von Belohnungen für Erfinder an, da vor allem neue Maschinen und Produktionsverfahren Staat und Bevölkerung wirtschaftlichen Aufschwung verleihen können[71]. Doch nicht nur grundlegend neue Erfindungen sollen nach Rohrs Auffassung prämiiert werden, sondern auch Verbesserungen an bereits gebräuchlichen Geräten und Maschinen. Ja, selbst Teillösungen, die einen brauchbaren Ansatz für künftige Entwicklungen enthalten, sieht Rohr als preis- und förderungswürdig an[72]. Gleichzeitig fordert er aber auch einen verstärkten staatlichen Schutz für neue Erfindungen, und es sollen „alle solche (Personen), die sich mit andrer Leute Erfindung groß machen, auff das schärffste bestrafft werden"[73].

---

[70] Rohr (1718), S. 1051 f.: „Es sollten hohe Landes-Obrigkeiten anbefehlen, daß eine iede Profession und Handwerck alle Jahre gewissen Monita einschickte, was sie in dem Jahre observiret und gefunden, so in einem und dem andern ihnen bey ihrer Profession und Handwercks-Übung hinderlich gewesen. Sie solten auch zugleich gewisse Vorschläge mit annotiren, auf was vor Art das eine oder andere möchte cultiviret und verbessert werden."
[71] Ebd., S. 440: „Also thun die Regenten wohl, wenn sie nicht nur auf gewisse Erfindungen, die man bißhero mit grosser Mühe vielmahls vergebens gesucht, und der Republic sehr grossen Vortheil zuwege bringen, gute und wichtige Belohnungen setzen, sondern auch, wenn sie von den Inventoribus zur würcklichen Realität gebracht, solche ihnen alsdenn auszahlen lassen, damit andere in Zukunfft zu dergleichen Sachen weiterhin angefrischt werden."
[72] Ebd., S. 442.
[73] Ebd., S. 444.

3. Technologische Ansätze in Rohrs „Staats-Klugheit"

Völlig neue Bahnen betritt Rohr mit seinem Vorschlag, eine „eigene Oeconomische Societät" zu begründen. Diese Anregung ist nachweislich die erste in dieser Richtung, wie Rübberdt in seiner Dissertation über die ökonomischen Sozietäten feststellt[74]. Rohr unterbreitet seine sehr detaillierten Vorschläge bereits im Jahre 1716 in seiner „Compendieusen Haushaltungs-Bibliotheck"[75], dennoch vergehen fast fünfzig Jahre, bis seine Gedanken in Deutschland verwirklicht werden. Im Jahre 1763 erst tritt als erste in Deutschland[76] die „Thüringische Landwirthschaftsgesellschaft" zusammen. 1764 wird die „Leipziger Oeconomische Societät" begründet, die in ihrer Zielsetzung und Gliederung den Rohrschen Intentionen am nächsten kommt. In rascher Folge entstehen dann in Deutschland zahlreiche Gesellschaften ähnlicher Art. Rohr kennt natürlich, als er seinen Plan unterbreitet, die wissenschaftlichen Gesellschaften, die seit der Mitte des 17. Jahrhunderts überall in Europa entstehen. Nicht zuletzt hat auch der Leibnizsche Sozietätsgedanke einigen Einfluß auf Rohr gehabt, ohne daß man von einer Nachahmung sprechen kann.

Die wissenschaftlichen Gesellschaften sehen ihre Aufgabe, wie es schon der Name ausdrückt, in einer Förderung der wissenschaftlichen Erkenntnis, ohne daß dabei der praktische Nutzen unbedingt eine Rolle spielt. Rohrs geplante „Oeconomische Societät" hingegen ist ganz und gar auf das Praktische hin ausgerichtet. Hier sollen nur Gedanken entwickelt werden, die in engem Zusammenhang mit der „Oeconomic", also der Wirtschaft, stehen[77].

Träger dieser neuen Sozietät muß nach Rohrs Auffassung der Landesherr sein, da ihre Arbeit für ihn und sein Land den meisten Nutzen bringen kann. Für die Mitglieder der Gesellschaft fordert Rohr eine feste Besoldung und außerdem für besondere Leistungen noch

---

[74] R. Rübberdt, Die Ökonomischen Sozietäten. Ein Beitrag zur Wirtschaftsgeschichte des 18. Jahrhunderts. Diss. Halle 1934.

[75] Rohr (1716), S. 58 ff.

[76] Die erste Ökonomische Gesellschaft überhaupt entsteht 1736 in Dublin, die naturgemäß einen mehr agrarisch bestimmten Charakter trägt. 1753 wird in London die „Society for encouragement of arts, manufactures and commerce" begründet.

[77] Rohr (1716), S. 59: Bei den bisherigen wissenschaftlichen Gesellschaften ...„findet man in ihren Actis viel herrliche und schöne Experimenta lucifera, die der Gelehrsamkeit ein Licht geben, aber wenig lucrifera, oder solche, die zur Beförderung der Bequemlichkeit des menschlichen Lebens beytragen solten. Daher ich schon vor einiger Zeit auf den Gedancken gerathen, daß es vielleicht nicht übel gethan wäre, wenn ein großer Herr eine eigene Oeconomische Societät aufrichtete, die von denen andern in dem Stücke unterschieden wäre, daß sie nicht so wohl dasjenige untersuchte, was denen Gelehrten ein Vergnügen, als der Welt einen würcklichen Nutzen schaffte."

Prämien. Im Gegensatz zu den ökonomischen Gesellschaften in der zweiten Hälfte des 18. Jahrhunderts, die fast alle durch private Initiative entstehen und so ein Ausdruck des sich in dieser Zeit entwickelnden Individualismus sind, sieht der im kameralistischen Denken verwurzelte Rohr einen möglichen Erfolg nur gewährleistet, wenn diese Gesellschaft vom Landesherren und seinen Ratgebern ständig kontrolliert und für bestimmte, festgelegte Aufgaben eingesetzt wird.

Die Gesellschaft soll aus erfahrenen Gelehrten und Beamten bestehen, die jeweils für ein bestimmtes Fachgebiet verantwortlich sind: „Einige von denen Sociis müsten die Physic, Chymie, das Bergwerck- und Metallscheiden, einige die Mathematic und Mechanic, einige die Landes-Haushaltung, andere aber das Commercien-Manufacturen- und Geld-Wesen verstehen, und zum Nutzen des Landes diese Stücke zu melioriren suchen[78]."

Eine Verbesserung der wirtschaftlichen Verhältnisse läßt sich am besten erreichen, wenn die Mitglieder der Gesellschaft „im gantzen Lande herum reisen", sich so ein genaues Bild der Lage verschaffen und dann auf Grund der gesammelten Erfahrungen ihre Verbesserungsvorschläge einreichen. Folgende Aufgaben sind nach Rohrs Meinung hier am vordringlichsten: Auf dem Gebiete des Bergbaues Verbesserung der technischen Anlagen bei bestehenden Gruben, die Suche nach neuen mineralischen Vorkommen (Erze, Kalk, Ton usw.) und deren Erschließung. Auf dem Gebiete der Landwirtschaft soll man sich um die Bodenverbesserung bemühen, geeignete Gebiete für den Anbau exotischer Pflanzen (Aloe, Tabak, Maulbeerbaum usw.) erkunden und „sich mit allen den curieusen und fleißigen Gärtnern des Landes bekandt machen, ihnen mit allerhand Curieusen Observationen und Theorie an die Hand gehen"[79].

Für den Bereich des Handels und der Manufakturen sieht Rohr folgende Schwerpunkte vor: Anlage und Förderung neuer Manufakturen, Aufdeckung von Betrügereien, Anwerbung von geeigneten ausländischen Fachkräften, Überwachung zu exportierender Güter u.a.m. Typisch für jene Zeit, in der man alles enzyklopädisch und „statistisch" zu fassen sucht, ist auch der Vorschlag Rohrs, die Mitglieder der Gesellschaft sollten ein „Commercien-Lexikon" zusammenstellen, „darinnen so wohl in dem Lande fabricirte, als herein geführte Waaren richtig aufgezeichnet stünden, nebst dem Preiße, Merck-Zeichen der Güte und Fehler, nebst andern hierbey zu wissen nöthigen Mate-

---

[78] Rohr (1716), S. 59 f.
[79] Ebd., S. 64.

rien"[80]. Eine weitere Aufgabe sieht Rohr in der Übernahme und praktischen Nutzanwendung von Arbeits- und Forschungsergebnissen anderer Sozietäten. Rohr denkt hier wohl hauptsächlich an naturwissenschaftliche Entdeckungen und Erkenntnisse, die sich unter Umständen „auf die Oeconomie appliciren" lassen.

Fünf Jahre nach dem Erscheinen der „Compendieusen-Haushaltungs-Bibliotheck", in der Rohr die oben aufgeführten Vorschläge unterbreitet, gibt sein Lehrer Christian Wolff 1721 „Vernünftige Gedanken vom gesellschaftlichen Leben der Menschen" heraus, wo er unter anderem die für Staat und Bevölkerung notwendigen „Academien der Wissenschaften" behandelt. Wenn auch Wolff dabei maßgeblich von Leibniz' Akademiegedanken geleitet wird, indem er in der Akademie der Wissenschaften alle Künste und Wissenschaften vereinigt sehen will, so scheint uns, daß besonders seine die Praxis betreffenden Anregungen in den Vorschlägen Rohrs ihr Vorbild haben. Wie dieser erkennt er den volkswirtschaftlichen Nutzen, der sich aus einer Verklammerung und einem gegenseitigen Austausch von Erfahrungen und Erkenntnissen zwischen Naturwissenschaft und Gewerbe ergeben kann. Darüber hinaus hält Wolff es für erstrebenswert, wenn von allen „Künsten" genaue Beschreibungen angefertigt werden, um „solcher Gestalt die Künste und Hanthierungen in Wissenschaften zu bringen: welche eine für das menschliche Geschlecht sehr nützliche Arbeit ist"[81]. Ähnliche Vorschläge sind auch schon 1716 bei Rohr zu finden[82], der in seiner „Haushaltungs-Bibliotheck" im Anschluß an eine Rezension des Buches von Georg Kaspar Kirchmayer „Hoffnung besserer Zeiten durch das edle Bergwerk" (Wittenberg 1687) fordert, man sollte (gemeint sind die Gelehrten) eine „accurate Historie derer Künste und Professionen auffzeichnen, woran es uns noch fehlet, und, darinnen beschreiben die Instrumenta, die ein jeder Künstler oder Handwercks-Mann vonnöthen hat, die Materialia, die er verarbeitet, woher er solche bekömmt, wie viel ein ieder gewinnt, u.s.w."[83]. Ein solches Buch, wir können es mit gutem Recht als „Handbuch" bezeichnen, soll als Mittler zwischen Handwerk und Wissenschaft dienen, denn, so klagt Rohr, es „geben sich die wenigsten Mühe, zu denen

---

[80] Rohr (1716), S. 65.
[81] Wolff (1721), S. 241.
[82] Das trifft allerdings nur für den deutschen Raum zu. Unter dem Einfluß der Schriften Francis Bacons bemühte sich „The Royal Societey for the Improvement of Natural Knowledge" bereits im zweiten Drittel des 17. Jahrhunderts um eine Bestandsaufnahme der Gewerbe und ihrer Produktionsweisen. Vgl. dazu: S. F. Mason, Geschichte der Naturwissenschaft in der Entwicklung ihrer Denkweisen. Dt. Ausgabe besorgt von B. Sticker. Stuttgart 1961, S. 310 f.
[83] Rohr (1716), S. 62.

Künstlern und Handwerckern selbst zu gehen, um sich deshalben von ihnen informiren zu lassen"[84]. Als Ergänzung zu dieser „Historie der Künste und Professionen" wünscht Rohr ein „Theatrum Mechanicum", in dem „alle Maschinen nach ihren Theilen" beschrieben, durch beiliegende Risse verdeutlicht, ihre Erfindung und ihr Erfinder genannt werden sollen. Rohr trägt sich fast zwanzig Jahre später mit dem Gedanken, diese beiden Werke selbst zu verfassen und hat sie wohl auch, wie Zedlers Lexikon sich ausdrückt, „unter der Feder". Der frühe Tod 1742 hindert ihn aber an der Ausführung seines Vorhabens. Dennoch können wir uns eine ungefähre Vorstellung von der geplanten Form dieser Bücher machen, da Rohr 1735 ein Verzeichnis seiner erschienenen und glücklicherweise auch seiner geplanten Schriften herausgibt[85]. Da gerade diese kurzen Konzeptionen aufschlußreiche Einblicke in das technologische Denken Rohrs gewähren, werden sie im folgenden kurz behandelt.

Rohr kündigt 1. „Ein auf Teutschland gerichtetes vollständiges Werck von den mancherley Künsten und Handwercken" und 2. „Ein vollständiges, und zu dem allgemeinen Gebrauch des menschlichen Lebens eingerichtetes Maschinen-Lexicon" an. Der Ausdruck „vollständig" ist zunächst etwas irreführend, denn Rohr strebt gar keine Vollständigkeit etwa im Sinne einer Enzyklopädie an. Er will nur Dinge bringen, woran dem „gemeinen Wesen" gelegen ist, also Vorschläge, die auf ihre Anwendbarkeit im praktischen Leben hin ausgesucht sind: Darstellung eines jeden Handwerks in seiner „natürlichen Geschichte" und Beschreibung der Geräte und Instrumente, die den meisten weniger bekannt sind. Das Schwergewicht aber liegt wieder, wie bei fast allen seinen Schriften wirtschaftlicher Tendenz, auf der Verknüpfung von Praxis und Theorie[86]. Mit Recht weist er darauf hin, daß die Verfasser ähnlicher Bücher bisher meist nur Bestandsaufnahmen brachten, ohne, wie Rohr sich ausdrückt, neue „Vorschläge zu thun"[87]. Vor allem will er die Gründe aufzeigen, warum manche Berufszweige gegenüber dem Ausland ins Hintertreffen geraten sind. Dabei hat Rohr nicht nur die rein technische Entwicklung im Auge,

---
[84] Ebd., S. 62.
[85] Rohr; Historische Nachricht aller von ihm bisher in Druck gegebenen Bücher und Schrifften, und derer, welche er noch zu elaboriren gesonnen ist. Leipzig 1735.
[86] Rohr (1735), S. 136: „Meine Haupt-Absicht ... wird insonderheit dahin gerichtet seyn, daß ich Vorschläge thue, auf was vor Art aus denen Grundsätzen der Mathematic, der Mechanic, und der Chymie bey denen Handwerckern und Künsten hier und da etwas zu verbessern und zu raffiniren."
[87] Rohr spielt hier besonders auf Christoph Weigel und sein Buch „Abbildung der Gemein-Nützlichen Hauptstände", Regensburg 1698, an, das noch in anderem Zusammenhang behandelt wird.

3. Technologische Ansätze in Rohrs „Staats-Klugheit"

sondern er sieht das gesamte Gewerbewesen stets im Zusammenhang mit der „Policey", also der inneren Ordnung des Staates, was sich vor allem an der Tatsache erweist, daß er in dem geplanten Werk, wenn auch in beschränktem Maße, Probleme der „Policey- und Landesgesetze" berühren möchte.

Es wurde bereits darauf hingewiesen, daß diese geplante Schrift vor allem als „Handbuch" für wissenschaftlich gebildete Personen dienen soll und nicht so sehr als Nachschlagewerk für den Handwerker oder Hauswirt, wie das bei der Hausväterliteratur der Fall war. Diesen Zweck sollte in erster Linie jedoch das projektierte „Maschinen-Lexicon" verfolgen, denn hier beabsichtigte Rohr, Maschinen zu beschreiben, „die in dem gemeinen Wesen einen unentbehrlichen Nutzen haben, jedoch noch nicht allenthalben bekannt worden"[88]. Rohr geht es in erster Linie also um eine Maschinenkenntnis auch in breiteren Schichten des Volkes. Verstärkt wird dieser Eindruck noch dadurch, daß Rohr, um die Schrift billig und für jedermann erschwinglich zu gestalten, keinerlei Risse oder Abbildungen beifügen wollte. Sein Lexicon sollte eben kein kostbares Renommierstück werden, das dann in den Bibliotheken wohlhabender Schichten nur verstauben würde. Statt der teuren Abbildungen beabsichtigte Rohr, kurze Literaturhinweise zu geben, die dem speziellen Interesse des Lesers weiterhelfen. Er wollte bei der Beschreibung einer Maschine vor allem erreichen, „daß man sich dieselbe mit ihren Theilen, und dem Nutzen, den sie leistet, ziemlich deutlich vorstellen kan"[89]. Das Lexicon war demnach vor allem für eine erste Information gedacht, die nötig ist, wenn beispielsweise ein Hauswirt an die Erweiterung seiner Wirtschaft oder ein Handwerker an die Erweiterung seines Betriebes denkt. Der interessierte Leser hat hier nach der Vorstellung Rohrs die Möglichkeit, gewissermaßen eine Vorentscheidung zu treffen, all das für sich herauszugreifen, was seinem Zwecke dienlich sein könnte, um dann mit Hilfe der angegebenen Literatur sich Detailkenntnisse zu verschaffen. Auch an den Kameralbeamten mag Rohr bei seinem Vorhaben gedacht haben, wenn er schreibt, er wolle „auch eine und die andere Hauswirthliche, Cameral- und Policey-Anmerckung mit anfügen, ob und wie weit dem gemeinen Wesen daran gelegen, daß dergleichen Machinen eingeführet oder abgestellt werden"[90].

Wenn man sich vor Augen hält, daß die beste Beschreibung eines technischen Vorganges immer die Illustration darstellt, so wird deutlich, daß Rohr bei seinem geplanten Lexikon gewisse technologische

---

[88] Rohr (1735).
[89] Rohr (1735), S. 137.
[90] Ebd., S. 137 f.

Grundkenntnisse voraussetzen mußte. Wie konnte er das aber, wenn er, wie in der Arbeit oft belegt, selbst bei Gelehrten Verständnis dafür vermißt? Kehren wir, um diese Frage zu beantworten, kurz zu Rohrs „Staats-Klugheit" zurück, wo er im Abschnitt über die „Printzen-Erziehung" bereits einige Möglichkeiten technologischer Bildung aufzeigte. Was im gewissermaßen privaten Bereich der Erziehung der Prinzen durch einen Hofmeister möglich ist, gilt im gleichen Maße, so folgert Rohr, für die Bildung des Volkes in den öffentlichen Schulen. In der Umgestaltung des Schulwesens, wobei vor allem die niederen Schulen gemeint sind, sieht er Möglichkeiten, die heranwachsende Jugend mit technologischen Problemen vertraut zu machen und so die Grundlage für ein Verständnis der sich entwickelnden Technik zu schaffen, die mehr und mehr zum beherrschenden Faktor im Wirtschaftsleben wird. Johann Joachim Becher war einer der ersten, der, wie im ersten Kapitel bereits beschrieben, die Möglichkeiten technologischer Bildung erkannte und ihnen mit seinem Entwurf einer Schulpyramide Rechnung zu tragen suchte. Auch bei Leibniz finden sich Anregungen im Hinblick auf eine technologische Vorbildung künftiger Handwerker[91]. Verwirklicht werden diese Pläne erst durch den Pietisten August Hermann Francke (1663—1727), der in Halle ein Waisenhaus begründet, wo Kinder „— aus einer für sie nicht förderlichen Umgebung gelöst — von Jugend an im Sinne eines Arbeitsethos erzogen werden sollen"[92]. Daneben entwickelt Francke ein Schulwesen, das in folgende Schultypen gegliedert ist: 1. Armenschule, 2. eine Form der Realschule, vorwiegend für die Kinder von Bürgern und Handwerkern gedacht, 3. eine Lateinschule und 4. ein Pädagogium als Ausbildungsstätte für Lehrer und Erzieher. „Der von Francke ausgearbeitete Erziehungsplan wird nicht allein auf eine Stärkung der Frömmigkeit, sondern daneben auf die Entwicklung einer Welttüchtigkeit angelegt. Der anschauliche ‚praktische Unterricht' basiert auf einer breit angelegten Lehrmittelsammlung und kann schon als eine Art von Werkunterricht bezeichnet werden[93]." Rohr, Schüler von Wolff, und damit in schroffem Gegensatz zu den Pietisten, die er in seiner „Staats-Klugheit" in einem Atemzuge mit „Schwärmern und neuen Propheten"[94] nennt, muß zugeben: „Es ist auch sonst von den Pietisten eines und das andere gutes abzulernen und zu imitieren, zum Exempel, die Schulen, die sie allenthalben, wo sie Gelegenheit darzu haben, anrichten[95]."

---

[91] Vgl. W. Roscher (1874), S. 339.
[92] A. Timm (1964), S. 34.
[93] Ebd., S. 34.
[94] Rohr (1718) in der Kapitelüberschrift S. 322.
[95] Ebd., S. 353.

3. Technologische Ansätze in Rohrs „Staats-Klugheit"

Wesentlich näher steht Rohr aber das Schulprojekt des Professors an der Universität und Inspektors der deutschen Schulen in Halle, Christoph Semler (1669—1740), der um 1705 „Nützliche Vorschläge von Auffrichtung einer Mathematischen Handwercker-Schule bey der Stadt Halle..." der Öffentlichkeit vorlegt und um Unterstützung für dieses Projekt wirbt. Sein Plan sieht für angehende Handwerker einen speziellen Unterricht vor, der parallel zum letzten Schuljahr läuft, und in dem diesen vor allem mathematische und technologische Grundkenntnisse vermittelt werden sollen. 1709 kann Semler sein Vorhaben verwirklichen, jedoch geht die Schule bald wieder ein, da der Einfluß der Franckeschen Schulen die weitere Entwicklung hemmt. Auch ein zweiter Versuch im Jahre 1738 schlägt fehl. Dennoch gewinnt der Realschulgedanke (der Begriff Realschule wurde von Semler geprägt) von nun an mehr Raum und ist bis heute lebendig. Wir kommen noch darauf zurück.

An Hand von zwölf Punkten weist Semler den Nutzen seiner geplanten Schule nach. Rohr erscheinen sie so einleuchtend, daß er sie sämtlich und Wort für Wort in seiner „Staats-Klugheit" wiedergibt. Da dieses Programm Semlers fast genau den Vorstellungen Rohrs entspricht und beinahe wie eine Zusammenfassung seiner technologisch-wirtschaftlichen Ideen wirkt, geben wir den Inhalt dieser zwölf Punkte sinngemäß wieder. Die Realschule bietet folgende Vorteile: 1. Die Erkenntnis der Allmacht Gottes durch Anschauung der Natur, 2. Vorbereitung auf den künftigen Beruf, 3. Anregung der Erfindungsgabe, 4. Berufswahl durch Erkennen der Neigung und Fähigkeit, 5. Ausschaltung des Müßigganges. 6. können Handwerksmeister sich ihre zukünftigen Lehrjungen aus dem Kreise der Schüler wählen. 7. benötigen auf der Realschule vorgebildete Lehrlinge eine kürzere Lehrzeit. 8. wird dadurch das Ansehen der Handwerker gehoben und 9. gehen damit zugleich die übermäßig hohen Studentenzahlen zurück. 10. wird auch bei den Meistern eine Leistungssteigerung erreicht, so daß sie vor den in der Realschule vorgebildeten Lehrlingen bestehen können. 11. breiten sich die mechanischen Schulen auch im übrigen Deutschland aus, und 12. fördert das Vorhandensein einer Realschule den Wohlstand einer Stadt.

Besonders hebt Rohr bei Semlers Vorschlag hervor[96], daß im Unterricht „alle Arten derer Materialien / so die Handwercker verarbeiten / in natura für Augen gelegt und erklähret" werden sollen[97]. Auch die Anlage von Naturalien- und Kunstkammern, die Rohr einer breiten Öffentlichkeit zugänglich gemacht wissen will, empfiehlt er nach dem

---

[96] Rohr 1718), S. 1052 f.
[97] Semler (1705), im Titel.

Muster Semlers[98]. Eigene Ideen hat Rohr auf dem Gebiete des sich neu orientierenden Erziehungswesens zwar nicht zu bieten, dennoch muß man zugestehen, daß er neuen Vorschlägen durchaus aufgeschlossen gegenübersteht und sie geschickt seinen eigenen Vorstellungen einzufügen versteht. Zumindest kann er sich also des Verdienstes rühmen, zur Popularisierung neuer und, wie sich dann in der Zukunft erweist, erfolgreicher Bestrebungen beigetragen zu haben.

Lassen sich Rohrs „Staats-Klugheit" und die der eigentlichen „Haushaltungs-Bibliotheck" vorangestellten Kapitel als ein „theoretischer Versuch", das Wesen der Privat- und der Staatsökonomie zu umreißen, bezeichnen, so wendet sich Rohr in den folgenden Jahren mehr und mehr der Praxis, im besonderen der Hauswirtschaft zu, die seine Kennzeichnung als „Hausvater" rechtfertigt. Aufbauend auf den ungewöhnlich umfassenden Kenntnissen, die er sich bei der Zusammenstellung der „Haushaltungs-Bibliotheck" erworben hat, gibt er im Jahre 1720 zunächst die „Einleitung zur allgemeinen Land- und Feld-Wirthschaffts-Kunst derer Deutschen" heraus, eine Agrarlehre, die überregionalen Charakter trägt und damit nur Binsenwahrheiten vermitteln kann. Rohr erkennt diesen Mangel[99] und veröffentlicht 1722 sein „Vollständiges Obersächsisches Hauß-Wirthschaffts-Buch", das, beschränkt auf einen überschaubaren Raum, wesentlich brauchbarer für den Hauswirt ist.

Den Vorwurf der Verallgemeinerung und eine zu geringe Berücksichtigung der jeweiligen Landschafts- und Bodenverhältnisse macht Rohr in der Vorrede vor allem den alten „Hausvätern". Allein Christoph Fischers „Fleissiges Herrenauge" (Nürnberg 1696) erhält ein positives Urteil, während er in einer Neuauflage des „Colerus" für seine Arbeit „wenig oder gar nichts" gefunden habe. Rohr stützt sich vielmehr auf jene Spezialschriften, die er bereits in der „Haushaltungs-Bibliotheck" angeführt hatte. Bereits im Titel erhebt Rohr für sein Werk den Anspruch auf Wissenschaftlichkeit, indem er den Leser darauf hinweist, daß alle Gebiete der Hauswirtschaft „mit neuen Erfindungen und Anmerckungen erleutert, und mit Gründen der Natur-Wissenschafft bestärcket" werden[100].

Äußerlich behält er die in der „Hausväterliteratur" gewohnte Sachgliederung bei, unterscheidet sich aber wesentlich von ihr in der Behandlung der Themen. Was sich bei Glorez und Böckler bereits an-

---

[98] Rohr (1718), S. 148 und S. 466.
[99] In der Vorrede zu dem oben nachfolgend aufgeführten Buch gesteht dies Rohr selbst ein.
[100] Zitiert wird nach der posthumen Auflage von 1751.

kündigte, nämlich der Versuch, stets auf dem neuesten Stande der Entwicklung zu sein, zeigt sich bei Rohr in starkem Maße, wobei er auch die Entwicklung auf dem Gebiete der Naturwissenschaften einschließt. Ein Beispiel mag das belegen. Bei den älteren „Hausvätern" war die Vernachlässigung der Bodenbearbeitung und Bodenverbesserung hervorgehoben worden, die nicht zuletzt den mangelnden Kenntnissen der Verfasser zuzuschreiben war. Lediglich Hohberg und Florinus bildeten hierin eine Ausnahme.

Rohr nun, der selbst Chemie studiert hat, weist in seinem Buch auf die Möglichkeiten der Bodenverbesserung durch Bodenpflege und künstliche Düngung hin. Die Erkenntnis, daß Salze das Wachstum der Pflanzen fördern und den Ertrag steigern, beginnt sich in dieser Zeit auszubreiten, und Rohr befaßt sich eingehend damit, obwohl bei ihm noch eine gewisse Skepsis mitschwingt, wenn er von neuen Versuchen mit Asche, Arsenik oder Vitriolwasser berichtet[101].

Auch in anderen Kapiteln berichtet Rohr recht häufig von Experimenten und neuen Erfindungen, die ihm für die Hauswirtschaft nützsich erscheinen, zum Beispiel von holzsparenden Öfen, Braugeräten, Ackergeräten und dergleichen.

Die naturwissenschaftliche Ausbildung und die dadurch bedingte Denkweise lassen Rohr mit einer gewissen Voreingenommenheit und Überheblichkeit auf alles Überlieferte, besonders im Bereiche der Landwirtschaft, blicken. Auffallend ist diese Haltung besonders, wenn Rohr auf die in der „Hausväterliteratur" seit jeher reichlich angeführten „Bauernregeln" zu sprechen kommt, die bekanntlich in vielen Fällen ein Ergebnis jahrhundertelanger Erfahrungen sind. Aber alles, was nicht meßbar und wissenschaftlich erklärbar ist, sondern, wie das im Bereich der Landwirtschaft der Fall ist, oft nur aus einem Gespür für Veränderungen in der Witterung resultiert, erscheint Rohr suspekt.

Technologisch bemerkenswert sind im „Hauß-Wirthschaffts-Buch" einige Beschreibungen von Arbeits- und Produktionsvorgängen, die erahnen lassen, wie Rohr sich die Beschreibung der Handwerke in

---

[101] Rohr (1751), S. 157 f.: „Wenn es gleich mit den Experimentis der Saltze, Salpeter und Asche, die die Felder starck düngen und fruchtbar machen sollen, seine vollkomne Richtigkeit hätte, daß nämlich die Salia, insonderheit nitrosa und alcalia die Fruchtbarkeit der Felder mercklich beförderten, so ist es doch noch keine gantz ausgemachte Sache, die durch was vor eine Würckung diese Saltze ihre Krafft eräußern, ob entweder durch materiellischen Eingang in die Pflantzen oder deren mixtion, oder durch die Feuchthaltung des Bodens, da die Salia insonderheit die alcalia die Feuchtigkeit Lufft und Erde am allermeisten an sich ziehen, folglich vor das Wachsthum der Vegetabilien gnungsames Nutriment darreichen, oder ob sie vermittelst einer anderen efficiaciae würcken."

seiner geplanten Schrift vorstellte. Am eindrucksvollsten und anschaulichsten sind die Abschnitte „Von dem Pech- und Hartz-Sieden"[102] und „Von dem Bierbrauen und dahin gehörigen Materien"[103]. Bei der Pechsiederei beispielsweise zählt Rohr zunächst jene Gegenden auf, wo Pech in größeren Mengen hergestellt wird, beschreibt sodann das Material „Pech" und seine verschiedenen Arten und gibt anschließend eine so minutiöse Darstellung des Herstellungsverfahrens und der dazu benötigten Gerätschaften, daß das Fehlen von Illustrationen in keiner Weise als Mangel empfunden wird. Rohr demonstriert hier eine Form technologischer Darstellung, wie sie erst Johann Beckmann in seiner „Anleitung zur Technologie" (1777) wieder anwandte.

Das „Hauß-Wirtschaffts-Buch" Rohrs fand bei seinen Zeitgenossen höchste Anerkennung. Hervorzuheben ist vor allem die positive Kritik des Hallenser Professors und Kanzlers der Universität Johann Peter von Ludewig (1670—1743), der anläßlich der 1727 erfolgten Begründung des neuen Lehrstuhles für „Oeconomie-Policey- und Cammer-Sachen" in Halle eine Schrift herausgibt, in der er sich eingehend mit der Ökonomie und ihrer Entwicklung zur Wissenschaft befaßt[104]. Ludewig lobt Rohr als einen Praktiker und Kenner der Naturwissenschaften, der durch umfassende Literaturkenntnisse sich auszeichne[105]. Dieses Urteil gewinnt noch an Gewicht, wenn wir aus dieser Schrift weiter erfahren, daß Ludewig Julius Bernhard von Rohr beim Berliner Hof als Professor für die Kameralwissenschaften in Halle vorgeschlagen hat[106]. Berufen aber wurde stattdessen der dem König

---

[102] Rohr (1751), S. 709 ff.

[103] Ebd., S. 1315 ff.

[104] J. P. v. Ludewig, Die am 14. Juli 1727 neu angerichtete Profession in Oeconomie-Policey- und Cammer-Sachen. Halle 1727.

[105] Ebd., S. 163 f.: „Mir gefället, unter vielen andern, des Julii Bernhard von Rohr seine Arbeit sehr wohl. Dann obgleich dieser Mann verschiedne Bücher, die hie her gehören, geschrieben: so ist doch dasjenige, welches mit der Überschrifft ans Licht kommen: Julii Bernhard von Rohr vollständiges Haußwirtschafftsbuch, Leipzig 1722. in 4t. das bequemste und anständigste. Dann ist es solches nicht allzuweitläuftig, welches den Leser allzulange aufhält; auch nicht allzukurtz, wo der Sachen kein Genüge geschiehet. Ferner ist der Verfaser in der mathesi erfahren; er verstehet die mechanische Naturwürckung; er glaubet und singet nicht andern nach, sondern siehet sich nach den Ursachen davon um, was nach der Naturwürckung möglich und was nur erdichtet; er ist ein Rechtsgelehrter, er gehet als ein Landedelmann mit dergleichen Sachen um, und sitzet auch in einem Landes-Collegio des Stiffts Merseburg und endlich fähret er in dieser Wissenschaft, in welcher er schon viele Zeit, in Lesen und Schreiben zugebracht, nicht obenhin; sondern er lieset und ziehet auch andere zu Rath."

[106] Ebd., S. 164: „Bey welchen Umständen ich nicht leugnen kan, daß, als ich von dem Königl. Hof befehligt worden, jemand auf einer gewissen Universität zur Oeconomie-Profession vorzuschlagen, ich auf dessen Person vornehmlich mein Absehen, auch deßhalben gerichtet; damit auch solches

persönlich bekannte Jurist Simon Peter Gasser, dessen Wirken an anderer Stelle noch ausführlich behandelt wird.

Technologische Beschreibungen in der oben angeführten Weise finden sich noch in zwei anderen Schriften Rohrs. 1736 erschienen „Geographische-Historische Merckwürdigkeiten des Vor- und Unter-Hartzes", und 1739 folgt eine Beschreibung des „Ober-Hartzes". Bei beiden Büchern handelt es sich um Reisebeschreibungen besonderer Art. Die während einer Harzreise gesammelten Eindrücke geben keine Landschaftsschilderungen im Sinne der späteren Romantik wieder, sondern Rohr bietet vielmehr sachlich einen Überblick über die geographischen, historischen und wirtschaftlichen Verhältnisse im Harzgebiet, wie sie sich ihm auf seiner Reise und im Gespräch mit Einwohnern, dort ansässigen Gelehrten und Handwerkern darstellten. Von Ort zu Ort fortschreitend, gibt er ein Bild ihrer Lage, ihrer Geschichte, der in der Nähe vorkommenden Mineralien und Naturalien, wobei naturgemäß der Bergbau das besondere Interesse Rohrs findet. Technologische Beschreibungen wie die der Herstellung von Papier[107] und Erläuterungen über Pulvermühlen, Pochwerke, Schmelzhütten und Münzen sind in großer Zahl zu finden[108].

Zweck dieser Schriften ist also nicht, wie es oft zu dieser Zeit üblich war, den Leser zu erbauen und mit galanten Schilderungen zu erfreuen, sondern zu belehren.

4. Rohrs Bedeutung für die ökonomischen Wissenschaften und die Technologie

Bei einer Beurteilung der Leistung und der Bedeutung Rohrs vor allem für seine Zeit sind folgende Hauptgesichtspunkte zu beachten, einmal Wirkung und Einfluß seiner Schriften auf seine Zeitgenossen und weiter Rohrs Leistung aus heutiger Sicht.

Darüber hinaus haben wir uns mit den Ansichten des Amerikaners Albion W. Small zu befassen, der in seinem Buch "The Cameralists. The Pioneers of German Social Polity" (Chikago 1909) ein zumindest

---

diesen neuen Anstalten ein Vertrauen machte; wann sich dieser profession einer von Adel und guter Geburth auf Universitäten widmete."

[107] Rohr (1739), S. 515 ff.
[108] Ebd., S. 494: „Die achte Abtheilung. Von denen in dem Hartze bey dem Berg-Bau und Ertzen vorkommenden unterschiedenen Machinen-Mühlen und Öfen."

angreifbares Urteil fällt. Immerhin ist er aber der erste moderne Wissenschaftler, der sich überhaupt näher mit dem Werk Rohrs befaßt. Sein Beitrag erstreckt sich über nahezu zwanzig Seiten.

Die Leistung Rohrs bestand in den Augen seiner Zeitgenossen vor allem in seinem unermüdlichen Bemühen, die Ökonomie zum Gegenstand einer Wissenschaft zu erheben. Auf einige zeitgenössische Äußerungen, die diese Leistung hervorhoben, wurde bereits eingegangen. Zwei weitere Urteile unterstreichen noch diese Tatsache. Johann Jacob Fleischhauer, Privatdozent in Göttingen, gibt im Jahre 1750 eine Bestandsaufnahme der ökonomischen Wissenschaften. In seiner Schrift „Von dem Alter, Wachsthum und Nutzen der Oeconomie" (Göttingen 1750), die in Form einer Historie dieser Wissenschaft gefaßt ist, erwähnt Fleischhauer auch Rohr und stellt ihn neben die bedeutendsten Kameralisten seiner Zeit wie Dithmar, Gasser, Stisser und Zincke[109]. Der eben genannte Georg Heinrich Zincke (1692—1768) würdigt Rohr in seinen „Leipziger Sammlungen" als den Wegbereiter der ökonomischen Wissenschaften[110].

Small jedoch kommt zu einem völlig anderen Urteil, wenn er schreibt: „Granting that he helped to gain a hearing for cameralism in the university, there is no evidence that he exerted a distinct influence upon the development of the theory itself[111]." Gewiß, es muß zugegeben werden, und das wurde im Verlauf der Arbeit auch des öfteren betont, daß Rohr nicht als Schöpfer neuer volkswirtschaftlicher Theorien angesehen werden kann. Dies lag aber auch gar nicht in seiner Absicht. Ihm ging es vielmehr darum, weite Kreise der Bevölkerung anzusprechen, ihr Interesse für Fragen der Ökonomie und damit auch der Technologie zu wecken und eine Verbindung von Theorie und Praxis zu erreichen. Auch hier ist das Urteil Smalls etwas

---

[109] Fleischhauer (1750), S. 12 ff.

[110] G. H. Zincke, Leipziger Sammlungen von allerhand zum Land- und Stadtwirthschaftlichen, Policey-Finanz- und Kammerwesen dienlichen Nachrichten...". Leipzig 1742—1761, Band X, S. 14, des „Vorberichts": „Denn seit den Zeiten, da er in den Oeconomischen Sachen zu schreiben anfieng, ist die Naturkunde, Mathematic und Weltweisheit, noch viel mehr ins Licht gesetzet worden, und man hat viele, die Oeconomie, das Policey- und Finanzwesen betreffende Erfahrungen und Versuche mit einer noch gründlichern Theorie nach und nach in diesen Wissenschafften verbunden. Allein er hat doch nebst andern ersten die Bahn dazu gebrochen, und wircklich gezeiget, wie viel mehr dazu, als etwan eine bloße Empirische Nachahmung oder ein paar Dutzend gemeine Wirthschaffts-Bücher erfordert werde. Seine Haushaltungs-Bibliothec ist auch gewiß das erste und beste Buch dieser Art, welches die Gelehrten ermuntert hat, sich um die Oeconomie als eine gelehrte Wissenschafft mehr als sonst zu bekümmern, und welches den Weg bereits zeiget, selbige gründlich zu studieren."

[111] Small (1909), S. 191.

4. Rohrs Bedeutung für die Ökonomie und Technologie 85

einseitig, wenn er schreibt: „Rohr was not a cameralist, but merely a contemporary popularizer of cameralism...[112]."

Gerade seine Fähigkeit, „populär" zu schreiben, brachten Rohr große Anerkennung ein; denn auf diese Weise wurden seine Schriften nicht nur von „studierten Leuten"[113] gelesen, sondern fanden auch bei Hauswirten und Handwerkern reges Interesse. Der bereits erwähnte Carl Günther Ludovici lobt Rohrs Gabe, allgemeinverständlich schreiben zu können, mit folgenden Worten: „Er richtet sie (seine Schriften, d. Verf.) so ein, daß solche auch ein Ungelehrter mit Nutzen gebrauchen kan. Edele Beschäfftigungen! wenn ein Gelehrter der Ungelehrten Verstand und Willen zu verbessern sich bemühet, wenn ein Adelicher auch um den Wohlstand des Pöbels besorget ist[114]."

Sind schon die meist mehrmals aufgelegten Schriften ein Beweis für die Publizität Rohrs, so bietet sich noch ein weiterer Beleg für seine weitreichende Wirksamkeit. In dem bereits mehrmals genannten Zedlerschen Lexikon sind bei Stichworten, die sich mit Fragen der Ökonomie befassen, stets Zitate aus Rohrs Schriften zu finden[115], und auch dort, wo der Name Rohrs nicht genannt ist, läßt sich durch Textvergleichung Rohr als Quelle erkennen. Diese Tatsache, daß er für Zedler als Fachmann für Probleme der Ökonomie gilt, erscheint nicht unerheblich, zumal nach 1732 an bekannten Wissenschaftlern in diesem Fach eigentlich kein Mangel mehr herrscht.

Wenden wir uns nun weiter jener Seite des Rohrschen Werkes zu, die bisher von der Wissenschaft nicht beachtet wurde und daher das spezielle Anliegen unserer Untersuchungen darstellte, der Technologie. Die geringe Beachtung, die Technik und Technologie im zeitgenössischen ökonomischen Schrifttum finden, waren vor allem Gegenstand der Rohrschen Kritik. Die Ökonomie setzte sich bei ihm, im Gegensatz zu vielen seiner Zeitgenossen, aus vielerlei Komponenten zusammen, die erst durch ihr organisches Zusammenwirken einen maximalen Erfolg zeitigen. Deshalb stellt er die Forderung nach einer

---

[112] Ebd., S. 195.
[113] Small stellt auf Seite 190 die von ihm unbewiesene Behauptung auf, Rohrs Schriften seien kaum gelesen worden und die Fachwelt habe ihn als „amateur" betrachtet. Als einzigen Beweis für die angeblich geringe Leserschaft gibt Small in einer Fußnote auf Seite 191 an, das von ihm aus Berlin entliehene Exemplar der „Staats-Klugheit" weise wenig Gebrauchsspuren auf und einige Seiten seien unaufgeschnitten.
[114] Ludovici (1738), S. 334.
[115] Im 25. Band des Zedlerschen Lexikons, Leipzig 1740, sind unter dem Stichwort „Oeconomische Societät" die Gedanken Rohrs fast wörtlich wiedergegeben, was wohl auf J. P. v. Ludewig und C. G. Ludovici zurückzuführen ist, da beide an der Edition des Lexikons mitwirkten.

wissenschaftlichen Ökonomie auf, die zugleich wirtschaftliche, technologische und naturwissenschaftliche Gesichtspunkte berücksitigt.

Rohr war selbst nicht der Mann, der diese Vorstellungen umsetzen konnte. Er besaß aber die Einsicht in den Zusammenhang des Ganzen, einen geschärften Blick für das in der Zukunft Notwendige und die Gabe, aus den in der Diskussion sich befindlichen Vorschlägen und Projekten seiner Zeitgenossen genau das herauszugreifen und als nützlich zu propagieren, was dann die nachfolgende Generation in die Praxis umsetzte.

IV. Die wachsende Bedeutung der Technologie bei den Kameralisten zwischen den Jahren 1727 und 1777

Im vorigen Kapitel wurde der Versuch unternommen, Tendenzen und sich anbahnende Entwicklungen eines bestimmten Zeitraumes am Werk einer einzelnen Persönlichkeit darzustellen. In diesem Kapitel wird nun als Ergänzung eine Übersicht über die zu Rohrs Lebzeiten und danach erschienene kameralistische Literatur gegeben. Vor allem aber geht es um die Frage, ob und inwieweit sich in den Jahrzehnten nach Rohrs Tode das realisierte, was er unter anderem gefordert und vorgeschlagen hatte, nämlich die Beschäftigung der Kameralisten mit technologischen Fragen und Problemen.

Einzelne Werke bedeutender Kameralisten wie die von Dithmar, Gasser, Darjes, Zincke und Justi sollen auf ihren technologischen Gehalt hin geprüft werden. Zincke und Justi haben darüber hinaus noch rein technologische Schriften verfaßt, die aber im folgenden Kapitel gesondert betrachtet werden.

1. Dithmar und Gasser

1727 richtet Friedrich Wilhelm I., König in Preußen, wie bereits erwähnt, in Halle und in Frankfurt/Oder zwei Lehrstühle für Kameralwissenschaften ein und schafft damit die Voraussetzungen für die wissenschaftliche Behandlung der Finanzen, der Verwaltung und der Ökonomik. Auf die neuen Lehrstühle beruft der König den „Historiker" Justus Christoph Dithmar und den Juristen Simon Peter Gasser. Was den König, der ja selbst ein ausgezeichneter Kenner der Verwaltung und der Wirtschaft seines Landes war, bewog, ausgerechnet einen praxisfremden Wissenschaftler wie Justus Christoph Dithmar zu berufen, ließ sich leider nicht ermitteln.

Dithmar wurde 1678 in Rotenburg bei Fulda geboren. Nach dem Studium der Rechtswissenschaft und der Geschichte in Leipzig ging er als Hauslehrer mit einem jungen Herrn von Danckelmann auf Reisen. Vermutlich auf Vermittlung der Familie von Danckelmann erhielt er 1709 in Frankfurt/Oder eine außerordentliche Professur für

Geschichte und wurde bereits 1710 ordentlicher Professor in dieser Disziplin. Seine wissenschaftliche Arbeit blieb auf dieses Fach beschränkt, bis er schließlich 1727 über Kameralwissenschaften zu lesen begann. 1737 starb er in Frankfurt[1].

Seine literarische Produktion, insbesondere auf dem Gebiete der Kameralwissenschaften, ist recht bescheiden zu nennen, wenn man auch zugeben muß, daß er hier Neuland betrat. 1731 veröffentlichte er ein Lehrbuch für den Studenten der Kameralwissenschaften, in dem er sich um eine Systematik des Stoffes bemühte. Dieses Buch, das noch mehrere posthume Auflagen ([6]1769) erlebte, erschien unter dem Titel: „Einleitung in die Ökonomischen-, Policey- und Cameral-Wissenschaften. Nebst Verzeichniß eines zu solchen Wissenschaften dienlichen Bücher-Vorraths zu mehrerer Erklärung, in seinen Lektionen darüber entworffen. Franckfurth an der Oder 1727." Die hier vorgenommene Aufteilung in Ökonomie-, Polizei- und in die eigentliche Kameralwissenschaft (sprich Verwaltung und Finanzen) wurde für das ganze 18. Jahrhundert bestimmend[2].

Stofflich bietet Dithmar kaum Neues, was sich schon allein aus den bibliografischen Angaben ersehen läßt. Seckendorff, Becher und natürlich Rohr werden weidlich benutzt und ausgeschrieben. Das Hauptgewicht seiner Ausführungen liegt auf landwirtschaftlichem Gebiete, besonders dem Domänenwesen. Handel und Gewerbe als „eine der vornehmsten Quellen des Reichthumbs eines Staats[3]" werden zwar auch, freilich sehr knapp behandelt. Bemerkenswert ist allerdings, daß er nachdrücklich für eine technologische Ausbildung aller Bevölkerungsschichten eintritt. So fordert er, indem er Semler, Marperger und Leib lobend erwähnt, „Handwercks-Schulen / Manufaktur-Häuser / Mechanische Werck-Schulen und Manufaktur-Academien, mit dazu bestellten Geschicktesten Meistern, und der Chymischen / Mechanischen und Natürlichen Wissenschaften kundiger Leute"[4].

Eine technologische Ausbildung ist nach Dithmars Meinung besonders für den Studenten der Kameralwissenschaften nötig. „Auf Universitaeten würde alsdann der Oeconomie beflissene einen vollkommenen Begriff von den Oeconomischen- Policey- und Cameral-Wissenschaften durch den Lehrer derselben sich machen lassen / und daneben der Geometrie, Mechanique, Civil-Bau-Kunst / Physic und Chymie zu befleißigen haben[5]."

---
[1] Neue Deutsche Biographie, Band III. Berlin 1957, S. 746. Artikel von Heinrich Grimm.
[2] Roscher (1874), S. 431.
[3] Dithmar (1731), S. 198.
[4] Ebd., S. 199 f.
[5] Ebd., S. 9.

1. Dithmar und Gasser

Völliges Neuland betritt aber Dithmar, als er von 1729 an seine „Oeconomische Fama" herausgibt, die erste ökonomische Zeitschrift überhaupt. Er folgt damit einer Anregung Rohrs, der diesen neuen Zeitschriftentyp als Kommunikationsmittel der von ihm geplanten „Oeconomischen Societät" fordert. Die „Ooeconomische Fama" besteht inhaltlich, wie es im Untertitel heißt, aus „allerhand zu den Oeconomischen-Policey- und Cameral-Wissenschaften gehörigen Büchern / außerlesenen Materien / nützlichen Erfindungen / Projecten / Bedencken und andern dergleichen Sachen." Die Mischung der Beiträge erscheint uns heute etwas kraus, und zahlreiche Artikel sind auch ohne Gehalt. Dennoch beginnt damit eine Zeitschriftengattung, die in den folgenden Jahrzehnten eine führende Rolle spielen sollte. Die „Oeconomische Fama" erscheint von 1729—1733 (10 Stücke) und wird 1743 nochmals nachgedruckt. Dithmars Leistung besteht vor allem darin, daß er den Versuch unternimmt, kameralistisches Ideengut zu sammeln, zu sichten, zu systematisieren und damit lehrbar zu machen.

In Halle wurde der neue Lehrstuhl mit dem Juristen Simon Peter Gasser besetzt. 1676 im pommerschen Kolberg geboren, studierte Gasser seit 1694 in Leipzig und Halle Jura. 1710 erwarb er den Doktorgrad der Rechte und wurde 1716 zum Kammerrat in Magdeburg ernannt. Von König Friedrich Wilhelm I. wurde er nach Kleve entsandt, um dort in der Domänenverwaltung entstandene Schwierigkeiten zu beheben. Er löste diese Aufgabe mit solchem Geschick, daß er 1721 eine ordentliche Professur in Halle erhielt. Hier las er neben Ludewig in der juristischen Fakultät, bis er 1727 den neuen Lehrstuhl für Kameralistik erhielt. Nicht zuletzt durch seine vielseitigen praktischen Kenntnisse machte er Halle bis zur Mitte des 18. Jahrhunderts zum Mittelpunkt der Kameralwissenschaften. Dort starb er 1745.

Literarisch war Gasser auf dem Gebiete der Kameralistik noch unproduktiver als Dithmar. Lediglich eine Schrift (die einzige, die er in deutscher Sprache schrieb) gehört in den Bereich der Kameralwissenschaften, die „Einleitung zu den oeconomischen-politischen und Cameralwissenschaften" (Halle 1729). Der Untertitel und der Inhalt des Buches lassen darauf schließen, daß Gasser noch eine Fortsetzung plante[6], denn er behandelt in seinen Ausführungen hauptsächlich das Domänen- und Kammerwesen. Technologische Aspekte sind hier naturgemäß nicht zu finden. Eigene Ideen sind kaum vorhanden. Seine Vorlesungen baut er meist auf dem „Fürsten-Stat" von Seckendorff auf[7].

---

[6] Vgl. Allgemeine Deutsche Biographie, Band 8, 1878, S. 401 f. Artikel von Inama-Sternegg.
[7] Ebd.

2. Joachim Georg Darjes

Im Gegensatz zu Dithmar und Gasser sucht der Kameralwissenschaftler Joachim Georg Darjes neue Wege zu beschreiten. 1714 wurde er in Güstrow geboren, studierte zunächst Theologie und Philosophie und wandte sich dann der Rechtswissenschaft zu. 1744 wurde er als ordentlicher Professor der Moral und Politik nach Jena berufen und ging, zum königlich preußischen Geheimen Rat ernannt, 1763 nach Frankfurt/Oder, wo er 1791 starb.

Noch in Jena erscheint sein kameralistisches Hauptwerk: „Erste Gründe der Cameral-Wissenschaften" (Jena 1756). Bereits in der Vorrede setzt sich Darjes von Dithmar mit einer ähnlichen Begründung ab, wie es schon Rohr gegenüber Seckendorff getan hatte, indem er Dithmar vorwirft: „Er beschreibet die Sachen, welche bey allen Stücken dieser Beschäftigungen vorkommen, er erkläret aber nicht die Art, wie sie auszuführen, und zu verbessern sind[8]." Was Darjes' Schrift neben einem stark ausgeprägten Zug zur Systematik auszeichnet, ist eine deutlich wahrnehmbare Akzentverschiebung von der Verwaltungslehre zur Wirtschaftswissenschaft hin. Darjes selbst führt diesen Begriff ein und stellt fest: „Die Wissenschaft von der Wirthschaft soll uns geschickt machen eine regelmäßige Wirthschaft da möglich zu machen, wo sie bisher unmöglich gewesen ist, und die wirthschaftliche Beschäftigungen zum Nutzen der menschlichen Gesellschaft zu lenken[9]." Zwar behält Darjes die von Dithmar geschaffene Dreiteilung der Kameralwissenschaft in Ökonomie, Polizei und Kameralistik bei, spaltet jedoch die Ökonomie nochmals in Landwirtschaft und Stadtwirtschaft auf.

Der Landwirtschaft als Erzeugerin der Rohprodukte stellt Darjes die Stadtwirtschaft gegenüber: „Der Cameralist muß sich fürs andere bemühen, diejenigen Dinge zu beschreiben, welche die Kunst aus den Werken der Natur verfertigen kan. Er bildet aus diesem so viel es ihm möglich ist, eine Wissenschaft, und diese ist der andere Theil der Cameralwissenschaft (im Gegensatz zur Landwirtschaft, d. Verf.), welche man die Stadtwirthschaft (Oeconomia urbana) nennet[10]."

Um allerdings solche Vorgänge beschreiben und Verbesserungsvorschläge machen zu können, bedarf man nach Darjes' Auffassung einer gründlichen Kenntnis der Materie. Der erste Schritt dazu besteht in einer „Nachahmung", das heißt, der „Technologe" (wenn wir hier einmal diese Bezeichnung vorwegnehmen dürfen) kann einen Arbeits-

---
[8] Darjes (1756), Vorrede. Gezählte Seite 3.
[9] Ebd., Vorrede. Gezählte Seite 6.
[10] Ebd., S. 26 f.

vorgang so genau beobachten, daß er ihn auf Grund seiner Anschauung nachahmen kann. Dieser Vorgang ist aber nach Darjes' Meinung mehr automatischer Natur, ohne daß dabei ein geistiger Nachvollzug vor sich geht. Das aber genügt nicht, denn „wenn wir es aber bey dieser Entdeckung bewenden lassen", schreibt Darjes, „so wird unsere Beschäftigung ein Handwerk. Wir können die verschiedenen Stükke, die bey der Arbeit vorkommen, nicht beurtheilen, und unsere Werke können nur durch ein Schicksaal vollkommen werden. Es ist vernünfftiger und nützlicher, wenn wir uns zuvor von dem Werke der Kunst einen deutlichen Begriff machen"[11]. Dieses „sich einen deutlichen Begriff machen" im Sinne von „geistig begreifen" geht nach Darjes in mehreren Schritten vor sich. Die Verfertigung eines „Werkes der Kunst" läßt sich, meint Darjes, in mehrere „Hauptstükke" aufgliedern, daß heißt mit unseren Worten, in mehrere Arbeitsvorgänge zerlegen. Sind diese „Hauptstücke" erkannt, so ist man anschließend in der Lage, ihr sinnvolles Nacheinander zu verstehen. Der dritte Schritt endlich besteht darin, „aus den durch die Erfahrung entdeckten Handgriffen die besten zu erwählen, und diese da, wo es fehlet zu verbessern"[12].

Diese zumindest für Deutschland neuartige technologische Denkweise legt den Schluß nahe, daß Darjes den 1751 von Jean le Rond d'Alembert (1717—1783) der Enzyklopädie vorangestellten „Discours" gekannt hat. Auch die an anderer Stelle erkennbare Forderung nach einer philosophischen Deutung technologischer Vorgänge läßt darauf schließen[13]. Gemäß den von ihm aufgestellten Thesen wendet sich Darjes im zweiten Teil seines Buches der Stadtwirtschaft zu[14]. Er teilt sie in zwei Hauptgruppen ein. Die erste Gruppe besteht aus den „Gewerken". Hierzu zählt er jene Handwerkszweige, die sich mit der „Ausscheidung von Stoffen" beschäftigen, das heißt mit der Herstellung von Bier, Stärke, Branntwein u. ä. Zur zweiten Gruppe rechnet Darjes die „Manufacturen und Fabriquen", also jene Gewerbezweige, die sich mit der Verarbeitung von Rohmaterialien befassen. Interessant hierbei ist, daß Darjes nicht den Terminus „Handwerk" aufführt. Aus dem Sinnzusammenhang aber läßt sich mit ziemlicher Sicherheit erschließen, daß er die Handwerke mit zu den „Manufacturen und Fabriquen"

---

[11] Darjes (1756), S. 236.
[12] Ebd., S. 236.
[13] Ebd., S. 5: „Was haben nicht die Gebäude und Künste denen zu danken, die uns die Baukunst, und die Lehre von den Maschinen in einer wissenschaftlichen und philosophischen Verfassung dargestellt haben? Haben diejenigen den Gewerken geschadet, die sich bemüht haben, die Kunst, die Werke der Natur zu zerlegen, wissenschaftlich und philosophisch abzuhandeln?"
[14] Darjes (1756), S. 331 ff.

zählt; denn die oben angeführten technologischen Vorstellungen von Darjes treffen ja für jede Arbeit zu, die eine Ver- und Bearbeitung von Rohprodukten zum Ziele hat.

In seinen technologischen Beschreibungen bietet Darjes keine vollständige Sammlung, sondern nur Beispiele, die seine Auffassung erläutern sollen. So schildert er bei den „Gewerken" die Bier-, Branntwein- und Essigherstellung, die Stärke- und Zuckerfabrikation. Bei den „Manufacturen und Fabriquen" beschränkt er sich auf die „Leinwand-Fabriquen, Woll-Manufacturen" und das Färben von Stoffen. Darjes verbindet dabei eine genaue technologische Darlegung mit der Erörterung wirtschaftlicher Gesichtspunkte, indem er am Ende einer jeden Beschreibung in tabellarischer Form die Herstellungskosten dem zu erwartenden Gewinn gegenüberstellt (Herstellungskosten = Arbeitsgerät, Rohmaterial, Lohn usw.).

Darüber hinaus ist Darjes um eine Systematik bemüht, indem er Manufakturen und Fabriken in Klassen einteilt, die sich aus den von ihnen zu verarbeitenden Materialien und dem Verwendungszweck der verarbeiteten Produkte ergeben. Die Materialien lassen sich in drei große Gruppen einteilen. Sie entstammen entweder dem „Mineralreich", dem „vegetabilischen Reich" oder dem „Thier-Reiche". Zum mineralischen Bereich rechnet Darjes „Erze, Metalle, Steine, Lehm, Ton, Erden", zum Pflanzenreich „Fasern der Erd-Gewächse, Holz usw.", und an tierischen Materialien führt er Wolle, Seide, Haare, Fell, Knochen, Fett „und alle klebrige Abgänge bey der Verarbeitung und dem Gebrauch der verschiedenen Stükke der Thiere"[15] an.

Die Produkte lassen sich wiederum, wie oben erwähnt, nach ihrem Verwendungszweck aufgliedern, indem sie entweder „mittelbaren" oder „unmittelbaren" Nutzen stiften. Zu den Produkten, die mittelbaren Nutzen stiften, zählt Darjes zum Beispiel Werkzeuge, Maschinen und Farben, also Gegenstände, die als Hilfsmittel zur Herstellung anderer Produkte benötigt werden.

Bis hierher ist Darjes' Versuch einer Klassifizierung durchaus logisch und sinnvoll und verrät technologisches Verständnis. Wenn er aber, wie es dann geschieht, noch versucht, die Produkte nach ästhetischen Gesichtspunkten zu ordnen, indem er sie nach ihrer „Schönheit" beurteilt, dann wird das Systematisieren und Klassifizieren zum Selbstzweck. Er verrennt sich hier in eine Sackgasse. Dennoch bleibt sein Verdienst, als einer der ersten den Versuch unternommen zu haben, die Vielfalt technologischer Vorgänge in eine Ordnung zu brin-

---

[15] Darjes (1756), S. 332.

gen. Wie schwierig und verworren die Materie ist, zeigt sich allein daran, daß bis in die Mitte des 19. Jahrhunderts hinein immer wieder neue Anläufe genommen werden, um dieses Problem zu lösen.

3. Georg Heinrich Zincke und Johann Gottlob Heinrich von Justi

Mit Absicht werden Zincke und Justi in einem Abschnitt behandelt, obwohl ein Teil ihrer Abhandlungen zeitlich früher erschien als die Arbeit von Darjes. Der Grund ist folgender: Während Dithmar und Darjes technologische Aspekte zwar erkannten und in ihren Schriften theoretisch aufgriffen, wandten Zincke und Justi ihre Erkenntnisse praktisch an, indem sie spezielle technologische Arbeiten verfaßten oder solche herausgaben. Außerdem sind sich Zincke und Justi, was ihre etwas abenteuerliche und unstete Lebensweise betrifft, innerlich verwandt. Beide wiederum sind in gewisser Weise mit dem vielseitigen und wendigen Johann Joachim Becher zu vergleichen, um dessen Wiederaufwertung in der Mitte des 18. Jahrhunderts bezeichnenderweise gerade Zincke sich bemüht hat[16]. Georg Heinrich Zincke wurde 1692 in Altenrode bei Naumburg geboren. Er bezog 1709 die Universität Jena, studierte zunächst Theologie und erwarb 1713 den Magistergrad. Anschließend studierte er, während er dort gleichzeitig theologische Vorlesungen hielt, Jurisprudenz und promovierte 1720. In den folgenden Jahren ließ er sich zunächst als Advokat in Halle nieder und wurde später „Commissions- und Criminalrath" in Magdeburg. An den Hof von Weimar berufen, erhielt er dort den Titel eines Hofrates, kam aber wegen ihm angeblich nachgewiesener Unregelmäßigkeiten in der Amtsführung im Jahre 1735 für drei Jahre ins Gefängnis. Dennoch erhielt er nach seiner Entlassung später die Erlaubnis, an der Leipziger Universität Vorlesungen über Recht und Kameralwissenschaften zu halten. 1745 nahm Zincke einen Ruf an das Braunschweiger „Carolinum" an, wo er, ohne allzu sehr in den Vordergrund zu treten, bis zu seinem Tode im Jahre 1768 lehrte.

Zinckes schriftstellerisches Werk ist, nach Seitenzahlen gemessen, recht umfangreich zu nennen, wobei man ihm eine gewisse Geschwätzigkeit und Weitschweifigkeit in der Darstellung nicht absprechen kann. Oftmals läßt sich der eigentliche Kerngedanke eines Kapitels bei Zincke auf einige Sätze reduzieren. Vielleicht rührt es daher, daß er unserer Meinung nach zu wenig Beachtung gefunden hat, wenn

---

[16] Zincke gibt 1754 eine neue (5.) mit Anmerkungen versehene Auflage der „Politischen Discurs" von Becher heraus.

IV. Die Bedeutung der Technologie zwischen 1727 und 1777

man ihn auch keinesfalls einem Justi an die Seite stellen kann. Zinckes schriftstellerische Tätigkeit, die erst mit seiner Berufung nach Leipzig beginnt, weist mehrere Schwerpunkte auf: Werke über die Kameralwissenschaften und die Herausgabe beziehungsweise Bearbeitung von Lexika ökonomischer und technologischer Art. Weitbekannt aber wird er vor allem durch seine ökonomische Zeitschrift „Leipziger Sammlungen", die von 1742—1761 erscheint und eine erstaunliche Themenbreite aufweist[17]. Sie ist als die ökonomische Zeitschrift schlechthin zu bezeichnen. Darauf wird noch an anderer Stelle des näheren eingegangen[18].

Ähnlich wie Gasser und Dithmar verfaßt Zincke zunächst (1742) ein Lehrbuch als Ergänzung zu seinen Vorlesungen, das unter dem Titel „Grund-Riß einer Einleitung zu denen Cameral-Wissenschaften,..." erscheint. Im Jahre darauf folgt ein zweiter Teil, der sich mit der „eigentlichen Cammer- und Finantz-Wissenschafft" befaßt.

Finden sich im „Grund-Riß" kaum technologische Anklänge, um so mehr in der 1751/52 in vier Teilen erscheinenden „Cameralisten-Bibliothek", die nicht nur in ihrem Titel an Rohrs „Compendieuse Haushaltungs-Bibliotheck" erinnert. Diese Bibliografie, die Rohrs Schrift gewissermaßen auf den neuesten Stand bringt, hat einen Umfang von 1156 Seiten, das Register nicht mitgezählt. Wesentlich stärker gegliedert als Rohrs Werk, dafür aber leider auch um so unübersichtlicher, bietet die „Cameralisten-Bibliothek" neben den bibliografischen Angaben eine Fülle theoretischer Überlegungen und praktischer Hinweise, die zum Teil auch technologischer Art sind. Aus den über das ganze Werk verstreuten Anmerkungen lassen sich einige Kerngedanken herausschälen, die Zinckes Verhältnis zur Technik und zur Technologie beleuchten.

Die Bibliografie ist für den Kameralisten, also den Beamten, gedacht, und so legt Zincke dar, was ein solcher Beamter in seinem Berufe wissen und können muß: „Man muß die Stadt-Wirthschaft lernen! nach Handwerks-Art nicht verstehen. Indessen so muß er (der Kameralist, d. Verf.) durch die gelehrte Special-Stadt-Oeconomie vermögend werden, solche zu übersehen, zu zergliedern und zu untersuchen, damit er geschickt werde, den Schaden und Nutzen, die Mängel und Fehler, den Verfall, den Flor und die Beförderung derselben, oder kurz: das

---

[17] Der vollständige Titel lautet: „Leipziger Sammlungen von allerhand zum Land- und Stadtwirthschaftlichen Policey-Finantz- und Cammer-Wesen dienlichen Nachrichten, Anmerkungen, Begebenheiten, Versuchen, Vorschlägen, neuen und alten Anstalten, Erfindungen, Vortheilen, Fehlern, Künsten, Wissenschaften und Schriften, wie auch von denen in diesen so nützlichen Wissenschaften und Übungen wohlverdienten Leuten."
[18] Vgl. S. 137 ff.

Verhältniß dieser Geschicklichkeiten zum Flor der Haupt-Stadt-Nahrungs-Geschäfte einzusehen, die Mittel zu erfinden und die öconomischen General-Regeln darauf zu appliciren[19]."

Daß es sich bei dem hier von Zincke gebrauchten Begriff der „Stadtwirthschaft" zum größten Teil um Technologie handelt, unterstreicht ein kurzes Zitat von Benedict Franz Hermann, der 1781, also vier Jahre nach Einführung des Begriffes Technologie durch Johann Beckmann feststellt: „...Sie (die Technologie, d. Verf.) hieß sonst: Kunstgeschichte, Kunstwirthschaft, auch wohl Städtewirthschaft[20]." Auch der bedeutendste Schüler Beckmanns, Johann Heinrich Moritz Poppe (1776—1854), der in Tübingen Technologie lehrte, zählt Zincke zu den Vorläufern einer technologischen Wissenschaft[21].

Genau wie Rohr fordert Zincke eine gründliche Kenntnis der Wirtschaft, ohne daß man aber die Praxis selbst beherrschen müsse. Die schon zur Formel gewordene Feststellung, daß ein Kameralist nicht unbedingt backen oder schneidern können müsse, um diese Tätigkeiten zu verstehen, taucht auch bei Zincke wieder auf. Außerdem fordert er „die Anwendung unzehliger Wahrheiten aus allen Theilen der Gelehrsamkeit... denn die hat man nöthig, wenn man z. E. eine Fabric, ein Handwerk, eine Lebens-Art etc. wirthschaftlich analysiren will"[22].

Gemäß dieser Forderung hat Zincke im II. Buch der „Cameralisten-Bibliothek" auf den Seiten 192—304 eine umfangreiche Bibliografie zum Thema „Stadt-Wirthschaft" zusammengestellt, die praktisch einen Querschnitt durch die gesamten Wissenschaften darstellt. Das beginnt bei der Philosophie und den „schönen Wissenschaften", umfaßt die Naturwissenschaften, die Staatswissenschaften, die Theologie, die Geschichte, die Rechtswissenschaft und endet bei den „Hand-Künsten, Hand-Werken, Manufacturen und Fabriquen". Selbstverständlich ist sich Zincke bewußt, daß der Kameralist einen solchen Wissensumfang

---

[19] Zincke (1751/52), S. 151.
[20] B. F. Hermann, Ueber die Einführung des Studiums der Technologie, oder ueber die Lehre von Handwerkern, Künsten, Manufacturen und Fabriken. Wien 1781, S. 18.
[21] J. H. M. Poppe, Geschichte der Technologie seit der Wiederherstellung der Wissenschaften bis an das Ende des 18. Jahrhunderts. 3 Bde. Göttingen 1807—1811, Band I, S. 95: „Daß sich die Teutschen von jeher, vornehmlich auch im achtzehnten Jahrhundert, um das Fach der Technologie sehr verdient gemacht haben, wissen wir schon aus den vorhergehenden Erzählungen. Man verdankt ihnen am meisten einen genauen wissenschaftlichen Unterricht darin." Anschließend führt Poppe eine Reihe von Namen an, unter ihnen die von Zincke und Justi, die er als die eigentlichen Wegbereiter der Technologie ziemlich am Anfang nennt.
[22] Zincke (1751/52), S. 152.

niemals erreichen kann, ihm geht es auch nur darum aufzuzeigen, wie vielfältig die Kameralwissenschaft mit allen übrigen Wissenschaften verflochten ist. Für die speziellen Aufgaben des Kameralisten wird es meistens genügen, wenn, je nach Sachgebiet, einige dieser Wissenschaftsbereiche, miteinander kombiniert werden. Die Kenntnis der „Stadt-Wirthschaft" ist unbedingt erforderlich „a) bey Stadt-Haus-Wirthschaften, Stadt-Präsidiis und Städten, b) bey dem Erwerb durch ausnehmenden Unterricht, oder solche Ausübung, z. E. in Ämtern und Geschäften"[23]. Um jedoch wirtschaftlich wirksame Entscheidungen erzielen zu können, genügt für den Kameralisten nicht allein das angehäufte Wissen, sondern er muß auch in der Lage sein, es nutzbringend anzuwenden. Eine Anwendung kann aber erst erfolgen, wenn er die wirtschaftlichen Gegebenheiten „zergliedert" und „analysirt" hat. Der zuletzt genannte Terminus ist für Zincke und seine Zeit typisch. Er macht das Bemühen deutlich, Vorgänge oder Tatbestände „umständlich", das heißt nach damaligem Sprachgebrauch alle Umstände berücksichtigend, zu untersuchen. Diese „Umständlichkeit„ äußert sich vor allem in dem Versuch, die Wissenschaften zu systematisieren. Gerade die Naturwissenschaften verdanken dieser Tatsache ihren endgültigen Durchbruch. Solcher Zug zur Systematik wird uns noch an anderer Stelle begegnen[24].

Die „Geschäfte" (darunter versteht Zincke Berufe und Tätigkeiten) sollen nach ihrem Objekt, ihrem Zweck und ihrer Verrichtung eingeteilt und anschließend die festen Regeln und ihr Anwendungsbereich festgestellt werden[25]. Ähnlich wie bei Darjes ist auch hier das Bemühen zu spüren, eine noch weitgehend unbekannte Materie in den Griff zu bekommen, jedoch gelangen beide, Darjes wie Zincke, nicht über einige Ansätze hinaus. Dennoch können sie, zusammen mit Justi, als Bahnbrecher auf diesem Wege gelten. Im I. Buch des vierten Teiles behandelt Zincke ausführlich die Möglichkeiten, die Kameralwissenschaft zu lehren und zu lernen. Nach seiner Auffassung ist sie eine gelehrte, aber auch eine praktische Wissenschaft. Es gibt zwei Wege, sie zu lehren und zu lernen. Zincke unterscheidet zwei Arten des Unterrichts. Die eine ist die „zubereitende und gemeine", die andere die

---
[23] Zincke (1751/52), S. 188 ff.
[24] Vgl. S. 103 f.
[25] Zincke (1751/52), S. 189 f.: „Deswegen untersucht man auch nach einer generalen Beschreibung und Eintheilung eines ieden a) seine Objecte, b) seine Zwecke, c) seine Verrichtung, wo α) an sich die Natur und Special-Regeln I.) der Erlangungs-Geschäfte, II.) der Verwahrungs-Geschäfte, III.) der Anwendungs-Geschäfte, dabey vorkommen; β) ihre Beschäftigungen, den Wirt, Wirtin, Gehülfen, Gesinde, Arbeiter, Dienst-Leute, Tagelöhner, Handlanger, behülfliche Handwerker, Künstler und Gelehrte, γ) die belebten und leblosen Werkzeuge, Maschinen etc. zu betrachten."

3. Georg Heinrich Zincke und Johann Gottlob Heinrich von Justi

„gelehrte und nähere". Die allgemeine Vorbereitung, wie man besser sagen kann, fällt der Familie und der Schule zu, die wissenschaftliche Beschäftigung hingegen erfolgt auf der Universität. Wie schon die „Hausväter" fordert auch Zincke die Eltern auf, ihre Kinder frühzeitig mit der Umwelt und besonders mit der Ökonomie vertraut zu machen. Spaziergänge in die nähere Umgebung und Besuche „aller Handwerksleute", wo sie einen Einblick in technologische Vorgänge erhalten, sollen die Kinder für ihre späteren Aufgaben vorbereiten[26].

Weiterhin fordert Zincke eine Reform des Schulwesens. Auch hier sollen die nützlichen Wissenschaften im Vordergrund stehen. Wichtig ist aber, daß Zincke nicht allein an eine Realschule denkt, wie sie Johann Julius Hecker (1707—1768) in Berlin begründet hatte, sondern daß seine Vorschläge auch für Gelehrtenschulen, Pädagogien usw. gelten. Dabei steht ihm vermutlich der Ort seiner eigenen Lehrtätigkeit, das Carolinum in Braunschweig[27], vor Augen, dessen Gründer J. F. Jerusalem (1709—1789) bereits 1745 ähnliche Gedanken entwickelt hat. Das Carolinum war als Vorbereitungsstufe der Universität für zukünftige Staatsbeamte gedacht. In einer bereits 1745 verfaßten, aber erst 1793 posthum erschienenen Schrift legte Jerusalem seine Pläne für die neue Schulanstalt nieder. Mit dem Hinweis, daß sich die Universität noch immer im „Elfenbeinturm" befinde und kaum Kontakt zur Praxis habe, fordert er einen stärkeren Ausbau der Schulen[28]. Speziell für das Carolinum richtet er neben den an Gelehrtenschulen üblichen Fächern solche für Polizei- und Finanzwesen, Metallurgie, Anatomie, Staatsrecht und Kräuterkunde ein.

Ähnliche Vorstellungen hat Zincke. Er legt vor allem Wert auf das Zeichnen mit Zirkel und Lineal, die Chemie, die Baukunst, die Naturlehre und das „oeconomische Rechnen" (Tabellenlesen und Aufstellen von Rechnungen). Auch die klassischen Sprachen, Griechisch und Latein, sollen mit mehr Nutzen betrieben werden, indem die Lektüre hauptsächlich den alten Ökonomiken entnommen wird[29].

---

[26] Ebd., S. 1018 f.
[27] Das Carolinum ist der Vorläufer der heutigen Technischen Hochschule in Braunschweig.
[28] J. F. Jerusalem, Nachgelassene Schriften. Zweiter und letzter Teil. Braunschweig 1793, S. 83: „Diejenigen, welche in den großesten Geschäften der Welt nützen, die Einrichtung gemeinnütziger Anstalten, der Handlung, der Verbesserung der Naturalien, Vermehrung des Gewerbes und der Landhaushaltung umgehn, die sich auf mechanische Künste legen, die zu Wasser und zu Lande, über und unter der Erde das gemeine Beste suchen, machen einen ebenso wichtigen Theil des Gemeinwesens aus, als die Gelehrten; und dennoch hat man bei allen Unkosten, die man auf die Einrichtung der Schulen und Akademien verwandt hat, für diese bisher so wenig, und oft gar nicht gesorget."
[29] Zincke (1751/52), S. 1019.

IV. Die Bedeutung der Technologie zwischen 1727 und 1777

Diese intensive Vorbildung, so glaubt Zincke, wird dann auf der Universität Früchte tragen. Der spätere Kameralbeamte wird über einen ausreichenden Wissensumfang verfügen und auch die praktischen Bereiche beherrschen können.

Kenntnis der Handwerke, Manufakturen und Fabriken sind für ihn unerläßlich; denn die Wirtschaft entwickelt sich immer weiter, bringt Neues hervor und zwingt zu neuen Maßnahmen und Wegen. Hier muß der Kameralist stets auf dem laufenden bleiben, um bei seinen Entscheidungen Nützliches von Wertlosem trennen, das heißt, nützliche Vorschläge und Erfindungen von der schädlichen „Projekte-Macherei" scheiden zu können. Wie groß die Furcht vor solchen „Projekte-Machern" ist, weil eben die meisten Staatsbeamten zuwenig wirtschaftliche und technologische Kenntnisse besitzen, legt Zincke in einer Vorrede dar, die er der Schrift eines gewissen Peter Kretzschmer voranstellt, der darin „Oeconomische Vorschläge wie das Holtz zu vermehren" unterbreitet. Auch hier handelt es sich also um ein „Projekt", einen Verbesserungsvorschlag, doch ist dieser nach Zinckes Meinung realisierbar und verspricht ökonomischen Nutzen. In seiner Vorrede, betitelt „Von Projecten und Projecten-Machern" setzt er sich ausführlich mit diesem Problem auseinander und stellt fest, daß unter der Vielzahl von Vorschlägen, die bei den Höfen eingereicht oder gedruckt wurden, sich viele befinden, die einer eingehenden Prüfung wert sind. Als Beispiele führt er Vorschläge Bechers und Schröders an, die eigentlich viel zu spät realisiert wurden[30].

Um solchen Fehlleistungen vorzubeugen und den Kameralbeamten ein Mittel an die Hand zu geben, mit dessen Hilfe sie sich informieren können, betätigte sich Zincke neben der Abfassung von kameralwissenschaftlichen Lehren und Grundsätzen nicht zuletzt als Herausgeber und Verfasser von ökonomischen und technologischen Lexika.

Davon wird im nächsten Kapitel die Rede sein, wo seine Bedeutung für die Gesamtentwicklung solcher Nachschlagewerke aufgezeigt werden soll.

---

[30] P. Krezschmer, Oeconomische Vorschläge wie das Holtz zu vermehren. Halle/Leipzig 1744. Vorrede § 10: „Man kan heut zu Tage Höfe nennen, wo eben die Vorschläge und Proiecte eines Schröters, eines Bechers etc. mit grösten Eifer angenommen und vollstreckt worden, wenigstens was das wesentliche betrifft, die man vor 40. 50. 60. und mehr Jahren vor unmöglich, vor schädlich, vor unnütz, vor mit grossen Schwierigkeiten verknüpffet, ja so gehäßig ansahe, daß man ihre Urheber nicht nur nicht gehöret, und als leere Projecten-Macher und eigensinnige Köpffe, sonderlich, wenn, wie bey Bechern, ein wenig Prahlerey mit unterlieff, sondern so gar bis auf den Tod verfolget hat."

3. Georg Heinrich Zincke und Johann Gottlob Heinrich von Justi

Über Johann Heinrich Gottlob von Justi gibt es eine recht umfangreiche Literatur[31], die aber erstaunlicherweise bisher nur den staatswissenschaftlichen und wirtschaftswissenschaftlichen Gehalt seiner Schriften untersucht hat, ohne jedoch auch seine Leistungen auf technologischem Gebiete zu würdigen.

Justi wurde 1717[32] in Brücken im Kreise Sangerhausen geboren. Er studierte in Wittenberg, Jena und Leipzig Kameralwissenschaften. Seine Dissertation „Sur le système des monades" wurde 1748 preisgekrönt. Er ging nach Österreich und erhielt 1751 eine Berufung als Professor an das Theresianum in Wien. 1754 verließ er Wien wieder und trat 1755 sein Amt als Bergrat und Oberpolizeikommissar in Göttingen an. Gleichzeitig erhielt er die Erlaubnis, an der dortigen Universität, der damaligen Hochburg der Kameralwissenschaften in Deutschland, über Ökonomie zu lesen. 1757—1758 bereiste er im Auftrage der dänischen Regierung Jütland. 1755 erschien sein Hauptwerk „Staatswirthschaft oder systematische Abhandlungen aller ökonomischen und Cameralwissenschaften", das bereits 1758 eine zweite, vermehrte Auflage erlebte. Zwei technologische Arbeiten, die Übersetzung der „Description des arts et metiérs" im Auftrage der Preußischen Akademie der Wissenschaften und seine ebenfalls in diesen Jahren veröffentlichte „Vollständige Abhandlung von den Manufacturen und Fabriken" werden im Rahmen des nächsten Kapitels behandelt. 1766 nahm er ein Angebot Friedrichs II. an und trat als Berghauptmann in den preußischen Staatsdienst, um das Bergwesen zu reorganisieren. Doch wurde er bereits 1768 wegen angeblicher Unregelmäßigkeiten bei der Rechnungsführung verhaftet und auf der Festung Küstrin eingekerkert. Hier starb er im Jahre 1771.

Justi war ein sehr fruchtbarer Schriftsteller, der Arbeiten aus dem Gebiete der Staatswissenschaften, des Rechts, der Wirtschaft und Verwaltung, aber auch der Chemie veröffentlichte. Allerdings muß festgestellt werden, daß Justi den gleichen Stoff oft in verschiedenen Büchern wieder behandelte und sogar einige seiner Bücher selbst ausschrieb. Man kann sich deshalb bei der Suche nach technologischen Ansätzen im wesentlichen auf die „Staatswirthschaft" und die „Abhandlung von den Mitteln der Erkenntniß in den Oeconomischen und Cameralwissenschaften dem gemeinen Wesen recht nützlich zu machen", die im gleichen Jahre gedruckt wurde, beschränken. Beide Schriften erschienen während seiner kurzen Lehrtätigkeit an der Universität

---

[31] Die wichtigsten Schriften sind abgedruckt im Handwörterbuch der Sozialwissenschaften, Band 5, 1956. Artikel Justi von Anton Tautscher.
[32] Diese Jahreszahl gibt Tautscher an, jedoch ist das genaue Geburtsdatum bisher noch nicht wissenschaftlich gesichert.

Göttingen, und so ist es nicht weiter verwunderlich, daß er sich bereits in der Vorrede zur „Staatswirthschaft" und in der zweiten Schrift mit der Lage der ökonomischen Wissenschaften an den Hochschulen beschäftigte.

Justi bezeichnet das gesamte Gebiet der ökonomischen und Kameralwissenschaften als so komplex und vielgestaltig, daß es von einer einzelnen Lehrkraft, wie es bisher der Fall sei, nicht mehr bewältigt werden könne. Er schlägt deshalb eine Zweiteilung des Lehrstuhles vor, wobei jeweils Polizei- und Kommerzwesen und Ökonomie und Finanzwissenschaften zusammengehören sollen[33]. Diese Teilung des Lehrstuhles der Kameralwissenschaften sieht Justi jedoch nur als einen Teilschritt zu einer Neugestaltung dieser Wissenschaft an. Er fordert darüber hinaus die Schaffung einer eigenen ökonomischen Fakultät, wobei nicht so sehr an neu zu begründende Lehrstühle gedacht ist, sondern nur an eine Akzentverschiebung des Lehrstoffes in gewissen Disziplinen und die Eingliederung dieser Lehrstühle in eine ökonomische Fakultät. Justi denkt hier vor allem an die Chemie, die Mechanik, die Naturkunde und die Politik, die vom Stoff her praxisnäher und damit für die Wirtschaft und den Staat rationeller gelehrt werden sollen[34]. Diese neue Fakultät, bestehend aus den sechs Lehrstühlen, würde dann, wie Justi sich ausdrückt, „ein Orakel abgeben, welches man in vielen Anstalten und Unternehmungen des Staats, worzu man öfters mit großen Kosten aus fremden Landen Leute verschreiben muß, mit ungemeinem Nutzen zu Rathe ziehen könnte"[35]. Wie sehr dieses „Orakel" fehlt, führt er mit Berufung auf die oben angeführten Textstellen in der ebenfalls genannten „Ab-

---

[33] Justi (1758), Vorrede, S. XXXV: „Man müßte wenigstens zwey Lehrer darinnen bestellen, davon der eine vornehmlich die Policey- und Commercienwissenschaft, der andere aber die eigentliche Oekonomie und Finanzwissenschaft zum Hauptaugenmerke nehmen müßte."

[34] Justi (1758), Vorrede, S. XXXVI: „Die zeitherige Professur der Politik auf Universitäten müßte solchergestalt besetzet werden, daß künftige Gesandten und Ministers bey diesem Lehrer die Staatskunst mit Nutzen hören könnten, und daß seine Lehren den wirklichen Ministern und Staatsleuten nicht lächerlich schienen. Der Professor der Chymie müßte solchergestalt gewählet werden, daß er zugleich im Stande wäre, die Probier- und Schmelzkunst vorzutragen, und sich nicht allein mit den Lehren von der Zubereitung der Artzneyen beschäfftigen, die jeder Apothekerjunge ohne Mühe erlernet. Eben so müßte der Lehrer der Mechanik zugleich im Stande seyn, das Maschinenwesen bey den Bergwerken und den Bergbau selbst vorzutragen; und der Professor der Naturkunde müßte eine zureichende Kenntniß von dem Wesen der Erzte und der Fossilien überhaupt an die Hand geben können. Diese sechs Lehrer, worzu man noch den Professor der bürgerlichen und Kriegsbaukunst hinzufügen könnte, ... würden eine eigene Fakultät ausmachen können, die dem bürgerlichen Leben ungemein heilsam seyn würde."

[35] Ebd., Vorrede, S. XXXVI!

3. Georg Heinrich Zincke und Johann Gottlob Heinrich von Justi

handlung" aus, indem er feststellt, daß man zwar bei Rechtsfragen oder Fragen, die die Medizin beträfen, von den bestehenden Fakultäten Auskunft bekommen könne, wenn es aber um Fragen des Nahrungsstandes ginge, „diese Quelle der Glückseeligkeit der Republiken", dann seien die Hochschulen dazu nicht in der Lage. Dabei sei gerade in „Wirthschaftssachen und Gewerben" der Rat der Universität vonnöten, wenn zum Beispiel die Obrigkeit „Seen und Moräste austrocknen, schwehre Wasserbaue führen, die Wasser in Bergwercken heben, Fabriken, Schmelz- und Siedwerke anlegen wollen"[36].

Es ist wohl deutlich geworden, wie sehr Justis Reformpläne von technologischen Gesichtspunkten bestimmt sind. So fordert er auch eine Neuorientierung bei den gelehrten Gesellschaften und Akademien der Wissenschaften, die sich mehr, und dabei weist er auf die Vorbilder in Frankreich und England hin, neben der Erfüllung rein wissenschaftlicher Aufgaben, mit den Problemen der gewerblichen Wirtschaft befassen sollen[37].

Dem „Manufaktur- und Handwerks-Wesen" räumt Justi einen vergleichbar bescheidenen Raum ein (S. 289—317), wahrscheinlich aber besteht schon damals bei ihm der Plan, eine „Vollständige Abhandlung von den Manufacturen und Fabriken" zu schreiben, die dann auch bereits 1758, also gleichzeitig mit der zweiten Auflage der „Staatswirthschaft" erscheint. Bemerkenswert an diesem Abschnitt ist, daß Justi ziemlich am Anfang eine Definition der Begriffe Handwerk, Manufaktur und Fabrik gibt, worin er feststellt, daß sich das Handwerk von den beiden anderen Gewerbegruppen nur durch seine Zunftgebundenheit abhebt, sonst aber die gleichen Tätigkeitsbereiche aufweist[38]. Den Zunftzwang mißbilligt er zwar an verschiedenen Stellen, will ihn aber bestehen lassen, da eine Abschaffung „viele schädliche Bewegungen und Unruhen ohnedem nach sich ziehen würde"[39].

Eine weitere Definition nimmt er bei den Begriffen Manufaktur und Fabrik nach technologischen Gesichtspunkten vor, indem er Fabriken als solche Betriebe kennzeichnet, „die Feuer und Hammer zu ihrer Arbeit brauchen" und Manufakturen als diejenigen, die ohne

---

[36] Justi (Abhandlung 1755), S. 11.
[37] Ebd., S. 9.
[38] Justi (1758), S. 290: „Man verstehet aber durch Manufacturen, Fabriken und Handwerke diejenigen Nahrungsgeschäffte der Menschen, wodurch vermittelst zu dem Ende erworbener Geschicklichkeit und Fleißes die rohen Materialien, oder bereits zum Theil verfertigten Waaren zur Nothdurfft und Bequemlichkeit des menschlichen Lebens zubereitet, bearbeitet und ferner in vollkommenen und brauchbaren Stand gesetzet werden."
[39] Ebd., S. 293.

Feuer und Hammer auskommen[40]. Allerdings ist diese Unterscheidung recht willkürlich, da es auch schon damals Gewerbe gibt, die zwar als Fabriken bezeichnet werden, nach der Justischen Definition aber reine Manufakturen sind. Zedlers Lexikon beispielsweise setzt die Begriffe „Fabric", „Officina" und „Manufacture" gleich und bezeichnet sie als Werkstätten, „da eine gewisse Art von allerhand Waaren verfertiget wird. Zum Exempel eine Gold-Silber-Seiden-Strümpf-Fabric und dergleichen"[41].

Bei der Untersuchung der Schriften Rohrs wurde bereits hervorgehoben, daß dieser eine engere Zusammenarbeit zwischen den Gelehrten und Handwerkern wünschte. Justi, ebenfalls von dieser Notwendigkeit überzeugt, geht aber noch einen Schritt weiter und schlägt vor, daß an der Spitze der Gewerbezweige jeweils ein Gelehrter, „der in der Physik, Policey und in dem Manufactur- und Handwerks-Wesen die benöthigte Erkenntniß hätte", als eine Art „Obermeister oder Directeur" fungieren solle[42]. Allerdings erscheint ihm dieser Vorschlag wohl selbst als zu utopisch; denn er fährt fort, daß zur Not auch die Ratsherren diese Aufgabe übernehmen könnten, da der Stadtrat ohnehin „aus einer überflüßigen Anzahl von Personen besteht". Diese Stadträte sollen dann unter der Aufsicht des Manufakturkollegiums als der zentralen staatlichen Leitstelle vermöge ihrer Kenntnisse den Gewerben „die nöthigen Erfindungen, Mittel und Maaßregeln zu ihrer größern Vollkommenheit beständig an die Hand geben"[43] und nicht wie bisher nur auf die Einhaltung der Zunftregeln achten und bei Streitigkeiten zu vermitteln suchen[44]. Etwas problematisch erscheint allerdings der Vorschlag, die Ratsherren nach dem Maße ihres Fleißes zu besolden[45].

Einen weiteren Weg, die Gewerbe zu heben, sieht Justi selbstverständlich in der Einrichtung von Manufaktur- und Handwerkerschulen sowie in einem technologisch ausgerichteten Ausbau des niederen Schulwesens, doch blickt er dabei skeptisch in die Zukunft (die Schulen von Hecker und Jerusalem erwähnt er mit keinem Wort) und

---

[40] Ebd., S. 291.
[41] Zedlers Universal-Lexicon, Band 9, 1735, Spalte 35.
[42] Justi (1758), S. 315.
[43] Ebd., S. 315.
[44] Justi (Abhandlung 1755), S. 13: „Ein jeder Rathsherr müste eine gewisse Art von Manufacturen, Handwerken und Nahrungsarten, die eine Aehnlichkeit und Uebereinstimmung der Arbeiten miteinander haben, unter seine besondere Vorsorge nehmen. Es geschiehet zwar solches gemeiniglich, jedoch nur zu den Endzwecke, daß er den Versammlungen der Handwerker beywohnet und die Mißbräuche und Unordnungen verhindert."
[45] Justi (1758), S. 315.

3. Georg Heinrich Zincke und Johann Gottlob Heinrich von Justi

meint: „Allein das sind vergebliche Wünsche, die vielleicht erst nach ein paar tausend Jahren in Erfüllung gehen werden[46]."

Damit die Regierung stets einen Überblick über das gesamte Handwerks- und Manufakturwesen erhält, schlägt Justi vor, daß alljährlich Tabellen darüber zu erstellen seien, die über die Größe der Betriebe, ihre Arbeitsprodukte, deren Preise usw. berichten[47]. Bei jährlicher Anfertigung könnten diese Tabellen wiederum die Grundlage für eine neue Tabelle ergeben, auf der die Entwicklung der Betriebe zu erkennen ist[48]. Justi fügt seinen Vorschlägen in der „Staatswirthschaft" auch zwei Muster bei, die seine Anregung verdeutlichen sollen. Was er allerdings verschweigt, ist die Tatsache, daß diese Ideen nicht von ihm stammen, sondern, wie erinnerlich, fast getreu aus der „Fürstlichen Schatz- und Rent-Kammer" von Wilhelm von Schröder entlehnt sind, der seinen Vorschlag zu einem Manufakturinventar bereits siebzig Jahre früher vorgelegt hat. Diese gewisse Unverfrorenheit, mit der Justi fremde Gedanken in seine Arbeiten einbaut, ohne den eigentlichen Autor zu nennen, kennzeichnet seine sämtlichen Werke, denn er arbeitet grundsätzlich ohne Quellenangaben, wie er selbst ausdrücklich einmal betont[49].

Trotz dieser Einschränkung ist Justi, den man als den bedeutendsten Systematiker der Kameralistik bezeichnet[50], gleichzeitig der bedeutendste Technologe, den die Kameralistik bis zu diesem Zeitpunkt kennt. Die Untersuchung seiner Schrift über die Manufakturen und Fabriken wird diese Behauptung im folgenden Kapitel noch erhärten, denn sie stellt in gewissem Sinne eine Anwendung der in der „Staatswirthschaft" gebrachten Vorschläge dar.

---

[46] Justi (1758), S. 316.
[47] Ebd., S. 270: „In derselben (Tabelle, d. Verf.) müssen die Namen der Manufacturen, Fabriken und Handwerke, die Anzahl der Meister, ihrer Gesellen und Lehrlinge, benebst den Hülfspersonen bemerket seyn. Man muß daraus die Menge der Haupt- und Neben-Materialien, so sie verarbeiten, benebst ihrem Preiße; desgleichen ob diese Materialien und ihre Handwerksgeräthe im Lande gewonnen, oder aus andern Landen eingeführet werden, deutlich ersehen können. Nicht weniger muß daraus zu erkennen seyn, ob die Handwerker per locationem conductionem, oder Waaren zum Verkaufe arbeiten, was letzteren Falles diese Waaren an Werth betragen, ob sie im Lande bleiben, oder ausgeführet werden, desgleichen ob sich die Manufacturiers und Handwerker selbst verlegen oder nicht." Vgl. dazu auch Justi, Grundsätze der Policeywissenschaft. Göttingen 1756, S. 138.
[48] Justi (1758), S. 271.
[49] J. H. G. v. Justi, Vollständige Abhandlung von den Manufacturen und Fabriken. Teil I. Berlin 1758. Vorrede.
[50] Vgl. Artikel von A. Tautscher über Justi im Handwörterbuch der Sozialwissenschaften, Band 5, 1956.

V. Die Entwicklung des technologischen Schrifttums bis zu Johann Beckmann

1. Die vier Hauptgruppen technologischen Schrifttums

Bisher wurden in unseren Darlegungen vorwiegend kameralistische Schriften und die in ihnen vorhandenen technologischen Ansätze untersucht. Von Schriften vorwiegend technischen Inhalts war noch nicht die Rede, obwohl sie ja gerade den eigentlichen Anlaß und die Quelle für die Beschäftigung der Kameralisten mit technologischen Problemen darstellen. Verschiedene Gründe sind dafür maßgebend:

a) Schriften technologischen und rein technischen Inhalts gibt es bereits seit der Antike, aber ihre publizistische Wirksamkeit war, trotz wiederholter Auflagen in den verschiedensten Jahrhunderten, doch recht begrenzt, da sie in den meisten Fällen eine bestimmte technische Grundkenntnis voraussetzten. Bis zur Erfindung des Buchdrucks existierten nur Abschriften, die sehr teuer waren und darum nur einem kleinen Kreis von wohlhabenden Personen zur Verfügung standen. Auch blieb später der Käuferkreis sehr beschränkt, da die bei technischen Spezialschriften notwendigen Abbildungen und Zeichnungen die Herstellungskosten stark erhöhten.

b) Die Trennung von Wissenschaft und Praxis (technologische Werke müssen wir dabei vorwiegend diesem Bereich zuordnen) haben wir bereits dargelegt. Sie verhinderte vornehmlich die weitere Verbreitung solcher Schriften.

c) Die eigentliche Nachfrage für Publikationen dieser Gattung setzt, es wurde bereits bei der Untersuchung der Schriften von Rohr angedeutet, erst im zweiten Drittel des achtzehnten Jahrhunderts ein, als eine immer stärker werdende Verbindung von Theorie und Praxis Platz greift, die mit der Entwicklung der Kameralwissenschaften Hand in Hand geht.

Wenn man nun besonders den Zeitraum von ungefähr 1740—1777 beachtet, in dem ein förmlicher „Boom" technischer Schriften einsetzt, so muß doch von Fall zu Fall versucht werden, den Blick in die Vergangenheit zu richten, um die Wurzeln der verschiedenen Typen technischen und technologischen Schrifttums bloßzulegen.

1. Die vier Hauptgruppen technologischen Schrifttums

Der Übersicht halber sind diese Werke in vier Hauptgruppen eingeteilt, wobei sich die Gliederung nach den jeweils darin enthaltenen Schwerpunkten und ihrer Zielsetzung richtet. Es handelt sich dabei einmal um „Maschinenbücher", so bezeichnet, da sie hauptsächlich Abbildungen von Maschinen und kurze Beschreibungen ihrer Konstruktion sowie ihres Anwendungsbereiches enthalten. Eine zweite Gruppe bilden die Bücher mit Beschreibungen von Handwerken, ihren Werkzeugen und Produktionsweisen, wobei für das 18. Jahrhundert die Darstellungen der Manufakturen und Fabriken hinzukommen, ja schließlich sogar im Vordergrund stehen.

Eine weitere Gruppe umfaßt Lexika, Sachwörterbücher und sogenannte „Enzyklopädien", die besonders in dem oben genannten Zeitraum wenn auch nicht ihren Anfang nehmen, so doch jetzt erst ihre eigentliche Bedeutung gewinnen.

Die letzte Gruppe setzt sich vor allem aus Zeitschriften zusammen, die ebenfalls im zweiten Drittel des 18. Jahrhunderts eine zunehmende Beachtung erlangen, und, da sie oft eine höhere Auflagenzahl als die Bücher erreichen und zudem noch periodisch erscheinen, einen wesentlichen Beitrag zur Verbreitung ökonomischen und technologischen Gedankengutes leisten.

Diese vier Hauptformen technologischen Schrifttums, die sich natürlich jeweils wieder unterteilen lassen, finden im 18. Jahrhundert ein ständig steigendes Interesse bei den Kameralisten, die entweder selbst Arbeiten auf diesem Gebiete herausbringen oder doch zumindest auf ihren Nutzen für die Wirtschaft hinweisen. Die bibliografischen Hinweise bei Rohr und Zincke beweisen es zur Genüge. Beckmann wertet das technologische Schrifttum, wie sich noch zeigen wird, am umfassendsten aus.

Allerdings ist es unmöglich, sämtlichen Arbeiten nachzugehen, da ihre große Zahl allein den Rahmen der Untersuchung sprengen würde, außerdem geben hier Arbeiten über die eigentliche Geschichte der Technik wesentlich besser Auskunft, zumal sie sich in den meisten Fällen auch mit den rein technischen Problemen befassen. Unsere Darlegung jedoch legt das Schwergewicht nicht auf den technischen, sondern den technologischen Inhalt, wobei aus der Vielzahl der Werke nur einzelne charakteristische Beispiele herausgegriffen werden, die den jeweiligen Stand der Entwicklung beleuchten.

2 a. Die „Maschinenbücher"

Zu Beginn dieses Kapitels wurde darauf hingewiesen, daß die vier Hauptgruppen nach Schwerpunkten gegliedert sind. Bereits das erste Beispiel dieses Abschnittes zeigt teilweise Überschneidungen mit dem der zweiten Gruppe zugeordneten Schrifttum. Gemeint ist die älteste erhaltene Schrift technischen Inhalts „De architectura" des römischen Architekten Marcus Vitruvius Pollio (88—26 v. Chr.). In zehn Büchern oder besser Abschnitten umreißt Vitruv die vielfältigen Aufgaben eines „architectus", wobei dieser Begriff wesentlich mehr umfaßt als heute. „Denn Vitruv versteht darunter nicht nur die Baukunst, sondern auch den Maschinenbau, vor allem den Bau von Kriegsmaschinen und die Feinmechanik, den Apparatebau[1]." Vitruvs Werk, das nur in geringem Maße auf eigenen Erfindungen und Entdeckungen beruht, stellt im wesentlichen eine Sammlung antiken Wissens und somit eine Quelle für verlorengegangenes antikes Schrifttum dar. Weniger die Beschreibung der einzelnen Geräte als vielmehr die theoretische Einleitung über die Aufgaben und vor allem die wissenschaftlichen Grundlagen eines „architectus" sind für unseren Zusammenhang von Wichtigkeit. So fordert Vitruv als Voraussetzung für einen Baumeister besonders den Zusammenklang von Wissenschaft und Talent, das heißt also praktisches Können[2]. Aus dem Bereiche der Wissenschaft erachtet er Mathematik, Geometrie, Optik, Stern- und Himmelskunde, Kenntnis der klimatischen Bedingungen, Heilkunde und Musik (Akustik) für unerläßlich. Dennoch stellt F. Klemm mit Recht fest, daß zwar der innere Zusammenhang von Wissenschaft und Technik bei Vitruv etwas deutlicher hervortrete als in der griechischen Antike, man aber trotzdem nicht von einer Anwendung der Wissenschaft auf das technische Schaffen sprechen könne[3].

Vitruvs Werk hat im Mittelalter[4] und bis zum Beginn der frühen Neuzeit einen bestimmenden Einfluß auf die technische Literatur genommen, wie die zahlreichen Auflagen beweisen. Handschriften aus dem 9. und dem 11. Jahrhundert werden durch die Erfindung des Buchdrucks weiterverbreitet. 1487 erscheint in Rom die erste lateinische Ausgabe, der sich im 16. Jahrhundert 15 weitere anschließen. Daneben erscheinen zahlreiche Übersetzungen in Italienisch, Französisch und Deutsch (1548). Daß im 17. Jahrhundert keine weiteren Aus-

---

[1] C. Matschoß, Große Ingenieure. München 1937, S. 22 f.
[2] Vitruvius, Architektur. Übersetzt von F. Reber. Stuttgart 1865. Daraus abgedruckter Text bei F. Klemm (1954), S. 30 ff.
[3] Klemm (1954), S. 29 f.
[4] Über das Mittelalter und seine vereinzelten technologischen Ansätze, wie zum Beispiel im Bauhüttenbuch von Villard de Honnecourt (um 1245), vgl. Timm (1964), S. 9 ff.

gaben gedruckt werden, ist ein Beweis dafür, daß die Technik unter dem Einfluß der Entwicklung der Naturwissenschaften Fortschritte macht und die Lehren Vitruvs somit überholt sind. Weiterhin mag ein Grund sein, daß Vitruvs Werk mehr eine Bestandsaufnahme, wenn man so will, technikgeschichtlicher Art darstellte und weniger ein Lehrbuch im Sinne einer Vorlage, wie sie die „Maschinenbücher" darstellen.

Liegt schon bei Vitruv der Schwerpunkt seiner Ausführungen auf dem Gebiete des Festungs- und Geschützbaues, so wird die technische Literatur des Spätmittelalters und der frühen Neuzeit in gleich starkem Maße davon bestimmt. Hinzu kommt jetzt allerdings die sich rasch entwickelnde Technik des Bergbaues und des damit verbundenen Hüttenwesens. Demgemäß findet eine ingenieurmäßige Ausbildung nur auf diesen Gebieten statt[5]. So erscheinen im 15. und 16. Jahrhundert vorzüglich sogenannte Feuerwerksbücher, die sich hauptsächlich mit dem Geschützwesen befassen und sogenannte Bergbücher, die vom Bergbau berichten. Auch hier mögen zwei Beispiele genügen. 1540 veröffentlicht Vannoccio Biringuccio seine Schrift „De la Pirotechnia", die als Lehrbuch der chemisch-metallurgischen Technologie und des Artilleriewesens zu bezeichnen ist[6]. In der Landessprache verfaßt, wendet sich das Buch vor allem an den Praktiker und gibt ihm sachliche Erläuterungen und Ratschläge.

Das zweite Beispiel bildet das berühmte Buch über den Bergbau „De re metallica" (Basel 1556) von Georg Agricola (1494—1555). Hier verbinden sich technische Kenntnis und technologische Erkenntnisse miteinander. Agricola, ursprünglich Arzt, gelangt bei der Suche nach neuen Heilmitteln zur Mineralogie und damit zum Bergbau, dessen Nutzen und Notwendigkeit er mit seinem Buch zu demonstrieren sucht. Detaillierte Beschreibungen der Minerale, ihres Vorkommens und Abbaues, des Lebens der Bergleute und genaue Beschreibungen der verwendeten Maschinen und Geräte geben dem Buch den Charakter eines technologischen Werkes von solcher Vollkommenheit, wie sie erst wieder im späten 18. Jahrhundert erreicht wird.

Neben diesen erwähnten Werken, die in starkem Maße technologisch gehalten sind, entwickelt sich im 16. Jahrhundert eine andere

---

[5] H. Schimank, Der Ingenieur. Entwicklungsweg eines Berufes bis Ende des 19. Jahrhunderts. Köln 1961, S. 23 f.: „Im 15. u. 16. Jh. ... gab es zwei Hauptwege, auf denen ingenieurmäßige Kenntnisse erworben werden konnten: auf der einen Seite die Lehre bei einem tüchtigen Baumeister, bei einem Hüttenmeister oder einem im Bergwesen erfahrenen Kunstmeister, auf der anderen die Lehrzeit bei einem Kriegsbaumeister, einem tüchtigen Praktiker des Zeugwesens."

[6] Matschoß (1937), S. 69.

Form der „Maschinenbücher", welche sich vor allem mit der Mechanik befassen, die nun immer mehr in den Vordergrund tritt. In solchen Werken finden sich Abbildungen und Beschreibungen von Hebezeugen, Mühlen und Pumpen, alles Geräte zur Ausnutzung natürlicher Kräfte, deren man im Zuge einer verstärkten wirtschaftlichen Entwicklung immer mehr bedarf. Die Beschäftigung mit der Mechanik wird zu einer Liebhaberei besonders der höfischen Kreise, und deshalb tritt in den meisten Werken dieser Gattung der technologische Bezug, also die Frage der Nutzanwendung, oft in den Hintergrund. Bezeichnend dafür ist die Schrift „Le diverse et artificiose machine" des Italieners Agostino Ramelli (um 1530—1590), die 1588 in Paris erscheint und 1620 ins Deutsche übersetzt wird. Bereits die Vorrede macht deutlich, welchen Zweck Ramelli mit dieser Schrift verfolgt. Er widmet sie „allen Adelichen vnd vornehmen ingeniis, welche von Tugend angereitzet / sich in dieser vornehmen Mechanischen Kunst erlustigen / wie ein jeder wird sehen können / der jhme diß gegenwertige Buch / welches ich jhme praesentire, zu lesen wird beliben lassen / darinnen man alle wunderbahre Sachen sehen wird / so die Natur / Kunst oder menschlicher Verstand könne oder vermöge / mit dieser wissenschaft vor Menschlichen augen außzuüben"[7].

Ramelli reiht in seinem Buche Maschine an Maschine, wobei jeweils die Beschreibung nur eine Seite einnimmt. Seine Entwürfe sind nur auf dem Papier durchführbar, Probleme der Reibung, der Statik und der maximalen Leistung läßt er außer acht. Theodor Beck rechnet Ramelli deshalb auch nicht zu den Ingenieuren, sondern bezeichnet ihn als Laien[8], der mehr für Liebhaber als für Fachleute geschrieben habe. Der Hang zur Spielerei, zum Projektieren, wie er im 17. Jahrhundert immer stärker sich entwickelt[9], wird auch darin deutlich, daß Ramelli oftmals die gleiche Maschine mit jeweils kleinen Abwandlungen darstellt. Allerdings ist jene mehr spielerische Richtung, zu der in gewissem Maße auch der bereits erwähnte Heinrich Zeising gezählt werden muß, der unter anderem bei Ramelli Anleihen machte, nicht allein herrschend. Gegen Ende des 17. und besonders zu Beginn des 18. Jahrhunderts erscheinen auch Maschinenbücher, die durchaus

---

[7] A. Ramelli, Schatz-Kammer / Mechanischer Künste... Augspurg/Leipzig 1620. Vorrede. Gezählte Seite XI. f.
[8] Th. Beck, Beiträge zur Geschichte des Maschinenbaues. Berlin 1899, S. 208.
[9] Klemm (1954), S. 159: „Die mehr sachliche Einstellung in der Technik, die der Renaissanceepoche eigen war — Biringuccio, Agricola und Lorini sind Beispiele —, wich in der Folgezeit mehr und mehr. Bereits in der Spätrenaissance machte sich hie und da ein stärkerer Zug zu phantasiereicher Projektemacherei geltend, der manchmal, wenn auch positive Ergebnisse nicht zu leugnen sind, den Boden der Wirklichkeit unter den Füßen verlor."

2a. Die Maschinenbücher

nützliche und leistungsfähige Maschinen darstellen. Hier liegen dann genaue Berechnungen vor, und auch die gezeichneten Proportionen lassen einen Nachbau zu.

Zu den Verfassern solcher wirklich brauchbaren Werke zählt auch der sächsische Mechaniker Jakob Leupold, der in seinen zahlreichen Schriften die Mechanik in ihrer Bedeutung für die Wohlfahrt des Landes aufzuwerten sucht. 1674 wurde Leupold in Planitz bei Zwickau als Sohn eines Handwerkers geboren. Mit der Absicht, Theologie zu studieren, bezog er die Universitäten Jena und später Wittenberg, mußte aber wegen Geldmangel sein Studium abbrechen. Nach weiteren Versuchen, sich in Leipzig sein Geld durch Erteilung von Privatunterricht in „Civilbaukunst" zu verdienen, gab er den Plan, weiter zu studieren, auf und eröffnete in Leipzig eine Mechanikerwerkstatt. Leupold gelangte bald zu hohem Ansehen, gelehrte Gesellschaften ernannten ihn zu ihrem Mitglied, und Preußen verlieh ihm den Titel „Commericen-Rath"[10]. 1724 erschien dann der erste Band seines „Theatrum machinarum oder Schauplatz des Grundes mechanischer Wissenschaften", dem bis zu seinem Tode, 1727, noch weitere sieben Bände folgten. Posthum erschienen dann noch ein weiterer Band (1735) sowie ein Supplementband mit angefügtem Register (1739). Teile des Werkes erlebten noch 1802/3 eine Neuauflage[11].

Leupold unternimmt im „Theatrum machinarum" den erfolgreichen Versuch, das gesamte Wissen seiner Zeit über die Mechanik und ihre Anwendungsbereiche zusammenzutragen, wobei er jedoch nicht unkritisch Material anhäuft, sondern stets die optimalen Lösungen sucht. Vor allem beschäftigen ihn das Problem der „Friction", also der Reibung, und die richtige „Application der Kraft" bei den Maschinen[12]. Die Kenntnis der Reibung läßt Leupold auch auf jene Projektemacher herabsehen, die immer wieder versuchen, ein Perpetuum mobile zu erfinden[13]. Über die Verminderung der Reibung schreibt Leupold ausführlich im zweiten Teil des dritten Bandes. Dort stellt er vier Grund-

---

[10] Matschoß (1937), S. 108.
[11] Eine genaue Bibliografie findet sich bei Klemm (1954), S. 437.
[12] J. Leupold, Theatrum machinarum hydraulicarum. To. 2. Leipzig 1725. Vorrede. (Abgedruckt bei Klemm (1954), S. 234.)
[13] Leupold (1725), Vorrede. Abgedruckt bei Klemm (1954), S. 233: „Etliche wollen mit wenig Kraft große Gewalt tun, und zwar eben in solcher Zeit. Mit wenig Worten: Sie suchen dasjenige, was schon vor undenklichen Jahren ihrer verschiedene mit entsetzlichen Kosten, Sorgen und Mühe zwar in Gedanken gefunden, aber ehe es zum Effekt gekommen, zu ihrem großen Leidwesen, wieder verloren, nämlich das Perpetuum mobile; denn wer da suchet mit der Kraft mehr auszurichten, als unser bisheriger Calculus oder Theorie bei der Mechanic ausweiset, der suchet wie wohl vergeblich, das Perpetuum mobile, und wird es auch nicht finden..."

regeln auf, die eine maximale Leistung der Maschine gewährleisten sollen: „Wer dahero mit seinen Maschinen meist soviel ausrichten will, als die Theorie lehrt, der schaffe so viel möglich alle Friction ab, welches geschiehet: 1. Wenn die Maschine schnell gehet, 2. Daß sie nicht allzusehr beschweret wird, 3. Daß wenig Teile und Stücke sind, die sich auf ihren Lagern bewegen oder auf einander reiben, rutschen, schleifen, oder stemmen müßten, 4. Daß alle solche Teile hart, glatt rund, eben seien und nirgend an genugsamer Schmiere ermangle...[14]." Aus diesen Grundregeln leitet sich auch seine Forderung ab, möglich einfache Maschinen zu bauen, die nur aus wenigen Teilen bestehen und somit wenig Reibungsflächen aufweisen[15].

Wendet sich Leupold mit seinen Entwürfen und Konstruktionen in erster Linie an die „Kunstmeister und Mechanici" (heute würde man vielleicht Maschineningenieure sagen), so bemüht er sich andererseits um eine Aufwertung seines Berufsstandes und stellt verschiedentlich den Nutzen des Maschinenbaues für die Wirtschaft heraus. Bereits in der Vorrede betont Leupold ausdrücklich, daß der Zweck seines Werkes, das er August dem Starken widmet, „auf das Aufnehmen der Künste, Berg-Wercke, Manufacturen und allen dem, was in diesem Stück zum Nutzen des Landes dienen kann, gerichtet ist"[16]. Er weist darauf hin, daß die „Commercien" von Manufakturen, dem Bergbau und der Landwirtschaft abhängig sind, diese wiederum aber basieren auf den Erkenntnissen der Mechanik und Physik. Nur mit ihrer Hilfe können neue Erfindungen gemacht und Verbesserungen vorgenommen werden und somit Handel und Gewerbe zur Blüte gelangen[17].

Warum er diese Feststellungen so betont, zeigt sich auf den anschließenden Seiten der Vorrede; denn dort beklagt er die allgemeine Unkenntnis, die über die mechanischen Wissenschaften herrscht. Vor allem kritisiert Leupold die Beamten, die seiner Meinung nach ohne diese Wissenschaften nicht in der Lage sind, gründliche Arbeit auf dem

---

[14] Ebd., S. 130. Abgedruckt bei Klemm, S. 235.
[15] Ebd., S. 143. Abgedruckt bei Klemm, S. 235.
[16] J. Leupold, Theatrum machinarum generale. Leipzig 1724.
[17] Leupold (1724), Widmung: „Ich halte davor und will es künfftig durch öffentlichen Druck weitläufftiger erweisen, daß die Mathematischen, Physicalischen und Mechanischen Wissenschafften, wo nicht das vornehmste, dennoch eines der wichtigsten Mittel ist, ein Land in Wohlstand und Aufnehmen zu bringen. Die meisten, ja fast alle Commercien entstehen von Manufacturen, Bergwercken und guter Oeconomie, aber alle diese sind wieder auf Mechanische und Physicalische Gründe gebauet, ohne welche sie nicht bestehen, oder bey dem alten Schlendrian bleiben müssen, aber durch diese Künste und Wissenschaften kan täglich, ja stündlich was neues erfunden werden, das alte verbessert und in glücklichen Stand gebracht werden."

2a. Die Maschinenbücher

Gebiete des Handels und der Gewerbe zu leisten, besonders wenn es darum geht, Streitigkeiten zu schlichten, oder Recht zu sprechen. Sie sind dann auf andere fachkundige Personen angewiesen und müssen deren Urteil auf Treu und Glauben hinnehmen. Das Zitat (Anm. 18) wird deshalb in vollem Wortlaut gebracht, weil es eine erstaunliche Ähnlichkeit mit den aus Rohrs „Haushaltungs-Bibliotheck" zitierten Textstellen aufweist, was den Schluß zuläßt, daß Leupold diese gekannt hat, zumal sie ebenfalls in Leipzig erschienen ist[19].

Eine weitere Übereinstimmung mit den Gedanken Rohrs zeigt sich, wenn man bei Leupold weiter liest, daß in den Schulen ein besonderer Unterricht über die Grundlagen der Geometrie und der Mechanik stattfinden solle, damit in Zukunft die Menschen die Technik nicht mehr als ein Wunderwerk anstaunen, sondern ihren Nutzen erkennen und daraus praktische Schlußfolgerungen für den Alltag ziehen[20]. Rein inhaltlich gesehen bieten die Äußerungen Jacob Leupolds nichts wesentlich Neues. In den vorangegangenen Kapiteln wurden zum Teil zeitlich früherliegende Zitate aufgeführt, die ähnliche Forderungen enthalten. Aber es kommt unserer Meinung nach gar nicht in erster Linie darauf an, was hier ausgesprochen wird, sondern wer es ausspricht! Bei Becher, Rohr, Leibniz und anderen erscheint es verständlich und vor allem logisch, daß sie auf Grund ihrer wissenschaftlichen und praktischen Fähigkeiten und auch ihrer beruflichen Positionen Verbindungen zwischen der Wirtschaft und der Technik erkennen und diese zu intensivieren suchen. Leupold hingegen ist Auto-

---

[18] Ebd., Widmung: „... denn ohne diese Wissenschaft können weder Bergwercke, Manufacturen noch Oeconomie in besseres Aufnehmen gerathen; ohne diese Wissenschafft können Beamte und Commissarien, die bey Mühlen- Wasser- und anderen Kunst-Wercken und Handwerckern sollen Nachricht einziehen, Recht sprechen, oder die Partheyen entscheiden, nichts Grundmäßiges berichten weil sie die Sachen selbst nicht verstehen, sondern glauben müssen, was ihnen von andern vorgeschwatzt wird; ohne diese Fundamente muß sich einer, der neue Künste und Maschinen anlegen oder bauen will, von jeden, auch öffters von Ignoranten, betriegen und verleiten lassen, ja ohne diese Fundamente muß man bey Hofe, in der Cammer und Bergamt viel vergebliche Zeit zubringen, und sich öffters güldene Berge von solchen selbst gewachsenen Meistern der Künste vorschwatzen und vorlügen lassen, und weil man es selbst nicht verstehet, entweder glauben oder betrogen werden, ja nicht glauben, und doch auch sich betrügen, weil man öffters was Gutes und Nützliches ausschlagen und dem Lande eines großen Nutzens berauben wird."

[19] Vgl. S. 69.

[20] Leupold (1724), Widmung: „Ja alle Machinen und Kunstwercke sehen wir ohne fundamentale Erkäntniß dieser Kunst, zwar mit Verwunderung, aber ohne Erkäntniß und Nutzen, wir bewundern und erheben auch öffters aus solcher Unwissenheit was gar nicht zu bewundern noch lobenswert ist, und solte dahero keine Schule seyn, darinnen nicht wenigstens die Anfangs-Gründe der Geometrie und Mechanic gezeiget würden, so doch ohne besondere Kosten, nur durch eine gute Anstalt geschehen könte."

didakt. Er ist in erster Linie ein Praktiker, stammt aus dem handwerklichen Bereich, wenn er auch auf Grund seiner Schulbildung unter den „Mechanicis" seiner Zeit eine hervorragende Stellung einnimmt. Er ist eben nicht der Nur-Techniker, dessen Fähigkeiten durch handwerkliches Geschick und eine gewisse Kenntnis von dazu unbedingt nötigen wissenschaftlichen Lehrsätzen bestimmt sind, sondern er verbindet eine überdurchschnittliche theoretische und praktische Begabung mit der Fähigkeit, in größeren Dimensionen denken zu können. Eine Wassermühle beispielsweise ist für ihn nicht lediglich ein nutzbringendes Mittel für einen Müller an einem ganz bestimmten Ort, sondern gleichzeitig wichtiger Teil eines wirtschaftlichen Ganzen. Hier trifft sich der Ingenieur Leupold mit dem Kameralisten Rohr, nämlich in der Erkenntnis, daß Technik und Technologie einen wichtigen Bestandteil des Wirtschaftsprozesses bilden.

Zumindest in Deutschland stellt Leupold mit dieser Auffassung eine Ausnahme dar. Bestimmend bleibt auch für spätere Jahrzehnte noch der reine Techniker, dessen Erfindungen von den im Wirtschaftsleben tätigen Personen erprobt und eingesetzt werden. Daß Leupold mit seiner Betrachtungsweise nicht ganz allein steht, beweist das Wirken des Schweden Christopher Polhem (1661—1751), der, ebenfalls wie Leupold, nicht nur technisch, sondern auch technologisch zu denken vermag. Polhem, dessen Einfluß auf Deutschland nicht zu unterschätzen ist, beschäftigt sich, wie übrigens Leupold zeitweise auch[21], mit der Entwicklung von Maschinen für den Bergbau. Ferner errichtet Polhem bereits 1697 in Stockholm ein „Laboratorium mechanicum", das als „Versuchs-Forschungs- und Ausbildungsanstalt"[22] dient, und stattet es mit zahlreichen selbstgefertigten Modellen aus. Außerdem ist er auch publizistisch tätig und veröffentlicht zahlreiche Aufsätze in ökonomischen Zeitschriften[23]. 1746 schreibt Polhem sein „Patriotiska testamente", das in seinem Todesjahr erscheint und auch ins Deutsche übersetzt wird unter dem Titel „Politisches Testament oder Unterricht für diejenigen welche Manufacturen anlegen wollen"[24]. Hier zeigt sich, daß Polhem die Entwicklung der Technik in engem Zusammenhang mit der Wirtschaft sieht und die Frage der Wirtschaftlichkeit bei ihm eine wichtige Rolle spielt.

---

[21] J. Leupold, Kurtzer Entwurff, auf was Arth die Verbesserung des Maschinen-Wesens bey denen Bergwercken zu veranstalten. Leipzig 1725.
[22] Timm (1964), S. 27.
[23] Polhem schreibt zum Beispiel mehrere Aufsätze in den „Abhandlungen der Königlich Schwedischen Akademie der Wissenschaften", die seit 1739 erscheinen.
[24] Übersetzung in: Sammlung verschiedener Schriften, welche in die öconomischen ... Wissenschaften einschlagen. Hrsg. von D. G. Schreber. Teil 12. Halle 1764.

2 b. Die Beschreibung von Handwerken, Manufakturen und Fabriken, ihren Arbeitsgeräten und Maschinen sowie ihren Produktionsweisen

In der Einleitung wurde bereits betont, daß der Begriff der Technologie in erster Linie die Lehre von den Handwerken und später auch von den Manufakturen und Fabriken umfaßt. Auf diesem Gebiet entwickelt sich seit der frühen Neuzeit eine spezielle Literatur, deren innerer Zusammenhang in diesem Abschnitt kurz aufgezeigt werden soll. Mit einer gewissen Berechtigung könnte man sich auch hier wieder auf die Antike berufen[25], doch bietet das vorhandene Material für unseren Zusammenhang kaum Aufschlüsse und hat auf die Entwicklung des hier in Frage kommenden Schrifttums kaum Einfluß gewonnen. Erste Ansätze aber zeigen sich im späten Mittelalter, wenn auch eine technologisch beeinflußte Absicht wohl nicht dahinter steht. Als ein Beispiel sei hier das sogenannte „Mendelsche Hausbuch" der Zwölfbrüder-Stiftung in Nürnberg erwähnt. Dort stiftete, vermutlich im Jahre 1388, der Nürnberger Konrad Mendel ein Asyl für schuldlos verarmte oder vermögenslose Handwerker. Nach dem Vorbild der zwölf Apostel lebten stets zwölf Brüder in der Stiftung, deren Verwaltung von einem Pfleger übernommen wurde. „Jeder Bruder und jeder Pfleger wurde in einem großen Album porträtiert, und zwar jeder Bruder so, wie er sich als Handwerker betätigte. Das älteste Album der Stiftung, das bis zum Jahre 1549 reicht, ist erhalten[26]." Es enthält Bilder von etwa 330 Brüdern in ihren Werkstätten. Wenn auch die Abbildungen in erster Linie als Porträts gedacht sind, so erhalten wir doch wertvolle technologische Aufschlüsse über die handwerkliche Technik des Spätmittelalters[27]. Überhaupt bietet die Kunstgeschichte einen tiefen Einblick in das Handwerksleben dieser Zeit, wobei, wie Feldhaus mit Recht feststellt, vor allem die Zeichnungen und Vignetten wenigerbedeutender Meister in den Bilderhandschriften dieser Zeit zu beachten sind[28]. Werke mit technologischem Gehalt finden sich aber erst nach der Erfindung des Buchdrucks, der ihnen auch einen größeren Leserkreis sichert.

Als eine der ersten Schriften, die unter anderem auch den Bereich des Handwerks zu erfassen sucht, ist die 1499 in Venedig erschienene Schrift „De inventoribus rerum libri tres" des Italieners Vergilio

---

[25] Hierbei ist vor allem an Platon und Plutarch zu denken. Vgl. die Einleitung bei Klemm (1954).
[26] F. M. Feldhaus, Die Technik der Antike und des Mittelalters. Potsdam 1931, S. 335.
[27] Vgl. Timm (1964), S. 20 und S. 114.
[28] Feldhaus (1931), S. 383.

Polydoro (Vergilius Polydorus Urbinas) zu nennen, die zunächst in lateinischer Sprache mehrere Auflagen erlebt und 1537 in Augsburg erstmals in deutscher Sprache erscheint. Zahlreiche weitere Auflagen folgen[29]. Die Ausgabe von 1537 enthält 133 Holzschnitte, die teilweise technologischen Inhalts sind, und umfaßt im Gegensatz zum Original acht Bücher[30]. Der Haupttitel des Werkes lautet in der deutschen Übersetzung: "Von den erfyndern der dyngen". Wer nun aber eine Geschichte der Erfindungen, also eine Art Technikgeschichte erwartet, wird enttäuscht; denn Vergilius Polydorus faßt den Begriff „erfyndung" wesentlich weiter. Das zeigt sich schon im langen Untertitel, der einer Inhaltsangabe gleichkommt[31]. Er versteht neben der Erfindung im heutigen Sinne darunter auch den Ursprung, die Entstehung einer Sache schlechthin. So verwundert es nicht, daß er dazu beispielsweise auch die Erschaffung des Menschen, die Religion und die „Pollicey" (sic!) rechnet. Man könnte das Buch, allerdings sehr anachronistisch, als eine Art Kulturgeschichte bezeichnen, jedenfalls was die Zusammenstellung der Fakten betrifft. Polydorus hat sein Werk vor allem, wie er in der Vorrede darlegt, geschrieben, „eins tails darumb / daß kainer seines lobs beraubet wurde. Dann erfinden ist das erst vnd fürnämlichst / Vnd der erfundenen sach ehere /zeücht so gar vil zum wolgefallen irer selbs / also das ein yegliches / geren der vrheber oder anfänger gennet wurd / wann es gesein möchte / Eins thayls auch / damit die yhenige / soch nachzuuolgen begerend / wissen möchtend / wenn sie nachuolgen soltend /."

Trotz der Einteilung in acht Bücher ist, zumindest für unser heutiges Verständnis, der Inhalt in der Reihenfolge ziemlich wahllos zusammengestellt. Lediglich die letzten vier Bücher behandeln ausschließlich Gebiete, die im sakralen Bereich liegen, wenn auch die einzelnen Sparten einen wenig logischen Aufbau verraten. Im ersten Buch handelt Vergilius Polydorus Astrologie, Arithmetik, Geometrie, Maße und Gewichte, Zahlen, Medizin, Magie und Nekromantie ab, im zweiten Buch Recht, Gesetze, Chronologie, das Schreiben und die Papierher-

---

[29] Die Daten der meisten Ausgaben finden sich bei J. Beckmann, Beyträge zur Geschichte der Erfindungen, Band 3. Leipzig 1792, S. 564—578.

[30] Das lateinische Original war leider nicht greifbar, vermutlich handelt es sich aber nur um eine andere Aufteilung.

[31] „Von den erfyndern der dyngen. Wie und durch wölche / alle dyng / nämlichen / alle Künsten / Handwercker / auch alle andere Händel / Geystliche und Weltliche sachen / Als Polliceyen / Religiones / Orden / Ceremonien / und anders etc. betreffende / von dem maysten / biß auff dise unsere Zeit / geübt vnd gepraucht / Durch Polydorum Vergilium / von Urbin / in Acht bücheren / aygentlich im Latein beschriben / vnd jetzund newlich durch Marcum Tatium Alpinum / grüntlich / vnd aufs fleissigst jns Teütsch transferiert vnd gepracht / mit schönen figuren durchauß gezeyret / jedem Menschen nutzlich vnd kurtzweylig zu lesen."

2b. Die Beschreibung von Handwerken, Manufakturen und Fabriken

stellung, die Kriegskunst, die Reitkunst, die Olympischen Spiele, die Schauspielkunst und die Kroninsignien, wobei er dann auch handwerkliche Tätigkeiten beschreibt. Hier berichtet er, „wer erstlich das Gold / Sylber / Eysen / Bley / Mössing / vnd der Schmiden werckzeug / auch das Feüwer / erfundenn habenn / Nachmalenn auß den Feüwersteynen / oder Höltzern / auch die Blaßbälck / vnd von des Liechts brauch".

Bemerkenswert ist, daß in diesem Kapitel von den deutschen Herausgebern ein Holzschnitt zur Illustration eingefügt ist, der die Abbildung einer großen Anzahl von Schmiedewerkzeugen zeigt. Ähnliches findet sich im dritten Buch, wo neben der Beschreibung des Ackerbaues Ackergeräte und bei der Beschreibung der Zimmermannskunst fast sämtliche damals bekannten Werkzeuge der Zimmerleute abgebildet sind. Diese Beispiele mögen genügen, um nachzuweisen, daß hier durchaus technologische Aspekte vorhanden sind. Dennoch wäre es übertrieben, dahinter schon klare technologische Vorstellungen zu vermuten[32]. Polydorus geht es nur um eine Bestandsaufnahme, keinesfalls aber sieht er seine Schrift als Lehrbuch an, aus dem man praktische Hinweise für eine Verbesserung handwerklicher Tätigkeiten entnehmen kann.

Das Buch des Vergilius Polydorus gibt im Laufe der nächsten zwei Jahrhunderte den Anstoß zu ähnlichen Werken. Überhaupt setzt nun ein stärkeres Interesse für das Handwerk ein. Zahlreiche Schriften erscheinen, die, oft nur für einen engen lokalen Bereich gedacht, mit dem Handwerk, seinen Arbeits- und auch seinen Lebensgewohnheiten sich befassen[33].

Einen weitreichenden Einfluß auf die Entwicklung technologischen Schrifttums für den Bereich des Handwerks übt wiederum das Werk eines Italieners aus. Thomaso Garzoni veröffentlicht 1585, genau wie Vergilius Polydorus, in Venedig seine „Piazza universale", in vielen Dingen dem Werk des Vergilius Polydorus nachempfunden. Dieses Buch wird in Italien ein großer Erfolg, wie die bis 1665 erschienenen siebzehn (!) Ausgaben beweisen. Eine deutsche Ausgabe erscheint 1615. Die letzte von 1659 liegt unserer Untersuchung zugrunde, da sie als Vorlage für deutsche Werke ähnlicher Art diente.

---

[32] „It was the work of a Churchman, not of a Craftsman, written from a scholar's point of view, not from the workman's", schreibt J. Ferguson in seinem Aufsatz Notes on the work of Polydore Vergil. In: Isis. Band 17, 1932, S. 75.
[33] Dazu zwei Beispiele: 1. J. Newdöffer, Nachrichten von den vornehmsten Künstlern und Werckleuten, so innerhalb 100 Jahren in Nürnberg gelebt haben. Nürnberg 1547. 2. F. Frise, Der vornehmsten Künstler und Handwerker Ceremonial-Politica. 3 Teile. Leipzig 1708, 1716, 1728.

Garzonis Schrift erscheint unter dem Titel: „Piazza Universale. Das ist Allgemeiner Schauplatz / Marckt vnd Zusammenkunfft aller Professionen / Künsten / Geschäfften / Händeln vnd Handwercken / etc. Wann vnd von wem dieselbe erfunden: Wie sie von Tag zu Tag zugenommen: Sampt außführlicher Beschreibung alles dessen / so darzo gehörig: Beneben deren vorfallenden Mängln der Verbesserung: Allen Politics, auch jedermännigklich / weß Standts der sey / sehr nutzlich." Diese Ausgabe ist im Gegensatz zu der italienischen mit Holzschnitten des damals sehr bekannten Holzschneiders Ammann reich bebildert.

Garzoni beschränkt sich in seiner Darstellung allein auf Berufe. Insgesamt stellt er 153 Berufe beziehungsweise Berufsgruppen vor; denn die Schmiede werden je nach ihren speziellen Arbeitsbereichen unterschieden. Die Zusammenstellung weist zwar keine Vollständigkeit auf, gibt aber doch einen Querschnitt durch das gesamte damalige Berufsleben. Der Gelehrte wird ebenso aufgeführt wie der Kriegsmann, der Handwerker und kurioserweise sogar der Bettler und der Scharlatan.

Immerhin ist bei Garzoni ein gewisser Zug zur Systematik vorhanden, indem er in den einzelnen Gruppen einander verwandte Berufe zusammenfaßt, was besonders bei der Behandlung der Handwerker auffällt. Auch bei der Beschreibung der einzelnen Berufe wird ein Ordnungsprinzip deutlich, weil Garzoni, vorwiegend bei den handwerklichen Berufen, stets die Geschichte, dann ihre Arbeitsinstrumente und Erzeugnisse und schließlich den Herstellungsvorgang schildert. Allerdings erscheinen seine Darlegungen sehr laienhaft und verraten oftmals ein sehr geringes Verständnis für technologische Vorgänge. Vielfach ist der Text nur mit Hilfe der beigegebenen Abbildungen einigermaßen verständlich.

Zeitüblich bleibt Garzonis starke Abhängigkeit von den Autoren der Antike. Am Ende des Buches befindet sich ein „Register der Authorum / vnd Scribenten / auß welchen dieses Werck genommen", in dem ungefähr 1100 Namen aufgeführt sind, wobei der größte Teil aus Schriftstellernamen der Antike und der ersten nachchristlichen Jahrhunderte besteht. Eine wahre Häufung von solchen Namen, verbunden mit aneinandergereihten Lesefrüchten bietet der „general Discurs von allen Wissenschaften / Künsten vnd Handwercken insgemein"[34]. Neben einer kurzen Geschichte der einzelnen Wissenschaften bemüht sich Garzoni um eine Aufwertung der Wissenschaften und der freien Künste, im besonderen aber auch der „gemeinen geringen Hand-

---
[34] Garzoni (1659), S. 25—34.

2b. Die Beschreibung von Handwerken, Manufakturen und Fabriken 117

wercke"³⁵. Die bebilderte deutsche Ausgabe bietet, wenn auch nicht speziell dem Praktiker, so doch dem interessierten Laien einen über das Übliche hinausgehenden Einblick in die Welt des Handwerks und stellt deshalb für die frühen Kameralisten ein vielbenutztes Hilfsmittel dar, wie die Hervorhebungen beispielsweise noch bei Rohr beweisen.

Der Einfluß des Buches von Garzoni geht erst zurück, als in Regensburg 1698 der Nürnberger Kupferstecher und Verleger Christoph Weigel (1654—1725) ein Werk veröffentlicht, das wesentlich aktueller wirkt als das über hundert Jahre ältere von Garzoni. Unter dem Titel „Abbildung der Gemein-Nützlichen Haupt-Stände"³⁶ legt Weigel einen Querschnitt durch alle Berufe vor, der seine Verwandtschaft mit Garzonis Darstellung nicht leugnen kann. Vermutlich faßte Christoph Weigel den Plan zu diesem Werk unter dem Einfluß seines Vetters, des damals weithin bekannten Jenaer Professors der Mathematik und Liebhabers der mechanischen Wissenschaften Erhard Weigel (1625—1699), für den er in Jena mathematische Instrumente anfertigte³⁷. Erhard Weigel, bekannt als Lehrer von Leibniz und Pufendorf sowie als Verfasser reformpädagogischer Schriften, die nicht zuletzt auf Thomasius und Semler einwirkten, veröffentlichte 1672 in Jena eine Schrift unter dem Titel „Vorstellung der Kunst- und Handwercke / nebst einem kurzen Begriff des Mechanischen Heb- und Rüst-Zeugs".

Christoph Weigel, als Kupferstecher selbst Handwerker, hat sein Werk klar, wenn auch nicht immer nach sinnfälligen Gesichtspunkten gegliedert. Statt die Berufe streng nach ihren Verarbeitungsmaterialien zu ordnen, stellt sie Weigel in ihren Funktionen für den Staat dar. In der ersten Abteilung zeigt er den Regenten und seine Aufgaben und ferner seine Hilfskräfte, Räte, Schreiber und Hofbedienstete. Noch deutlicher wird dieses System in der zweiten Abteilung. Dort faßt er „Eine wohlgefaßte Regierung Beschützender und zu dem Krieg zu Land behülfflicher Stände zusammen. Der Anschaulichkeit

---

³⁵ Ebd., S. 33: „vnd ob schon etliche sehr verachtet und verschmähet / so zieren doch nicht allein / wie gehört / ein gantze Statt / sondern machen auch / daß alle andere Künste desto herrlicher scheinen / gleich wie die Stralen der Sonnen zwischen den dunkeln Wolcken hindurch stechen."
³⁶ Untertitel: „Von denen Regenten und ihren so in Friedens- als Kriegs-Zeiten zugeordneten Bedienten / biß auf alle Künstler und Handwercker. Nach jedes Ambts- und BeruffsVerrichtungen / meist nach dem Leben gezeichnet und in Kupfer gebracht / auch nach dero Ursprung / Nutzbar- und Denckwürdigkeiten / kurtz doch gründlich beschrieben / und ganz neu an den Tag geleget."
³⁷ Thieme-Becker, Allgemeines Lexikon der Bildenden Künstler. Band 35. Leipzig 1942. Artikel Weigel, S. 277 f.

halber seien sie kurz angeführt: 1. Soldat, 2. Ingenieur, 3. Minier, 4. Constabel/Bombardier und Feuerwerker, 5. Stuck- und Glockengießer, 6. Pulvermacher, 7. Plattner oder Harnischmacher, 8. Panzermacher, 9. Schwerdtfeger, 10. 11. Büchsenmacher und Schiffter, 12. Bogner.

In anderen Abteilungen wiederum erscheinen die Zusammenstellungen durchaus von technologischen Gesichtspunkten bestimmt. So umfaßt die vierzehnte Abteilung die „den Stahl und Eisen auf mancherley tractierenden Stände". Hier bildet also das allen Berufen gemeinsame Rohprodukt den Ordnungsfaktor, eine Form technologischer Gliederung, die bis zu Beckmann vorherrschend bleibt. Die vierzehnte Abteilung setzt sich wie folgt zusammen: 1. Der Zeiner, 2. Windenmacher, 3. Schlosser, 4. Zirckelschmied, 5. Ring- und Taschen-Beschläg-Macher, 6. Neberschmied, 7. Feilenhauer, 8. Messerschmied, 9. Ahlenschmied, 10. Schleiffer, 11. Polierer, 12. Nadler, 13. Huff- und Waffenschmied, 14. Flaschner, 15. Spohrer, 16. Rincken- und Ketten-Schmied, 17. Nagler.

Vergleicht man die oben angeführte zweite Abteilung mit dieser vierzehnten, so wird ersichtlich, daß Weigel mit seinem Ordnungsprinzip in Konflikt kommt; denn konsequenterweise hätte er beispielsweise die in der zweiten Abteilung unter 5. und 7.—11. angeführten Berufe in die vierzehnte Abteilung eingliedern müssen, da sie ebenfalls Stahl und Eisen „tractieren".

Vom technologischen Standpunkt her gesehen, bietet Weigel erstaunlich viel. Wenn die einzelnen Berufsbeschreibungen auch recht kurz sind und das Bild mehr im Vordergrund steht, so geht er doch oft auf die Geschichte des betreffenden Berufszweiges ein und gibt eine, wenn auch sehr knappe Darstellung des Arbeitsvorganges. Vielfach führt Weigel nur die Fertigungsprodukte an. Für den Kameralisten jener Zeit ist das Werk Weigels, nicht zuletzt wegen seiner instruktiven Abbildungen, eine Art Handbuch, das ihm infolge seiner umfassenden Vielfalt zumindest einen ersten Eindruck von der ihm größtenteils fremden technologischen Materie vermittelt.

Als Hilfsmittel für den speziellen Gebrauch des Handwerkers entwickelt sich seit dem Ende des 17. Jahrhunderts in verstärktem Maße eine Sonderform der hier behandelten Literatur. Es erscheinen sogenannte „Schulen" (Webschule u. ä.), die jeweils einen Ausschnitt aus dem oben genannten Bereich geben. Dabei wird meist nur ein bestimmtes Handwerk näher beschrieben, also eine Technologie dieses Berufszweiges geboten. Bereits der oft verwandte Beititel „Schule" macht deutlich, daß es sich hier um ein Lehrbuch handelt. Auch der

2b. Die Beschreibung von Handwerken, Manufakturen und Fabriken

vielseitige Kameralist Paul Jacob Marperger (1656—1730), der vor allem in Sachsen und Preußen wirkt und sich besonders um eine Entwicklung der „Commercien" verdient macht, veröffentlicht neben zahlreichen „Historisch-mercatorischen" Beschreibungen, die ein bemerkenswert technologisches Verständnis verraten, 1719 eine „Beschreibung des Hutmacher-Handwerks".

Den eigentlichen Anstoß zu dieser Entwicklung geben neben der englischen „Royal Society", die sich, wie bereits erwähnt, um eine Bestandsaufnahme der Handwerke und ihrer Verfahrensweisen bemüht, die Akademie der Wissenschaften zu Paris. Bereits 1711 erhält der junge R. A. Ferchault de Réaumur (1683—1757) den Auftrag, das seit 1695 gesammelte Material über die Verfahrensweisen und neuen technischen Erfindungen auf dem Gebiet des Handwerks und der Manufakturen zu sichten und eine Drucklegung vorzubereiten. Erst nach Réaumurs Tod erscheint 1761 das umfangreiche Werk, das bis 1789 121 Teile mit über tausend Kupfern aufweist. Die Bände sind so gehalten, daß sie auch einzeln erworben werden können. Besonders die Handwerker sollen auf diese Weise zu einem relativ geringen Preis die neuesten Entwicklungen in ihrem Handwerk kennenlernen. Die „Descriptions des arts et métiers" stehen noch ganz unter dem Einfluß des Colbertschen Merkantilismus. Die fast zur gleichen Zeit erscheinende „Encyclopédie" von Diderot und d'Alembert, die auf einer neuen geistigen Grundlage basiert, wird noch in einem anderen Zusammenhang behandelt.

Gleichzeitig mit dem Erscheinen der ersten Bände der „Descriptions", die, wie bereits erwähnt, von Justi ins Deutsche übersetzt wurden, veröffentlicht in Brandenburg und Leipzig Johann Samuel Halle (1730—1810), Professor der Geschichte am Kadettenkorps in Berlin, den ersten Band seiner „Werkstäte der heutigen Künste oder die neue Kunsthistorie", die bis 1779 auf sechs Bände anwächst. Dabei handelt es sich keinesfalls um eine Nachahmung der „Descriptions"; denn Halle beginnt mit seinen Vorarbeiten bereits lange vor deren Erscheinen.

Mit welchen Schwierigkeiten er im Gegensatz zu Réaumur zu kämpfen hatte, schildert er selbst in der Vorrede zum ersten Band. Ihm stand vor allem das Mißtrauen der Handwerker entgegen, das ihm die genaue Kenntnis der Arbeitsweisen oft verwehrte. In der Vorrede zum zweiten Band geht er auf Justis Übersetzung der „Descriptions" ein und beklagt, daß er bei der Beschaffung des Materials und der Sichtung ganz allein auf sich gestellt gewesen sei, was auch die längeren Zeiträume zwischen dem Erscheinen der verschiedenen Bände erkläre. Halle begründet die Abfassung seines Werkes mit dem eklatanten Mangel an solchen Schriften. Außer den Büchern von Garzoni und Weigel, „nebst einem Paar zerstreuter Schriften", sei nichts über die Handwerke zu finden, wobei Weigel und Garzoni sich „indessen nur mit alten zusammengetragenen Geschichten" beschäftigt hätten, „die das Wesen einer jeden Kunst unberührt lassen". In erster Linie hat Halle den Gemeinnutzen im Auge; denn seiner Meinung nach gehen viele nützliche Erfindungen verloren, weil ihr Erfinder sie nicht preisgeben will oder sie aus finanziellen Gründen nicht publizieren kann[38].

Wie Garzoni und Weigel ist auch Johann Samuel Halle bei seinem Werk um eine Systematik bemüht. Allerdings weiß er um die Schwierigkeiten. Viele Wege sind gangbar, so stellt er fest. Man könne bei den Künsten diejenigen zusammenfassen, die sich aufeinander beziehen, miteinander verwandt sind oder alle „an einem gewissen Ganzen arbeiten". Dabei gibt es seiner Meinung nach Überschneidungen. Trotzdem entscheidet er sich für eine Methode: „Ich wil also einen Versuch machen, diese mechanischen Künste einigermaßen einzuteilen. Man wird daraus wenigstens überzeugt werden, wie weitläufig ihr Bezirk ist." Da der von Halle gebrauchte Begriff der „mechanischen Künste" im bisherigen Sprachgebrauch sehr eng gefaßt ist, gibt er eine eigene Definition. „Mechanisch" ist bei ihm mehr im Sinne von „manuell" zu verstehen. Auch den Begriff der Kunst engt er auf das Manuelle, Handwerkliche ein[39].

Seine Systematik der mechanischen Künste umfaßt folgende Hauptgruppen: 1. alle Künste, die sich mit der Ver- und Bearbeitung von Stoffen befassen, 2. Lederarbeiten, 3. Stein- und Erdverarbeitung, 4. Behandlung und Umwandlung von Korn- und Erdfrüchten, 5. Holzverarbeitung, 6. Haar- und Pelzverarbeitung, 7. Hornverarbeitung, 8. Be- und Verarbeitung von Metallen (naturgemäß die dominierende Gruppe), 9. Glasherstellung und Siederei (Seife, Lichte, Zucker usw.).

---

[38] Halle (1761—1779), Band 1. Vorrede: „Es mag ein Künstler seine Arbeit aus dem Grunde verstehen; er sei fleißig, besizze vorzüglichen Wiz; er kere seine Versuche oft genung um, er mache hie und da kleine Erfindungen; was hat alles dieses für Folgen für den Staat und die Nachwelt: er vergräbt seine Geheimnisse mit sich; er erinnert sich nicht, daß er seine Wissenschaften den Vorgängern zu danken gehabt, er lebt und stirbt mechanisch, weil er alles sich allein zu danken gehabt. Und wie viel tausend Dinge sind mit vielen Künstlern zugleich abgestorben."

[39] Ebd., Vorrede: „Unter dem Worte Kunst verstehe ich diejenige mechanische Handgeschiklichkeit, durch welche, vermittelst gewisser Werkzeuge, ein natürlicher Körper zur Waare gemacht wird; und die meresten Waaren veranlassen den Handel damit. Diese Kunst bildet also die rohen Geburten der Natur, nach den Absichten der Ernährung, Bekleidung und Gemächlichkeit der Menschen, vielfach, und sie sezzet zu diesem Ende, Hammer, Sägen, schneidende und tausend andre Werkzeuge voraus."

2b. Die Beschreibung von Handwerken, Manufakturen und Fabriken 121

Im Vergleich mit den „Descriptions" ist Halles Materialsammlung bescheiden zu nennen, da ihm nicht die umfassenden Möglichkeiten wie den französischen Verfassern zur Verfügung standen. Die Beschreibungen sind entsprechend kürzer und haben keinerlei Illustrationen. Dennoch ist dieser erste deutsche Versuch nicht zu unterschätzen. Er bildet den Anfang einer Kette von technologischen Sammelwerken, die vor allem in der klassischen Zeit der Technologie, also gegen Ende des 18. Jahrhunderts, technologische Probleme einer breiteren Öffentlichkeit zugänglich machen.

Als Abschluß dieses Abschnittes folgt nun die Betrachtung eines zweibändigen Werkes, dessen Inhalt ebenfalls die Beschreibung von Handwerken und Manufakturen darstellt, das aber vor allem für den Kameralwissenschaftler und Kameralbeamten bestimmt ist. Gemeint ist Justis „Vollständige Abhandlung von den Manufacturen und Fabriken", die 1758 und 1761 in zwei Teilen in Kopenhagen erscheint[40]. 1762 gibt Justi in Berlin dazu eine „Ergänzung oder Abhandlung von den Manufacturen- und Fabriken-Reglements" heraus, die aber für die vorliegende Untersuchung entbehrlich ist.

Der erste Teil der „Abhandlung" ist vor allem von staatswirtschaftlichen Gedanken getragen und bietet einen Einblick in das Wesen der Manufakturen und Fabriken, ihre Förderung und ihre Nutzungsmöglichkeiten[41]. Im ersten Abschnitt gibt Justi zunächst eine Definition der Begriffe Manufaktur und Fabrik, die im wesentlichen mit der übereinstimmt, die sich in der „Staatswirthschaft" findet. Dabei stellt er nachdrücklich fest, daß grundsätzlich alle Handwerke unter diese Bezeichnungen fallen. Versucht er hier schon den Leser von der Notwendigkeit eines blühenden Gewerbewesens zu überzeugen, so greift er im zweiten Abschnitt ein damals vielbenutztes Beispiel auf und vergleicht den Staat mit einer Maschine, in dem Wirtschaft, Verwaltung und auch die Menschen, Rädern und Triebfedern vergleichbar, eine festumrissene Aufgabe zu erfüllen haben. Eingriffe (selbstverständlich allein von der Staatsspitze her) können nur vorgenommen werden, wenn gleichzeitig der gesamte Mechanismus auf diese Änderung abgestimmt wird: „Man würde sonst einen monströsen Teil in

---

[40] Eine dritte Auflage gibt J. Beckmann 1789 mit Anmerkungen heraus.
[41] Überschriften der Abschnitte: 1. Von der Notwendigkeit und dem Nutzen der Manufacturen und Fabriken. 2. Von dem Zusammenhange der Manufacturen und Fabriken mit der gesamten Verfassung und Beschaffenheit des Staats. 3. Von Anlegung und Gründung der Manufacturen und Fabriken. 4. Von denen Hindernissen bey Anlegung der Manufacturen und Fabriken. 5. Von Erhaltung der Manufacturen und Fabriken, oder von der Vorsorge deren Verfall abzuwenden.

die Maschine einflicken, der anstatt dieselbe zu verbessern, den guten Fortgang der übrigen Räder und Triebfedern hemmen würde"⁴².

In diesem Bild schimmert Bechers Auffassung von der „Proportion" im Wirtschaftsleben durch, daß nämlich alle Bereiche des Handels, des Gewerbes und der Landwirtschaft in einem genau abgestimmten Verhältnis zueinander stehen müssen, da sonst bei Überwiegen eines Zweiges der gesamte Mechanismus gestört würde. Daß sich die Wirtschaft auch selbst regulieren kann (Adam Smith), ist für Justi undenkbar. Für ihn bleibt die Maschine mit ihrem reibungslosen Funktionieren lockendes Vorbild.

Wenn also der Staatsbeamte auch nur ein Rädchen in der Staatsmaschine ist, muß er dennoch, um seine Aufgabe voll erfüllen zu können, nach Justi die „Einsicht in den Zusammenhang des Ganzen" besitzen; denn sie (die Einsicht) „ist der höchste Punct in der Staatswissenschaft"⁴³. Die Einsicht allein genügt aber nicht, erforderlich ist ebenso ein richtiger Einsatz der Wissenschaften auf dem Gebiet des Gewerbewesens. In der „Staatswirthschaft" stießen wir bereits auf seinen Vorschlag einer ökonomischen Fakultät.

Ein weiteres Mittel, die Entwicklung der Manufakturen und Fabriken voranzutreiben, sieht Justi in der Erfindung von neuen Arbeitsgeräten und -verfahren. Die Erfindungsgabe der Untertanen soll geweckt werden; denn bisher hängen sie nach seiner Meinung zu sehr am Überlieferten und Vorhandenen. Belohnungen und Ehrungen können hier fördernd wirken.

Der zweite Teil seiner „Abhandlung" ist rein technologischen Beschreibungen vorbehalten, die aber nicht jenen technisch-lehrhaften Charakter haben wie die Abhandlungen Halles, da sie nicht dem Handwerker, sondern dem Kameralisten dienen sollen. Wenn Justi darlegt, er habe „zuförderst denenjenigen Bedienten des Staats eine zureichende Idee von denen Manufacturen und Fabriken verschaffen wollen, deren Bedienung es erfordert, sich darum zu bekümmern, und dieselben zu kennen"⁴⁴, so liegt hier der Ton auf „eine zureichende Idee"; denn er will nur eine bedingte Kenntnis vermitteln, die ein sachliches Urteil ermöglicht.

Aber erst die Verbindung beider Teile des Werkes und der Ergänzung ergeben insgesamt Justis Vorstellungen von der Bedeutung des Manufaktur- und Fabrikwesens. Hier wird auch faktisch deutlich,

---

⁴² Justi (1758/61), Teil I, S. 30.
⁴³ Ebd., S. 31.
⁴⁴ Justi (1758/61), Teil II. Vorbericht. Gezählte S. VII.

2b. Die Beschreibung von Handwerken, Manufakturen und Fabriken

was bei Rohr noch eine Forderung war, nämlich die Verklammerung von wirtschaftlichen und technologischen Gesichtspunkten. Dabei ist das Ganze unter dem Blickwinkel der Staatswissenschaften zu betrachten; denn dieses Werk ist, es wurde bereits angemerkt, nur eine breiter angelegte Form der in der „Staatswirthschaft" niedergelegten Gedanken über das Gewerbewesen.

Allerdings wendet sich Justi nicht nur allein an den Kameralisten, sondern er betont in der Vorrede nachdrücklich, daß er auch einige Verbesserungsvorschläge für den Handwerker gemacht und zahlreiche Anregungen gegeben habe. So ergibt sich in diesem Werk eine enge Verflechtung von Handwerkshistorie, Technologie, Wirtschaft, Statistik und Rechtskunde (Justi behandelt hier in erster Linie Probleme der Zunftgesetzgebung), wie sie später Beckmann ebenfalls für notwendig erachtet.

Im technologischen Teil unterscheidet Justi zunächst Manufakturen und Fabriken (Justis Definitionen lernten wir bereits kennen[45]) und handelt sie getrennt ab. Die Manufakturen teilt er in vier Klassen ein, je nachdem, ob sie „Wolle", „Flachs oder Leinen", „Baumwolle" oder „Seide" verarbeiten. Die Fabriken gliedert er ebenfalls nach den Hauptmaterialien[46].

Betrachtet man diesen Abschnitt als Ganzes, so wird die Entwicklung deutlich, die die Beschreibung handwerklicher Arbeitsweisen im Laufe von zwei Jahrhunderten genommen haben. Anfangs mehr „curioser" Natur, mehr zur Unterhaltung und oberflächlichen Belehrung gedacht, werden sie unter dem Einfluß rationalistischer Denkweisen zur lehrbuchhaften Kompendien, die für den Kameralisten und den Handwerker unentbehrlich sind.

---

[45] Vgl. S. 101.
[46] Justi (1758/61), Teil II, S. 210 f.: „Meines Erachtens kann man die Fabriken, eben so wie die Manufacturen, am besten nach denen Hauptmaterialien eintheilen, worinnen sie arbeiten; und nach Maaßgebung dieser Eintheilung kann man füglich alle Arten von Fabriken in sechs Hauptclassen bringen. Denn sie arbeiten entweder 1) in denen edlen Metallen, nämlich Gold und Silber; oder 2) in Kupfer und Meßing und andern solchen metallischen Zusammensetzungen, die man schlechthin Metalle nennet, oder 3) in Eisen und Stahl, welche zu der menschlichen Bedürfnis die allernotwendigsten Werkzeuge liefern oder sie haben, 4) solche Materien in der Arbeit, woraus das Glas entstehet; oder sie beschäftigen sich 5) mit denen mineralischen Farben und Salzen, worzu noch 6) eine Classe von Fabriken nöthig seyn wird, die zwar kein mineralisches Hauptmineral bearbeiten, die aber doch auf denen Grundsätzen der Chymie beruhen, eine Classe, die zwar sehr weitläufftig ist, davon wir aber nur die wichtigsten abhandeln werden, gefärbtes Leder, Papier u. ä."

2 c. Lexika und Enzyklopädien

Wenn in diesem Abschnitt Lexika und Enzyklopädien des 18. Jahrhunderts behandelt werden, weil sie vor allem in der breiteren Öffentlichkeit einen wichtigen Beitrag zum Verständnis technologischer Probleme leisten, so erscheint ein knapper lexikographischer Überblick als unbedingt erforderlich.

Bereits im Mittelalter werden Versuche unternommen, bestimmte Bereiche des menschlichen Wissens zusammenzufassen und in geschlossener Form abzuhandeln. Die Grundlage bilden die „artes liberales". Das bedeutsamste Ergebnis liefert der Dominikanermönch Vincent von Beauvais (gest. um 1264), der in einem dreibändigen Werk das Wissen seiner Zeit zu erfassen sucht. Er gliedert seine Arbeit in ein „speculum historiale", ein „speculum naturale" und ein „speculum doctrinale"[47]. Doch kann man bei ihm trotz einer beachtlichen Stoffhäufung noch kein wirkliches Ordnungsprinzip erkennen. Ein solches findet sich aber später bei Francis Bacon (1561—1626), der in seinem „novum organum scientiarum" (1620) und in seiner Schrift „De dignitate et de augmentis scientiarum" (1624) eine Einteilung der Wissenschaften auf philosophischer Basis versucht.

Den Begriff „Enzyklopädie" verwendet bereits im 16. Jahrhundert Paul Scalich (1534—1575) in seiner Schrift „Encyclopaedia, seu orbis disciplinarum tum sacrarum tun profanarum" (Basel 1559), ohne jedoch diesen Begriff mit seinem Werk völlig zu füllen. Die im 17. und am Anfang des 18. Jahrhunderts erscheinenden Enzyklopädien, wie sie nun mit Recht zu bezeichnen sind, wenden sich in den meisten Fällen an Laien und an die Jugend[48]. Erst seit der Mitte des 18. Jahrhunderts erscheinen Werke, die sich wissenschaftlich um eine Erfassung des gesamten Wissens bemühen. Den Anfang macht Johann Georg Sulzers (1720—1779) Arbeit „Kurzer Inbegriff aller Wissenschaften" (Berlin 1756). Enzyklopädische Arbeiten von Hermann Samuel Reimarus (1694—1765) und Johann Georg Büsch (1728—1800) folgen[49].

Werke dieser Art, die sich vor allem auf naturwissenschaftlichen und technologischen Erkenntnissen aufbauen und deshalb für unseren Zusammenhang von Wichtigkeit sind, entstehen erst gegen Ende des 17. Jahrhunderts und beweisen das zunehmende Interesse an technologischen Fragen. Allerdings handelt es sich dabei nicht um Enzyklo-

---

[47] Die erste gedruckte Ausgabe erscheint 1473—1476 in Straßburg.
[48] J. Chr. Wagenseil, Pera librorum juvenilium. 5 Bände. Altdorf 1695.
[49] J. G. Büsch, Encyclopädie der historischen, philosophischen und mathematischen Wissenschaften nach dem Grundriß des seligen Reimarus. Hamburg 1775.

2c. Lexika und Enzyklopädien

pädien im oben beschriebenen Sinne, sondern sie sind besser als enzyklopädische Wörterbücher zu kennzeichnen, das heißt, es sind Werke, die in alphabetischer Reihenfolge einen fest umrissenen Bereich der Wissenschaften oder der Künste (die Handwerke und Manufakturen mit eingeschlossen) behandeln. Darüber hinaus ist noch eine zweite Gruppe zu unterscheiden, die technologische Stichworte und Erklärungen nur neben anderen Sachgebieten bringt, wie es heute bei den Konversationslexika der Fall ist, die im 18. Jahrhundert ihren Anfang nehmen.

Eines der ältesten gleichsam technologischen Wörterbücher wird bereits 1565 von Conrad Gesner verfaßt. In seinem Lexikon „De omni rerum fossilium genere" gibt er eine Zusammenstellung der zum Bergbau gehörigen Worte und Begriffe sowohl in deutscher wie in lateinischer Sprache. Der eigentliche Anstoß zur Abfassung und vor allem zum Kauf solcher Lexika geht erst gegen Ende des 17. Jahrhunderts von Frankreich und England aus. In Frankreich erscheinen seit 1690 Wörterbücher, unter anderem eins von Thomas Corneille (1625—1709)[50], während in England John Harris 1704 ein „Lexicon technicum" veröffentlicht, das allein schon durch den Titel sich von zeitgenössischen Werken ähnlicher Art abhebt. Daß es sich hier nicht schlicht um ein „technisches" Lexikon handelt, wie etwa zu vermuten wäre, zeigt ein Blick auf den Gesamttitel: „Lexicon Technicum or an Universal English Dictionary of Arts and Sciences. Explaining not only the Terms of Art but the Arts themselves."

Bevor jedoch auf die Frage eingegangen wird, was Harris eigentlich unter dem lateinischen Begriff „technicus" speziell versteht, ist ein kurzer Rückblick auf die Wurzel dieses Wortes nötig. Wir stützen uns dabei vor allem auf einen Aufsatz von Johannes Erich Heyde: „Zur Geschichte des Wortes ‚Technik'", wobei vorausgeschickt werden muß, daß auch Heyde auf Grund des vorhandenen Materials nicht in der Lage ist, eine geschlossene kausale Begriffskette zu bilden[51].

Das Wort „Technik" geht auf eine griechische Wortform „τεχνη" zurück, ohne jedoch inhaltlich mit dieser übereinzustimen. Zwar ist eine der Bedeutungen von „τεχνη" ungefähr mit „Handwerk" zu übersetzen, aber nicht im Sinne einer Technik. Der Grieche meinte dabei, daß sich einer auf etwas versteht, das heißt, von sich aus weiß, wie man selber eine bestimmte Tätigkeit auszuüben hat, wobei der Begriff „τεχνη" nicht nur auf das Handwerk, sondern auch auf die bildende Kunst zutreffen kann.

---

[50] Bruder des Dramatikers Pierre Corneille.
[51] J. E. Heyde, Zur Geschichte des Wortes „Technik". In: Humanismus und Technik. Bd. 9, H. 1, 1963, S. 25 ff.

Aus dieser personengebundenen Vorstellung heraus ist verständlich, wenn „τεχνη" auch im Sinne von Wissenschaft gebraucht wurde; „denn es erschien den Griechen selbst der klassischen Zeit der Begriff ‚Wissenschaft' bei weitem noch nicht so sehr wie für uns heutige Menschen vom Erkenntnisobjekt her, sondern noch stärker vom Subjekt her bestimmt"[52]. Auf zwei weitere Bedeutungen von „τεχνη" im Sinne von List und Betrug (also auch wieder vom persönlichen Können her verstanden) geht Heyde ebenfalls ein. Auf das Lateinische überspringend, weist Heyde auf die Verwandtschaft mit „ars" hin und zeigt, daß auch die lateinische Form „technicus" nur in sehr lockerer Verbindung mit „Technik" steht. Ein ähnliches Lautgebilde taucht, nun in der weiblichen Form „technica", erst wieder im 17. Jahrhundert auf, nämlich in einer Schrift des Würzburger Jesuitenpaters Caspar Schott (1608—1666) mit dem Titel: „Technica curiosa sive mirabilia artis libris XII comprehensa..." (Würzburg 1664). Nach Heyde lautet die Übersetzung etwa: „Wissenswerte (interessante) Technik oder Merkwürdigkeiten technischen Könnens, in zwölf Büchern zusammengefaßt (beschrieben)[53]." Heyde vermutet nun und versucht es durch sprachgeschichtliche Untersuchungen zu beweisen, daß Schott, ein damals weithin bekannter Naturwissenschaftler, einen Begriff suchte, der, der Entwicklung angepaßt, mehr umfaßte, als es bei dem griechischen Wort „τεχνη" der Fall war. Heyde schreibt dazu: „Gerade dieser besondere Umstand — nämlich in der sich allmählich wandelnden Arbeitswelt auch ein passendes, zwar ein eigenes, aber ohne weiteres verstehbares Hauptwort — ‚technica' — zur Verfügung gestellt zu finden, eben als einen einprägsamen Ausdruck für eine über die bisher vorwiegend handwerkliche Betätigungsform hinausweisende Art planvollen Gebrauchs von Stoffen und Kräften der Natur — machte wohl die Kreise der Gelehrten und Gebildeten rasch für das Neuwort aufnahmebereit: damit wurde weiterhin vor allem auch seine ohnehin einfache Übernahme als Fremdwort — ‚Technik' — in den deutschen Sprachschatz gefördert, noch bevor die andere, aber entsprechende französische Wortprägung — ‚la technique' — obendrein endbetont und anders ausgesprochen, überhaupt sich ausbreiten konnte[54]."

Dieser Schluß Heydes erscheint uns allzu glatt und soll deshalb nicht unwidersprochen bleiben. Unserer Auffassung nach beschränkt sich Heyde zu sehr auf den deutschen Sprachraum und läßt außer acht, daß in der Gelehrtenwelt wissenschaftliche Entdeckungen in Westeuropa vielfach Allgemeingut wurden und sich gegenseitig be-

---

[52] Ebd., S. 28.
[53] Heyde (1963), S. 34.
[54] Ebd., S. 38.

einflußten. Deshalb können wir wieder an dieser Stelle beim „Lexicon technicum" von Harris einsetzen, der eine Definition des Begriffes „technical" gibt und damit als erster in einem Lexikon den Versuch unternimmt, das zu definieren, was Schott vielleicht in seinem Titel ausdrücken wollte: „Technical, is sometimes the same with artificial, and expresses whatever relates to the Arts and Sciences, as the Terms, Rules &c. So that the Terms of Art are Commonly called Technical words." Daß es sich dabei nicht nur um eine Sammlung von „termini technici" handelt, wird bereits in der Vorrede des „Lexicon technicum" deutlich, da Harris sein Werk auch als eine Darstellung der Künste, allerdings nur der „artes liberales" betrachtet[55]. Wenn sich der Engländer Ephraim Chambers in der Definition des Begriffes „technical" auch auf Harris stützt, so faßt er ihn doch wesentlich weiter. 1728 veröffentlicht Chambers eine zweibändige „Cyclopaedia or an Universal Dictionary of Arts and Sciences", die alle Bereiche des Lebens zu erfassen sucht, wie aus dem Untertitel zu entnehmen ist[56]. Bemerkenswert ist vor allem sein Bemühen um eine Systematik des gesamten menschlichen Wissens. In der Vorrede legt Chambers eine tabellarische Übersicht vor, in der er jedem Bereich des Wissens und der menschlichen Tätigkeit einen gewissen Stellenwert zuerkennt. Wichtig für unseren Zusammenhang sind vor allem die zwei Gruppen, in die er das menschliche Wissen einteilt:

Knowledge is either
Natural, and Scientifical
or
Artificial and Technical
(consisting in the application of natural notices to further purposes).

Zur oberen Gruppe rechnet Chambers in erster Linie die „artes liberales", die er als „rational" bezeichnet und Gebiete wie die Zoologie, Meteorologie und Mineralogie, die er als „sensible" einordnet, „consisting in the perception of phaenomena, or external objects — called Physiology, or Natural History". Chambers faßt hier jene Be-

---

[55] Harris (1704), Preface: „That wich I have aimed at, is to make it a Dictionary not only of bare Words but things; and that the Reader may not only find here an Explication of the Technical Words, or the Terms of Art made use of in the Liberal Sciences, and such as border nearly upon them, but also those Arts themselves."

[56] Chambers (benutzt wurde die 5. Auflage, London 1741/43), Untertitel: „... containing an explication of the terms and an account of the things signified thereby, in the several Arts, both liberal and mechanical, and the several sciences, Humane and Divine: The figures, kinds, properties, productions, preparations, and uses of things natural and artificial: the rise, progress and state of things ecclesiastical, civil, military, and commercial: with the several systems, sects, opinions, &c. among philosophers, divines, mathematicians, physicians, antiquaries, critics, &c.'

reiche zusammen, die mehr um ihrer selbst willen der Gegenstand menschlicher Betrachtung sind.

Die zweite Gruppe hingegen vereint alle jene Gebiete, die mehr auf der Anwendung menschlichen Wissens beruhen. Auch hier unterscheidet Chambers zwei Untergruppen. Unter der Bezeichnung „internal" führt er „logics" auf. Als „external" bezeichnet er alle übrigen Bereiche menschlicher Tätigkeit, voran die angewandten Naturwissenschaften, aber auch Handel, Ackerbau, Handwerk usw. Wenn er jedoch unter der weiteren Untergruppenbenennung „symbolical" auch Dichtkunst und Rhetorik anführt, so wird deutlich, daß selbst noch bei Chambers „technical" sehr stark im Sinne der griechischen „τεχνη" verstanden wird. Der französische Terminus „technique" wird später von den französischen Enzyklopädisten auf Harris und Chambers ausdrücklich zurückgeführt, ein weiteres Zeichen, wie eng die Beziehungen im internationalen Bereich der Wissenschaften waren[57].

Für Deutschland räumt Heyde ein, daß die Wandlung von „technica", wie Schott den Begriff anwendet, zum heute geläufigen Wort „Technik" noch nicht zu erhellen ist. Immerhin steht für ihn die enge Verbindung beider Begriffe fest, wobei er für den Beginn des 18. Jahrhunderts feststellt, daß damals „technica" im Sinne von „Kunstlehre" gebraucht wird[58], dabei aber übersieht, daß dieser Begriff vorrangig im Bereiche der Philosophie angesiedelt ist[59].

Jedoch kommt in Deutschland zu Beginn des 18. Jahrhunderts ein anderer Begriff auf, zum Beispiel bei Christian Wolff in seiner „Logica" nachweisbar, die „Technologie". Allerdings darf dieses Wort keineswegs in dem von uns bisher gemeinten Sinne verstanden werden, der ja erst von Beckmann geschaffen wurde. Wolff versteht vielmehr unter „Technologie (-ia)" folgendes: „Possibilis quoque est philosophia artium, etsi hactenus neglecta. Eam Technicam aut Technologiam appelare posses. Est itaque Technologia scientia artium & operum artis, aut si mavis, scientia eorum, quae organorum corporis, manuum, potissimum, opera ab hominibus perficiuntur[60]." Wolff meint hier eine „Kunst-Wörter-Lehre", wie es Johann Georg Walch (1693—1775) 1726 in seinem „Philosophischen Lexicon" ausdrückt, also die Lehre von den „termini technici", wie die „Kunst-Worte" häufig auch bezeichnet werden. Walch teilt die Lehre von den Kunstwörtern in zwei Gebiete

---

[57] Encyclopédie, ou dictionnaire raisonné des sciences, des arts et métiers. Band 32, 1780, S. 816.
[58] Heyde (1963), S. 39.
[59] Zedlers Universal-Lexicon, Band 42, 1744, Spalte 508.
[60] Chr. Wolff, Philosophia rationalis sive Logica. Leipzig ²1732, S. 33.

2c. Lexika und Enzyklopädien

ein: Man kan sie in ungelehrte und gelehrte theilen, davon iene in den Handwercken und gemeinen Künsten; diese in den gelehrten Wissenschafften vorkommen[61]."

Nach dem bisher Gesagten scheint uns im Gegensatz zu der Auffassung von Heyde der Schritt von „technica" = „Kunstlehre" zum deutschen Begriff „Technik" erheblich größer zu sein als der Weg vom französischen „technique", wie ihn die Enzyklopädisten verstehen und in ihrem Werk aller Welt bekanntmachen. Die andere Aussprache stellt unserer Meinung nach nur ein geringes Hindernis dar[62]. Vielleicht mag aber auch der französische Ausdruck „technique" durch seinen häufigen Gebrauch in Deutschland eine Rückbesinnung auf „technica" bewirkt und so die Verwendung von „Technik" eingebürgert haben; denn beide Begriffe treten nahezu gleichzeitig gegen Ende des 18. Jahrhunderts erstmalig in der Literatur auf.

Wenden wir uns nach diesem sprachgeschichtlichen Exkurs nun wieder unserem Betrachtungsgegenstand zu, den ökonomisch-technologisch ausgerichteten Lexika. Eines der ersten Werke dieser Richtung stellt zugleich die bedeutendste und umfassendste Leistung auf enzyklopädischem Gebiet in der ersten Hälfte des 18. Jahrhunderts dar. 1732 gibt der Leipziger Verleger Johann Heinrich Zedler ein hier bereits schon mehrfach erwähntes „Vollständiges Universal-Lexicon der Wissenschaften und Künste" heraus, eine Edition, die sich über zwanzig Jahre erstreckt und am Ende (1754) 64 Bände und mehrere Supplemente umfaßt. Redigiert wird dieses Lexikon zunächst von Carl Günther Ludovici (1707—1778) und später unter anderem von Paul Daniel Longolius (1704—1779), der sich als Philologe, Schulmann und Kenner der Landesgeschichte einen Namen gemacht hat. Es sind Gelehrte von Rang, die hier das Wissen ihrer Zeit sammeln und sichten. Noch heute bietet „Zedlers Lexikon", wie es der Kürze halber genannt wird, wertvolle Aufschlüsse besonders genealogischer und biografischer Art. Aber auch alle Bereiche der Ökonomie, wie bereits früher festgestellt wurde, sind vertreten. Das Vorwort zu diesem Lexikon schrieb der Kanzler der Hallischen Universität Johann Peter Ludewig.

Infolge seines enormen Umfanges war dieses Lexikon wohl in erster Linie in den Bibliotheken der Universitäten und wohlhabender Liebhaber der Wissenschaften zu finden, das interessierte Bürgertum konnte

---

[61] J. G. Walch, Philosophisches Lexicon, Leipzig 1726, Spalte 2514.

[62] Man denke nur einmal an das französische Wort „logistique" = Nachschub und Transport im militärischen Sinne, das auf dem Umweg über Amerika („logistics") nach Deutschland gelangte und zu „Logistik" eingedeutscht wurde.

schwerlich den Preis dafür erschwingen. Aber auch in dieser Schicht bestand der Wunsch nach einem Handbuch, um sich mit dessen Hilfe schnell informieren zu können.

Wie groß die Nachfrage nach solchen Konversationslexika war, läßt sich am folgenden Beispiel aufzeigen: 1704 verlegt Johann Hübner in Leipzig ein „Reales Staats-Zeitungs- und Conversations-Lexicon". Bereits 1722 erscheint von diesem einbändigen Werk die 10. (!) Auflage, der bis zum Ende des 18. Jahrhunderts unter gleichem Titel noch zahlreiche andere folgen.

Diese Entwicklung läßt sich nicht zuletzt auf die in den deutschen Territorialstaaten mehr oder minder erfolgreichen Versuche, die Volksbildung zu fördern, zurückführen. Neue Leser, nun auch aus den Kreisen der Handwerker, streben danach, diese neuerworbenen Kenntnisse auch anzuwenden. In manchen Fällen mag solch ein Konversationslexikon oft eine ganze Bibliothek ersetzt haben. Dieser Erfolg veranlaßt die Verleger, neben den Konversationslexika auch Fachlexika herauszugeben, die sich nun auf ein Spezialgebiet beschränken.

1721 gibt Johann Theodor Jablonski (1654—1731), der Bruder des bekannten Theologen Daniel Ernst Jablonski, ein „Allgemeines Lexicon der Künste und Wissenschaften"[63] heraus. Der Technologie wird bei Jablonski bereits ein gewisser Raum gegeben.

Den eigentlichen Anfang auf dem Gebiete der Fachlexika macht Adrian Beyer, der 1722 in Jena ein „Allgemeines Handlungs-Kunst- Berg- und Handwercks-Lexicon. In alphabetischer Ordnung." herausgibt. Hier dominiert die Technologie, wobei die Erklärung von Kunstwörtern, also von Fachausdrücken aus den jeweiligen Gewerbezweigen an erster Stelle steht. Handel, Bergbau und die einzelnen Zünfte haben im Laufe der Jahrhunderte eigene Sprachformen entwickelt, die dem Laien meist unverständlich sind, oder sie legen den geläufigen Wörtern und Ausdrücken eine eigene Bedeutung unter, die nur dem Eingeweihten bekannt ist. Im Zuge einer allmählichen Öffnung der Zünfte und einer Lockerung des Zunftzwanges, einer Folge des merkantilistischen Denkens, wird eine Verständigung untereinander zwangsläufig nötig. Das Lexikon bietet hier besonders dem Kameralbeamten die Möglichkeit, sich mit den jeweiligen Kunstwörtern vertraut zu machen.

Um die Entwicklung des Fachlexikons als Hilfsmittel bemüht sich vor allem Georg Heinrich Zincke. Er macht sich in der Mitte des 18. Jahrhunderts als Verfasser und Herausgeber von Fachlexika einen

---

[63] Eine dritte Auflage erscheint zweibändig noch im Jahre 1767.

2c. Lexika und Enzyklopädien

Namen. Diese Veröffentlichungen laufen parallel zu seinen theoretischen Schriften über die Kameralwissenschaften. Darin zeigt sich die enge Verbindung, die Zincke zwischen den Kameralwissenschaften und der Technologie sieht. Als erstes Werk veröffentlicht Zincke 1744 ein ökonomisches Nachschlagewerk, das 1753 in einer zweiten vermehrten Auflage herauskommt. Sein Titel: „Allgemeines oeconomisches Lexicon, nebst einem Anhang eines Land- und Hauß-wirthschafts-Calenders, und 22. Tabellen". Allein der Hinweis auf die Land- und Hauswirtschaft bestätigt, daß Zincke vor allem die Ökonomie im alten Sinne meint. Technologische Beiträge sind hier noch kaum vorhanden, da, wie sich zeigte, bei Zincke der Begriff der „Stadtwirthschaft" dem der Technologie annähernd gleichzusetzen ist, und diese bei der Haus- und Feldwirtschaft naturgemäß keine Rolle spielt. Festzuhalten ist immerhin, daß er in diesem Lexikon schon mit statistischem Material in Form von Tabellen aufwartet, die einen Einblick in wirtschaftliche Vorgänge erleichtern, beziehungsweise als Muster dienen sollen.

Bereits ein Jahr später, 1745, legt Zincke den ersten Band (A—F) eines technologischen Lexikons vor. Leider ist es bei diesem ersten Band geblieben, da der Verleger Bankrott machte[64]. Zincke nennt sein Buch ein „Teutsches Real-Manufactur- und Handwercks-Lexicon". Im Gegensatz zu Adrian Beyers Ausgabe und zu einem im Titel ähnlich lautenden Lexikon des Verlegers Johann Hübner, dessen zweite und dritte Auflage Zincke ebenfalls besorgte[65], beschränkt er sich hier auf jene Gebiete, die auch Beckmann später unter der Technologie zusammenfaßt, nämlich auf Handwerke und Manufakturen. Welchen Zweck er mit seinem Lexikon verfolgt, welche Aufgaben es erfüllen, wem es dienen soll und was es im einzelnen enthält, läßt sich an Hand des Untertitels aufzeigen. Zincke bietet stichwortartig, aber dennoch in der bei ihm üblichen weitschweifigen Manier eine Inhaltsangabe, die im folgenden, da eine Erklärung wesentlich länger ausfallen würde, wörtlich wiedergegeben wird:

„Teutsches Real-Manufactur- und Handwercks-Lexicon. Worinnen nicht nur von dem Manufactur-Fabriquen- und Handwercks-Wesen überhaupt, sondern auch insonderheit bei iedem von denen Haupt- und Neben-Materialien, Ingredienzien, dem Gebrauch des Feuers, Wassers und der Luft,

---

[64] J. Beckmann, Vorrath kleiner Anmerkungen über mancherley gelehrte Gegenstände. 3. Stück. Göttingen 1806, S. 564 f.: „Gern merke ich hier noch an, daß auch schon Zincke die jungen Cameralisten mit den verschiedenen Gewerben bekant zu machen suchte; und noch muß man beklagen, daß sein Manufactur-Lexicon, wegen des Bankerots des Verlegers, unvollendet geblieben ist."
[65] „Curieuses und reales Natur-Kunst-Berg-Gewerck-Handlungs-Lexicon." Leipzig ²1752 und ³1762.

von denen Modellen, Rissen, Bildern, Patronen, Desseins, Mustern, mancherley Waaren und Produktis, Abgängen, Nutzungen, ihrem Preis, Ort und Zeit der Verfertigung, ihrem Vertrieb, Kauf, Verkauf, Tausch und Verkehr, ihren Fehlern, Betrügereyen, Verbesserungen, denen mancherley Verrichtungen, Geschäfften, Arbeiten und Mitteln, sowohl die Materialien, als auch die daraus zu verfertigenden Waaren und Abgänge vortheilhaftig, leicht und künstlich zu erlangen, zu bewahren und nützlich anzuwenden:

Hiernechst von denen Hülffs-Mitteln, Werckzeugen, beschäfftigten Personen, Meistern, Gesellen, Jungen, Handlangern, Wittwen, Kindern, Werckstätten, Kunst-Wörtern und Reden, Manufactur- und Fabriquen-Häusern und Herren, Gilden, Zünfften, Innungen, Rechten, Gebräuchen, Mißbräuchen, dem Lohn und der Kost, den Artickeln, Meisterstücken, Gemein-Gütern, Häusern, Geldern, Abgaben, verschiedenen Anstalten, Ordnungen, Manufactur-Collegiis, Freyheiten und andern vielen nützlichen und schädlichen Dingen, eines ieden gemeinen, alten, neuen, bekannten, künstlichen, zünfftigen, geschenckten, ungeschenckten, freyen und gesperrten Handwercks oder einer ieden Manufactur und Fabrique in Teutschland, und auch ueberhaupt in andern Ländern, unter gewissen Artickeln nach alphabetischer Ordnung aus vielen Schrifften, Nachrichten, Correspondentzen, Untersuchungen und Erfahrungen zum Aufnehmen, zur Verbesserung, zur Lehre und dem Unterricht vor Gelehrte, Ungelehrte, Kaufleute, Handwercker, Manufacturiers, Fabricanten, Manufactur-Bediente, Meister, Gesellen, Jungen, mit möglichstem Fleiß gehandelt wird und nützlichen Nachrichten zusammengetragen sind von D. Georg Heinrich Zincken...".

In der Vorrede erläutert Zincke noch einmal ausführlich diese „Aufschrifft". Dabei kristallisiert er vier Hauptkriterien heraus, die seines Erachtens von einem Handwerks- und Manufakturlexikon erfüllt werden müssen.

1. Ein solches Lexikon hat über die „Historie" der Handwerke und Manufakturen zu informieren. 2. Diese sollen „nach der Oeconomie, als auch nach der Policey betrachtet werden". Weiter fordert der Leser eine Information über die eigentliche Technologie, das heißt über die Arbeitsvorgänge bei der Herstellung von Erzeugnissen sowie eine Kenntnis von den „Materialien und Werckzeugen" und „Produktis". Das genügt jedoch nach Zinckes Meinung nicht, denn wenn man die Gewerbe untersucht, die ja doch nur einen Teil des wirtschaftlichen Ganzen bilden, so muß man „wenigstens beyläuffig alle anderen Professiones und Nahrungs-Arten" berühren, wozu neben dem Handel, der Stadt- und Landwirtschaft auch die Gelehrsamkeit zu rechnen ist. 3. Das Lexikon muß über die in den Handwerken und Manufakturen beschäftigten Personen Auskunft geben können, über ihre Bräuche, über die Regeln in den Zünften, aber auch über die „Kunst-Wörter" und Redensarten usw. 4. Ein solches Lexikon soll nicht nur eine Bestandsaufnahme darstellen, sondern sein Verfasser soll auch Vorschläge und Verbesserungen anbringen, die das Gewerbewesen vorantreiben.

2c. Lexika und Enzyklopädien

Zinckes Lexikon hätte der Anlage nach, wäre es vollendet worden, vielleicht fünf Bände umfaßt. Gedacht als praktisches Hilfsmittel und unbelastet von Theorien, spiegelt es genau die Auffassung des Kameralismus jener Zeit wieder, der sich allein auf das Nützliche und Mögliche konzentriert.

Auf einer ganz anderen Ebene bewegt sich die bereits erwähnte französische Enzyklopädie von Diderot und d'Alembert[66], die ähnlich Chambers einen Gesamtüberblick über das menschliche Wissen überhaupt zu geben versuchen. Was diese Enzyklopädie über alle bisherigen Unternehmungen dieser Art hinaushebt, ist die philosophische Grundanschauung, die sich nicht mit einer Bestandsaufnahme begnügt, sondern um eine geistige Durchdringung und ein Begreifen des Stoffes bemüht ist. Der dem Werk vorangestellte „Discours préliminaire" von d'Alembert verdeutlicht diese neue Wissenschaftsauffassung. Im Vergleich dazu ist der Versuch von Chambers, die Wissenschaften zu gliedern, im Tabellarischen steckengeblieben, ohne daß dabei die Beziehungen der einzelnen Wissenschaften zueinander erhellt worden wären.

Die „Encyclopédie" wird in Deutschland rasch bekannt und berühmt, ohne daß hier bald ein ähnliches Werk entsteht. Den stärksten Einfluß übt sie nicht auf philosophischem, sondern auf ökonomisch-technologischem Gebiet aus. 1769 veröffentlicht Johann Georg Krünitz (1728—1796) den ersten Band seiner „Oekonomische Encyclopädie, oder allgemeines System der Staats-, Stadt-, Haus- und Landwirthschaft". Als Beckmann 1777 den Begriff Technologie einführt, ändert Krünitz den Titel des Werkes in „Ökonomisch-technologische Encyclopädie" um, ein Beweis dafür, daß dieser neue Ausdruck etwas bisher schon längst Vorhandenes jetzt konkret und präzis umreißt. Bis zur Mitte des 19. Jahrhunderts wächst das Werk von Krünitz (nach seinem Tode von J. J. Flörke und H. G. Flörke fortgesetzt) auf 242 Bände an und erhält mit dem Erscheinen neuer Bände immer mehr den Charakter einer Universal-Enzyklopädie, in gewisser Weise dem französischen Vorbild angenähert.

Auf den Einfluß, den allein die Einführung des Begriffes Technologie auf die Entwicklung der technologischen Literatur ausübt, wird noch im letzten Kapitel eingegangen. Hier sei nur so viel vermerkt: die Mitte des 18. Jahrhunderts ist als der eigentliche Ausgangspunkt einer Besinnung auf die notwendige Forcierung technischer und technologischer Erkenntnisse anzusehen. Unter dem Einfluß von England

---

[66] Die „Encyclopédie" erscheint zuerst in Paris 1751—1772 in 28 Foliobänden; ein „Supplement" (Amsterdam 1776/77) folgt in 5 und eine „Table analytique et raisonné des matières" (Paris 1780) in 2 Bänden.

und Frankreich, denen Deutschland in einer Art Phasenverschiebung folgt, ist es in nicht geringem Maße einigen hervorragenden Vertretern der Kameralistik zu verdanken, daß auch in der breiteren Öffentlichkeit Technik und Technologie als entscheidende Elemente der zukünftigen Lebensgestaltung vielleicht nicht immer erkannt, so doch erahnt werden. Die Menschen dieser Zeit bewegen sich gewissermaßen im Vorfeld der kommenden industriellen Revolution, einer Phase, die, da sie mehr im theoretischen Ansatz als im konkreten Ergebnis hervortritt, bisher von der Forschung zu wenig beachtet worden ist.

2 d. Technologische Beiträge in den Zeitschriften

Mit einem ständig steigenden Leseinteresse gewinnt gegen Ende des 17. Jahrhunderts ein Kommunikationsmittel an Bedeutung, nämlich die Zeitung. In ihr findet der Leser Berichte über das jüngste Geschehen in seiner näheren und weiteren Umgebung. Die Aktualität, das häufige Erscheinen und der auf ein Allgemeininteresse abzielende und deshalb bunt zusammengewürfelte Inhalt lassen sich als Kennzeichen der Zeitung hervorheben.

Neben der Zeitung, die mehr den Charakter eines Neuigkeitslieferanten trägt, entwickelt sich ebenfalls gegen Ende des 17. Jahrhunderts eine ähnliche literarische Form, die Zeitschrift. Diese Bezeichnung wird zwar erst am Ende des 18. Jahrhunderts gebräuchlich, kann jedoch als synonym für die vorher benutzten Bezeichnungen wie „Magazin", „Journal", „Fama" usw. gelten. Joachim Kirchner, der sich eingehend mit der Entstehung und Entwicklung des Zeitschriftenwesens befaßt hat, definiert den Charakter der Zeitschrift des 17. und 18. Jahrhunderts wie folgt: „Die Zeitschrift des 17. und 18. Jahrhunderts ist eine mit der Absicht der unbegrenzten Dauer begründete, in mehr oder weniger regelmäßigen Zeitabschnitten erscheinende und für einen im allgemeinen begrenzten Interessentenkreis durch mechanische Vervielfältigung hergestellte Publikation, deren einzelne Stücke als die (periodisch) wiederkehrenden Teile eines einheitlich geleiteten Ganzen erkennbar sind, und die innerhalb ihres besonderen Wissensgebietes eine Mannigfaltigkeit des Inhaltes anstrebt[67]."

Aus den beiden letzten Nebensätzen dieser etwas gewaltsam komprimierten Definition Kirchners wird die ursprünglich angestrebte

---

[67] J. Kirchner, Die Grundlagen des deutschen Zeitschriftenwesens. 2 Teile. Leipzig 1928/31.

2c. Lexika und Enzyklopädien

Zielrichtung der Zeitschrift als einer Informationsquelle für ganz bestimmte Wissensgebiete deutlich. So sind die bis zum Jahre 1700 im deutschsprachigen Raum erscheinenden Zeitschriften — Kirchner hat insgesamt 58 ermittelt[68] — fast ausschließlich Zeitschriften wissenschaftlichen Inhalts. Erst im 18. Jahrhundert entstehen Zeitschriften, die einen mehr populärwissenschaftlichen Charakter tragen und deshalb eine weite Verbreitung finden. Der Anstoß geht von England aus, wo literarische Blätter wie der „Spectator" (seit 1711) und der „Guardian" (seit 1713) Berühmtheit erlangen. In Deutschland erscheinen seit den zwanziger Jahren die sogenannten „Moralischen Wochenschriften"[69], die sich im wesentlichen der öffentlichen Moral, der Erziehung und der allgemeinen Wohlfahrt, oft schon in satirischer Form, zuwenden.

Das Hauptkontingent aber stellen nach wie vor die wissenschaftlichen Zeitschriften, die mit einer fortschreitenden Differenzierung der Wissenschaften an Zahl sprunghaft zunehmen[70]. Besondere Höhepunkte bilden hier die vierziger Jahre und das letzte Viertel des 18. Jahrhunderts. In diesem Zusammenhang seien nur die Kameralwissenschaft für den ersten und Technologie und Chemie für den zweiten Höhepunkt genannt.

Kirchner unternimmt in seinem Buch den etwas fragwürdigen Versuch, die Zeitschriften nach ihrer Thematik einzuteilen, um so statistische Vergleichszahlen zu ermitteln. Bei genau abgrenzbaren Wissenschaftsgebieten wie Theologie, Mathematik oder Philologie mag das sinnvoll erscheinen. Wenn aber Kirchner eine Aufteilung in ökonomische, technische und kameralistische Zeitschriften vornimmt, so ist das wegen der immer wieder angedeuteten engen Verflechtung dieser Gebiete ziemlich problematisch. Im äußersten Falle könnte man die Zeitschriften nach ihren Hauptschwerpunkten einteilen, wobei sich durchaus Differenzierungen ergeben würden. Hierzu zwei Beispiele: In Leipzig und Hamburg erscheint seit 1747 das „Hamburgische Magazin oder gesammlete Schriften zum Unterricht und Vergnügen aus der Naturforschung und den angenehmen Wissenschaften überhaupt". Ab 1767 lautet der Titel noch präziser: „Neues Hamburgisches Magazin oder Fortsetzung gesammleter Schriften aus der Naturforschung, der allgemeinen Stadt- und Landökonomie und den angenehmen Wissenschaften überhaupt".

---

[68] Ebd., S. 323.
[69] Vgl. bei K. Jacoby, Die ersten moralischen Wochenschriften Hamburgs am Anfange des 18. Jahrhunderts. Wissenschaftliche Beigabe zum Osterprogramm des Wilhelm-Gymnasiums 1888. Hamburg 1888. In: Deutsche Schulprogramme 1888, S. 680—693.
[70] Kirchner gibt für die Zeit von 1700—1790 die Zahl mit 3446 an. S. 323.

In Görlitz erscheint seit 1768 ein „Lausitzisches Magazin oder Sammlung verschiedener Abhandlungen und Nachrichten zum Behuf der Natur-Kunst-Welt- und Vaterlands-Geschichte, der Sitten, und der schönen Wissenschaften". Wenn auch die Titel sich ähneln, sind die beiden Zeitschriften doch grundverschieden. Das Hamburger Magazin stellt in erster Linie die Probleme der Stadt, im besonderen die der Hafenstadt Hamburg, in den Vordergrund. Schöne Künste, Kenntnis fremder Länder und vor allem Handel und Gewerbe, seit der Gründung der „Patriotischen Gesellschaft" im Jahre 1765 in verstärktem Maße, bilden den Inhalt der Zeitschrift. Ganz anders gibt sich hingegen das Lausitzer Magazin. Hier ist der Titel anspruchsvoller als der Inhalt. Wenn auch nur für die ländlichen Gegenden gedacht, befaßt es sich doch wenig mit den Fragen der Ökonomie. Einzig die Bienenzucht, eine wichtige Erwerbsquelle in der Lausitz, steht mehrmals im Vordergrund. In der Hauptsache aber besteht der Inhalt aus Amtsnachrichten, aus Anzeigen von Todesfällen, Heimatgeschichte, Beschreibung von Naturereignissen und Unglücksfällen in der näheren Umgebung. Die Zeitschrift hat also eher den Charakter eines „Wochenblättchens". Technologische Probleme rücken in der vorwiegend agrarischen Gegend ohnehin in den Hintergrund.

Ähnlich wie das „Hamburgische Magazin", stammen auch die übrigen Publikationen solcher Art meist aus den Messestädten oder zumindest aus größeren Städten, wobei dann naturgemäß die Stadtwirtschaft (also die spätere Technologie) eine vorherrschende Rolle spielt. Diese Magazine werden meist von wachen Verlegern herausgegeben, die zum Teil namhafte Gelehrte um Beiträge angehen oder solche aus anderen, oft ausländischen Zeitschriften übernehmen. Wie mannigfaltig die Zusammenstellung der Beiträge oft erscheint, ja im allgemeinen Leserinteresse häufig sein möchte, zeigt ein Auszug aus der Vorrede des Herausgebers im „Berlinischen Magazin", das seit 1765 gedruckt wird. Es enthält „Übersetzungen, Auszüge und Nachrichten aus neuen oder seltenen Büchern und ausländischen Journalen, Originalaufsätze aus allen Theilen der nützlichen und angenehmen Wissenschaften, einzelne Beobachtungen und Erfahrungen aus der Arzneywissenschaft, Naturgeschichte und Oekonomie; Moralische Historische und zuweilen kurze poetische Stücke; eine Anzeige derer seit 1763 bekannt gewordenen Schriften, welche in benannte Wissenschaften einschlagen, und kurze Nachrichten von denselben. — Das werden ohngefähr die Abwechslungen seyn, die man in gegenwärtigem Magazine zu erwarten hat"[71].

---

[71] Berlinisches Magazin. Band I. Berlin 1765, S. 12.

2d. Technologische Beiträge in den Zeitschriften

Der Technologie wird ein gebührender Raum gegeben. Regelmäßig finden sich Ankündigungen und kurze Beschreibungen von neuen Erfindungen sowie eine Abschätzung ihres künftigen Nutzens. Auch längere technologische Beiträge, die sich bisweilen über mehrere Hefte erstrecken, sind in der Zeitschrift enthalten[72]. Magazine ähnlicher Tendenz, meist nur mit geringfügiger thematischer Abweichung, kommen aus Bremen, Dresden, Gotha usw.

Wie rege die Nachfrage nach solchen Publikationen ist, beweisen die zahlreichen Übersetzungen ausländischer Zeitschriften, wobei vor allem die dänischen von Bedeutung sind. Darauf wird noch später eingegangen.

Es folgt nun eine Betrachtung der rein ökonomischen Zeitschriften mit ihrer weniger weit gespannten Thematik. Dabei gilt es zunächst den Begriff „ökonomisch" zu klären. Da er im Verlaufe des 18. Jahrhunderts meist den gesamten Wirtschaftsbereich umfaßt, so bezeichnet er danach fast nur noch die Landwirtschaft, was auf den Einfluß der Physiokraten zurückzuführen ist. Von den Gründungen der zahlreichen Landwirtschaftsgesellschaften seit der Mitte der sechziger Jahre war bereits die Rede. Diese Gesellschaften veröffentlichen meist ihre eigene „ökonomische" Zeitschrift, die vor allem agrarische Probleme behandelt, wenn auch von Zeit zu Zeit technologische Fragen erörtert werden, häufig die Mechanisierung der Landwirtschaft betreffend. Rohr hatte als erster die Herausgabe von ökonomischen Zeitschriften gefordert, Dithmar war es, wie bereits erwähnt, der diesen Plan verwirklichte. Wenn man jedoch die spätere Weiterentwicklung der ökonomischen Zeitschriften betrachtet, so ist, abgesehen von dieser Pioniertat, Dithmars Leistung bescheiden zu nennen. Sucht die „Oeconomische Fama" auch den gesamten Bereich der Kameralwissenschaften zu umfassen, so sind die Beiträge oft recht naiv und unwissenschaftlich.

Immerhin gab dieser Versuch, der Kameralwissenschaft ein publizistisches Organ zu schaffen, den Anstoß zu einer wahren Flut von ähnlichen mehr oder minder anspruchsvollen Unternehmen. Viele davon gingen aus Mangel an Interesse oder aus Mangel an geeigneten Beiträgen wieder ein. Eine hervorragende Ausnahme bilden Georg Heinrich Zinckes „Leipziger Sammlungen", die mit Recht einen außergewöhnlichen Ruf besitzen und als Vorbild im In- und Ausland wirken. Die Zeitschrift erscheint immerhin beinahe zwanzig Jahre lang, und zwar von 1742 bis 1761. Ein willkürlich herausgegriffenes Beispiel

---

[72] Ebd., Band II. Berlin 1766, S. 353: „Vom Nuzen derer Fabriken und Manufacturen, in Beziehung auf einen Staat und desselben Beherrscher."

gibt einen Überblick über die Vielseitigkeit und Wissenschaftlichkeit dieser Zeitschrift. Im 9. Stück des Jahres 1744 erscheinen folgende Artikel: 1. „Des Grafen von N. besondere Vorteile und Erfahrungen in allerhand Land- und Hauswirtschaftlichen Geschäften" (Fortsetzung). 2. „Vermischte Anmerkungen vom Kameral-, Manufaktur-, Kommerzien- und Bauwesen." 3. „Nachrichten von den zum Bergwerk und Schmelzwesen gehörigen Wissenschaften samt ihren Schriften und ihren Zustand nebst einem Auszug aus des Herrn Bergrat Dr. Henckels Kieshistorie" (Fortsetzung). 4. „Erinnerungen, die Kinderzucht, Schulanstalten und Hauskinderlehrer betreffend." 5. „Anmerkungen das Alter der Bienen betreffend." 6. „D. Joh. Albert Gesners Historie vom Kobalt[73]."

Um die Mitte des 18. Jahrhunderts bemüht sich Dänemark angestrengt um eine Hebung seiner Wirtschaftskraft, was auch die bereits erwähnte Berufung Justis zur Folge hatte. Seit 1757 erscheint in Kopenhagen ein Magazin, das jeweils als geschlossener Jahrgang zwei Jahre später in deutscher Übersetzung von Christian Gottlob Mengel in Kopenhagen und Leipzig auf den Markt kommt. Unter vorwiegend wirtschaftlichem Aspekt werden Aufsätze aus dem Gebiet der Seefahrt, Geographie, des Ackerbaues, der Handwerke und der Manufakturen veröffentlicht. Der Gedanke der Hebung von Landwirtschaft, Handel und Gewerbe steht im Vordergrund. Deshalb finden sich in erster Linie Vorschläge und Projekte, Preisfragen und Aufforderungen zu Verbesserungsvorschlägen in dieser Zeitschrift. Ein kennzeichnendes Beispiel mag wiederum zur Verdeutlichung dienen. Die Zeitschrift hatte folgende Preisfrage gestellt: „Kann jemand durch eine deutliche Zeichnung oder Modell, eine solche Maschine vorstellen, welche das Getrayde, wenigstens auf großen Landgütern, dergestalt ausdreschen kann, daß die Arbeit von 6 bis 8 Leuten dabey gestatet, und dennoch so wohl das Stroh als das Getrayde gehörig behandelt wird[74]." Dieser wohl bereits früher gestellten und nur nochmals abgedruckten Aufgabe folgt anschließend die preisgekrönte Antwort. Sie ist im vollen Wortlaut abgedruckt und mit einer Konstruktionszeichnung versehen. Eine Anmerkung jedoch weist darauf hin, daß diese Erfindung nicht voll realisierbar sei, darauf aber käme es letzten Endes nicht an, wichtig allein sei, daß, wie es hier der Fall sei, auch Laien Erfindungen machen könnten. Im Interesse der Wohlfahrt des

---

[73] Abgedruckt bei M. Güntz, Handbuch der Landwirthschaftlichen Literatur. Leipzig 1897, Teil II, S. 54.

[74] Kopenhagener Magazin von Oeconomischen Cameral-Policey-Handlungs-Manufactur-Mechanischen und Bergwercksgesetzen, Schriften und kleineren Abhandlungen, welche die Königlich-Dänischen Reiche und Länder betreffen. Kopenhagen und Leipzig 1762, Band II, S. 775—833.

2d. Technologische Beiträge in den Zeitschriften

Landes sollten solche Versuche, wenn möglich, mit staatlichen Mitteln gefördert werden[75].

Noch ein weiterer Vorschlag erscheint wert hervorgehoben zu werden, da er seiner Zeit weit vorausgreift. In einem einleitenden Aufsatz des I. Bandes wird vorgeschlagen, daß man „allen armen geschickt befundenen Studenten auftragen könnte, sich auf gewisse nützliche Dinge, entweder auf Fabriquen, den Ackerbau, oder dergleichen betreffende Wissenschaften zu legen"[76]. Während dieses Studiums sollen sie vom Staate eine feste Besoldung erhalten, „so daß sie ohne Verachtung leben" können. Auf diese Weise, so wird gefolgert, erhält der Staat eine große Anzahl von Fachkräften, die seiner Wirtschaft zugute kommen. Solchen von Studenten gemachten Erfindungen solle der Staat weiterhin seine Unterstützung zusagen, um den Erfinder zu belohnen und das Projekt zu realisieren.

Auch in Deutschland finden sich ähnliche Bestrebungen, den Staat stärker als bisher zu veranlassen, durch Anreize schlummernde Talente zu wecken, beziehungsweise durch öffentliche Institutionen dem Bürger bei der Hebung seiner Wirtschaftskraft zu helfen. In Hessen-Darmstadt wird auf Befehl des Landesherren ein sogenanntes „Intelligenz-Comtoir" eingerichtet, was sich ungefähr mit „Beratungsstelle für Fragen der Wirtschaft" umschreiben läßt, wobei die Praxis und weniger die Theorie im Vordergrund steht. Um dieses Unternehmen den Bürgern bekannt und zugänglich zu machen, erscheinen seit 1772 die sogenannten „Heßischen Intelligenzblätter"[77], die sich wie folgt den Lesern vorstellen: „Vermöge der von Unsers Durchlauchtigsten Fürsten und Herrn Hochfürstl. Durchlaucht, unter dem 30. Merz des laufenden Jahres, wegen Errichtung der Intelligenzanstalten an beyde Fürstliche Regierungen zu Darmstadt und Gießen und von da weiter in sämtliche Fürstliche Lande erlassenen höchsten Verordnung, nehmen hiermit die Heßischen Intelligenzblätter ihren Anfang[78]." Anschließend wird die Aufgabe dieser Zeitschrift in zwölf Punkten umrissen, von denen hier die wichtigsten kurz angeführt werden. Der Abdruck landesherrlicher Verordnungen, die die Ökonomie betreffen, steht an erster Stelle. Ferner setzt sich die Zeitschrift die Aufgabe,

---

[75] Kopenhagener Magazin, Band II, 1762, S. 775—833.

[76] Ebd., Band I, 1769, S. 30.

[77] Insgesamt erschienen vier Jahrgänge, die 1778 vierbändig unter folgendem Titel herausgegeben wurden: „Hessen-Darmstädtisches Magazin, worinnen kleine ökonomische Abhandlungen, einzelne Gedanken, Nachrichten, Vorschläge und Erfahrungen, die Verbesserung des Nahrungsstandes, Verordnungen, die Land- und Stadtwirthschaft, Handlung, Manufacturen und Künste, die Physik, die Sittenlehre und angenehme Wissenschaften betreffend, befindlich sind."

[78] Ebd., Band I, S. 1.

ökonomische Fragen in allgemeinverständlicher Form zu behandeln, eine ökonomische Korrespondenz — man würde heute darunter Leserzuschriften verstehen — zu veröffentlichen u.a.m. An zwei Stellen gehen die Herausgeber auch auf das „Intelligenz-Comtoir" ein und fordern die Leser auf, dessen Hilfe in Anspruch zu nehmen, besonders wenn es um technische Probleme geht, wie zum Beispiel um die Zweckmäßigkeit einer neuen Maschine, deren Anschaffung erwogen wird[79]. Neben Modellen von Maschinen will diese Beratungsstelle auch Sammlungen von Naturalien und Manufakturprodukten anlegen. Wie sehr der Staat eine Benutzung dieser Stelle wünscht, zeigt der Umstand, daß alle Anfragen und Einsendungen an das „Intelligenz-Comtoir" portofrei befördert werden sollen[80].

Abschließend mag noch ein kleines Beispiel aus dem dritten Jahrgang (1774) zeigen, daß sich die Zeitschrift gerade auf technologischem Gebiet bemüht, den Anschluß an die Entwicklung zu halten. Dort wird eine Abhandlung wie folgt angekündigt: „Vermischte Lehren und Bemerkungen die Müller- und Beckerhandwercke betreffend. Aus dem großen Wercke, dem Schauplatz der Künste und Handwerke, wollen wir hier einige vorzüglich nützliche Bemerkungen auszeichnen, die sonst wenigen Unserer Leser bekannt werden möchten, wobey Uns übrigens Herr Hofrath Beckmann in der P.O.B. (Physicalisch-Oeconomische Bibliothek, d. Verf.) die Mühe schon sehr erleichtert hat[81]."

Gerade mit dem Teilabdruck von technologisch wertvollen Werken tragen die ökonomischen Zeitschriften nicht unwesentlich dazu bei, in der breiteren Öffentlichkeit Verständnis und Aufgeschlossenheit für die Technologie zu wecken. Besonders die abwechslungsreiche, leichtverständliche Art der Darbietung macht den Leser aufnahmebereiter, als es die meist recht trockenen, von Fachausdrücken und Formeln wimmelnden technischen Fachbücher vermögen[82].

---

[79] Ebd., Band I, S. 5: „Das Intelligenz-Comtoir ist bereit, jedem einzelnen Land- oder Stadtwirthschafter, auf alle mögliche Art zu statten kommen, und wenn dahero ein oder der andere diese oder jene Nachricht, ein Modell, eine Saemerey und dergleichen verlangen sollte, wird dasselbe gegen billige Vergütung des gehabten Aufwandes, ofters aber auch ganz umsonst damit an Handen gehen. Neuntens, auch ohne daß es in manchen Fällen besonders verlangt wird, wird das Comtoir einen Vorrath von Modellen unterhalten, welche jedermann beaugenscheinigen und sich dadurch diese oder jene vielleicht an auswärtigen Orten aufgestellte Maschine bekannt machen kann."
[80] Hessen-Darmstädtisches Magazin, Band I, S. 6.
[81] Ebd., Band III, S. 158 ff.
[82] Hier eröffnet sich für die Forschung noch ein weites Feld. Die Technikgeschichtler finden in den Zeitschriften Hinweise, inwieweit neue Erfindungen sich durchsetzten, welche Schwierigkeiten sich bei der Einführung ergaben und wo sie zuerst realisiert wurden.

Sinn der Ausführungen in diesem Kapitel war es, aufzuzeigen, wie vor allem seit der Renaissance das Interesse an der Technik zunimmt und in der Literatur seinen Niederschlag findet. Was zunächst nur Liebhaberei oder begrenztes Fachinteresse zu sein scheint, weitet sich im 17. und vor allem im 18. Jahrhundert auf breitere Kreise aus, wobei eine technologische Betrachtungsweise immer mehr an Boden gewinnt. Die Technologie, bis jetzt noch nicht als „Wissenschaft" fixiert, wird nunmehr zu einem wesentlichen Faktor des Wirtschaftslebens. In Gang gebracht wird dieser Prozeß nicht von Technikern, wie man vermuten könnte, sondern von den Kameralisten, die als erste die Bedeutung der Technik für Staat und Gesellschaft erkennen. Durch ihre zahlreichen Publikationen wirken sie auf weite Teile der Bevölkerung ein und weisen sie auf die Wichtigkeit der Technik hin.

VI. Die Schule als Vermittlerin technologischer Kenntnisse

Wenn auch in den vorangegangenen Kapiteln gelegentlich die Behandlung technologischer Probleme in den Schulen oder vielmehr in den Schulprojekten gestreift wurde, so erscheint dennoch ein kurzer Überblick über die Schulentwicklung gerade für die Zeit nach 1740 unerläßlich, denn neben der Vermittlung technologischer Kenntnisse durch gedruckte Publikationen kommt im 18. Jahrhundert dem Schulunterricht eine entscheidende Bedeutung zu.

Ist die Schule des 16. Jahrhunderts noch in erster Linie als Vorbereitungsstufe für das Studium an den Universitäten gedacht, und dominieren deshalb im Unterricht Griechisch und Latein, so wendet man sich im 17. Jahrhundert daneben einem Ausbau der niederen Bildung zu, die alle Landeskinder erfassen soll.

Die Gelehrtenschule und die Volksschule stellen zwei extreme Positionen dar. Kinder, die zwar später nicht studieren wollen, aber wiederum mehr zu leisten vermögen, als ihnen auf der Volksschule abverlangt wird, finden keine geeignete Ausbildungsmöglichkeit. Es handelt sich dabei vor allem um die Kinder aus dem Bürgertum, das, schon seit Jahrhunderten im Bereiche des Handwerks und des Handels tätig, nun einen Großteil des aufkommenden Beamtentums stellt. Aus dieser Schicht kommt zuerst die Forderung, in den Schulen neben den eigentlichen Grundlehrfächern auch die „Realien" stärker zu berücksichtigen, also Wissensgebiete, die mehr von praktischen Gesichtspunkten bestimmt sind, wie die Naturlehre im weitesten Sinne, Kaufmännisches Rechnen, Zeichnen und Messen. Erste Ansätze zeigen sich hier, wie bereits erörtert, bei Comenius, Radtke, Weigel, Seckendorff und Thomasius. Im 18. Jahrhundert sind es dann zunächst Francke und Semler, die den Nutzen der mehr praktischen Wissenschaften erkennen und den Boden für die späteren Realschulen vorbereiten.

Das 18. Jahrhundert zeigt nun eine Fülle von Schulexperimenten und Reformversuchen. Dem Geiste der Zeit entsprechend, legt man dabei besonders auf solche Wissensgebiete Wert, die dem Schüler von praktischem Nutzen sind. Die vollkommene Beherrschung der klassischen Sprachen, wie sie von den Gelehrtenschulen angestrebt wird, muß nach dieser Denkweise als Ballast erscheinen.

VI. Die Schule als Vermittlerin technologischer Kenntnisse

Von Semlers gescheiterten Versuchen, eine Realschule als Vorbereitungsstätte für den handwerklichen Beruf zu schaffen, war bereits die Rede. Dennoch wirkt die Idee Semlers weiter. Nach dem Tode August Hermann Franckes (1727) häufen sich die Kontakte zwischen Semler und jungen Lehrern des Franckeschen Pädagogiums, die seine Vorschläge aufgreifen und zum Teil später in eigenen Schulplänen verwenden. Hier sind vor allem die Namen von Johann Gottfried Groß (1703—1768), Johann Julius Hecker (1707—1768), Johann Jacob Reinhardt (1714—1772) und Friedrich Gabriel Resewitz (1729—1806) zu nennen.

Johann Gottfried Groß veröffentlicht 1740, ein Jahr vor seiner Berufung als Professor an die Ritterakademie in Erlangen, einen Schulplan, den Zincke 1742 im ersten Bande seiner „Leipziger Sammlungen" abdruckt und kommentiert[1]. Groß unterbreitet hier den Plan eines „Seminarii oeconomico politici d. i. einer solchen Schulanstalt, darinne die zu Hof-, Civil-, Cameral- und Militair-Bedienungen zur Handlung, Marine Oeconomie, zu Künsten und anderen dergleichen Lebensarten gewidmet, nicht studierende Jugend zu erziehen seyn mögte"[2].

Groß beklagt vor allem, daß es in Deutschland nur zwei Schultypen gäbe, die lateinische und die deutsche Schule, aber drei Gruppen von Jugendlichen, nämlich „die studierende oder sogenannte lateinische Jugend", „die nicht studierende oder politische Jugend" und „die gemeine deutsche Jugend". Für die mittlere Gruppe gibt es, so stellt Groß fest, bisher noch keine geeignete Schulform; denn „wo sollen diejenigen in die Schule gehen, die zwar keine Lateiner, aber auch keine bloßen Handwerker, Musketiers, Bauern und Tagelöhner werden sollen"[3].

Im Gegensatz zu Semler fordert Groß keine Schule für zukünftige Handwerker, sondern für das bessergestellte Bürgertum[4]. Sein Schul-

---

[1] Der Plan ist in Auszügen abgedruckt in: Quellen zur Geschichte der Mittel- und Realschulpädagogik. Hrsg. von N. Maaßen, Band I, Hannover 1959, S. 31 ff.
[2] Ebd., S. 31.
[3] Maaßen (1959), S. 32.
[4] Ebd., S. 32. Keine geeignete Berufsvorbereitung hatten bisher „der unstudierte Adel, Kriegsbedienstete und Offiziere, Offizianten in Seestädten oder bei der Marine, Camerales, Cassierbeamte, Verwalter, Polizei-; Steuer- und Akzis-Bediente, Aktuare, Notare u. s. w., mit einem Wort alles, was vom Schreiben Profession macht, ferner Ratsherren, Bankiers, Kaufleute, Handelsleute, Beamte der Post, Forst, Jagd, vornehme Künstler und Berufsverwandte, Apotheker und Wundärzte, Baumeister, Ingenieure, Mechaniker, Kupferstecher, Buchdrucker, Buchhändler, Bildhauer, Maler, Gastwirte u. s. w., Pächter und Ökonomen u. v. a."

plan sieht folgende Fachklassen vor: Ausländische Sprachklassen, Kunst- und Maschinenklasse, Bauklasse, Moral- und Sittenklasse, Rechts- und Polizeiklasse, deutsche Rede- und Korrespondenzklasse, Handlungs- und Kommerzienklasse, Wirtschafts- und Ökonomische Klasse, Kuriositäten- oder Extraklasse[5].

Die Schüler sollen die Schule vom 7. oder 8. bis zum 15. oder 16. Lebensjahr besuchen, wobei sie die Fachklassen je nach ihrem künftigen Beruf selbst wählen können. Wenn der Schulplan in manchen Teilen die Schulanstalten Franckes zum Vorbild hat, so ist doch deren pietistische Grundhaltung nicht zu spüren. Groß vertritt vielmehr eine stark rationalistische Auffassung. Die religiöse Unterweisung spielt in seinem Lehrplan kaum eine Rolle. Wenn der Plan auch nicht von Groß selbst verwirklicht wird, so wirkt er doch entscheidend auf die Entwicklung des Realschulwesens ein; denn Johann Julius Hecker, ein enger Freund von Groß, baut nach diesem Entwurf eine Realschule auf, die den eigentlichen Anstoß zur Ausbreitung des Realschulwesens in Deutschland gibt[6]. Hecker, seit 1739 Prediger an der Dreifaltigkeitskirche in Berlin, eröffnet 1747 eine „Oeconomisch-Mathematische Realschule", die er ein Jahr später mit einem Lehrerseminar verbindet.

Dem technologischen Unterricht gibt Hecker breiten Raum: „Unter den nützlichen Sachen, welche wir der Jugend wollen beibringen lassen, nennen wir zuerst die Mechanik. In dieser Klasse empfängt die Jugend einen Unterricht von Werkstätten, Instrumenten und Handwerksgeräten, von Kupfer-, Messing-, und Eisenhämmern, von allerhand Arten der Uhren, von Getreide-, Papier-, Wasser-, Roß-, Wind-, Walk- und Handmühlen, vom Pfluge und andern zum Ackerbau erforderlichen Instrumenten etc...[7]." Außerdem gehören zum Unterricht Besichtigungen von Handwerks- und Manufakturbetrieben sowie Zeichnen und Reißen. Wo keine Besuche möglich sind, werden sie durch Abbildungen und Modelle ersetzt.

Heckers Schule wird zum Ausstrahlungspunkt für ganz Deutschland. Überall, wo ähnliche Bestrebungen im Gange sind, dient die Berliner Realschule als Vorbild. Bereits 1750 gründet der frühere Inspektor bei

---

[5] Ebd., S. 33—36.
[6] Maaßen-Schöler (1960), S. 53: „Hecker selbst führt seine Schule unmittelbar auf Semlers Anregungen zurück. Francke wird mit keinem Wort von ihm erwähnt. Im übrigen folgt er in der Organisation und Aufstellung des Lehrplanes bis in alle Einzelheiten dem Entwurf seines Freundes Groß. Freilich steht Hecker dem Pietismus näher als Groß."
[7] J. J. Hecker, „Sammlung der Nachrichten von den Schulanstalten bey der Dreyfaltigkeitskirche...". Berlin 1749. Im Auszug wiedergegeben bei Maaßen (1959), S. 37 f.

VI. Die Schule als Vermittlerin technologischer Kenntnisse

den Franckeschen Anstalten Johann Arnold Zwicke am Braunschweiger Waisenhaus eine Realschule nach Berliner Muster, die aber bald wieder eingeht. Ein ähnliches Schicksal erleidet die von dem kameralistischen Schriftsteller Graf Hohenthal in Wittenberg gegründete Realschule, die infolge der Wirren des Siebenjährigen Krieges den Unterricht einstellen muß. Neugründungen in Essen, Stargard und Breslau sind dagegen erfolgreich. Auch im Süden des Reiches faßt der Realschulgedanke Fuß. Hier ist es besonders der österreichische Abt Ignaz Felbiger (1724—1788), der als Schüler von Hecker und Hähn, einem der Mitarbeiter Heckers, das Schulwesen in Österreich reformiert.

Noch ein weiterer Realschulplan, ebenfalls auf den Gedanken Semlers basierend, darf nicht unerwähnt bleiben. Der badische Geheime Rat Johann Jacob Reinhardt (1714—1772), seit 1747 im Dienst des Markgrafen von Baden, setzt sich im süddeutschen Raum nachdrücklich für die Gründung von Realschulen ein. 1760 erscheint sein „Kurzer Entwurf zu einer Realschule vor Orte, so bereits mit denen gewöhnlichen Schulen versehen sind"[8]. Ähnlich wie Hecker baut auch Reinhardt auf dem Entwurf von Groß auf, nur daß er sich auf zehn Fachklassen beschränkt, die ebenfalls nach Wahl von den Schülern besucht werden können. Bemerkenswert sind Reinhardts Ausführungen über den technologischen Unterricht, die zwar im wesentlichen Vorschlägen Semlers nachempfunden sind[9], aber darüber hinaus auch Neues bieten; denn Reinhardt legt gleichzeitig mit dem Schulplan auch einen Entwurf für den technologischen Unterricht vor, der in Form einer mehrseitigen Tabelle gehalten ist. Reinhardt teilt seinen Lehrplan in zwei Hauptgruppen ein, in den Unterricht über die „mechanischen Künste" und in den Unterricht über die „Haushaltung". Diese beiden Hauptgruppen sind in 22 Untergruppen eingeteilt, die wiederum (geschätzt) 500 spezielle Unterrichtsthemen umfassen. Unter der Rubrik „Haushaltung" rangieren die Untergruppen Ackerbau, Viehzucht und Bergbau, sie

---

[8] J. J. Reinhardt, Vermischte Schriften, Band I. Frankfurt/Leipzig 1760 bis 1763, S. 149—166.

[9] Reinhardt (1760—1763), S. 154: „Die Absicht derer Realschulen ist nicht, daß wir deren Schüler als Lehrjungen bei allen nur möglichen Handwerkern aufdingen; sondern, wir wollen sie nur so weit bringen, daß sie die Handwerke und Künste, denen sie sich dermaleins zu widmen gedenken, aus richtigen Gründen und nicht nach denen blosen Handgriffen des Meisters lernen können; daß sie die Ursachen und den Endzweck der mechanischen Arbeit beurtheilen und folglich sie auch verbessern lernen; daß sie vielerlei Ideen bekommen, um durch deren Zusammensetzung, welche nach unendlicher Mannigfaltigkeit geschehen kan, neue Erfindungen zu machen, und, daß man einem jeden der in seiner Wissenschaft etwas besonderes thuen wil, Gelegenheit verschaffet, dasjenige kurz beisammen zu sehen, was er auf eine andere Art entweder gar nicht, oder doch anders nicht dan mit groser Beschwerlichkeit sehen kan."

stellen also im wesentlichen eine Aufzählung der Rohmaterialien dar. Die mechanischen Künste hingegen gliedert Reinhardt auf in „Werkzeuge zu der Haushaltunge und denen Künsten, zu der Wohnunge, zu der Kleidunge", wobei er zum Beispiel den Handschuhmacher unter der Rubrik Kleidung aufführt, den Schlosser als den Produzenten von Hausrat unter der Rubrik Wohnung.

Hier wird deutlich, wie stark einerseits das Bemühen Reinhardts ist, den Lehrplan in eine Systematik zu zwingen, andererseits zeigt sich aber auch das Unvermögen, den technologischen Stoff sinnvoll zu erfassen und zu begreifen. In diesem Zusammenhange erscheint unverständlich, warum Reinhardt gesonderte Fachklassen für Ökonomie, Chemie und mechanische Künste einrichten will, während doch gerade seine Lehrplantabellen den engen inneren Zusammenhang dieser Gebiete demonstrieren.

Der Typus der Realschule in der oben geschilderten Form herrscht ungefähr bis in die Mitte der siebziger Jahre des 18. Jahrhunderts vor. Dann werden allmählich Bestrebungen spürbar, diese Schulform den sich wandelnden Verhältnissen anzupassen. Denn trotz aller Bemühungen Heckers und seiner geistesverwandten Zeitgenossen, mit der Realschule die dem Bürgertum gemäße Bildungsanstalt zu schaffen, überwiegt in deren Lehrplan ein Bildungsstoff, der letzten Endes nur einen Teil des Bürgertums, nämlich die Handwerker, anspricht. Dennoch kommt es nicht sofort zu einer Änderung des Realschulwesens und der Bildungsinhalte, aber es macht sich doch eine Akzentverschiebung bemerkbar, die sich zunächst nur in einer Namensänderung ausdrückt. Der Name „Realschule" wird zurückgedrängt und durch „Höhere Bürgerschule" ersetzt. Darin zeigt sich das wachsende Selbstbewußtsein des Bürgertums, das sich nun, in der zweiten Hälfte des 18. Jahrhunderts, immer mehr als „Stand" konsolidiert[10]. Eine Verschiebung der Bildungsinhalte erfolgt aber erst gegen Ende des Jahrhunderts, die mit dem „Philanthropismus" und dem „Neuhumanismus" verknüpft ist.

Ein Schulmann, der zwar mit seiner Auffassung noch ganz in der utilitaristischen Bildungsvorstellung der Aufklärung lebt und dennoch schon den Blick auf die zukünftige Entwicklung richtet, ist Friedrich Gabriel Resewitz. Seit 1767 Prediger und Direktor des Armenwesens in Kopenhagen, gründet er 1769 die erste dänische Realschule. 1773 veröffentlicht Resewitz seine bedeutende reformpädagogische Schrift: „Die Erziehung des Bürgers zum Gebrauch des gesunden Verstandes und zur gemeinnützigen Geschäftigkeit." Resewitz geht es darum,

---

[10] Maaßen-Schöler (1960), S. 66.

VI. Die Schule als Vermittlerin technologischer Kenntnisse 147

die Schule von Bildungsballast zu befreien, sie soll nur das lehren, was lebensklug macht, vor allem nützliches Wissen vermitteln. Er sieht eine Dreiteilung des Schulwesens vor: 1. Schulen für den Bauernstand, 2. Handwerkerschulen für die Provinzialstädte und den „niederen Stand" in den Hauptstädten, 3. Erziehungsanstalten (Realschulen) in den Hauptstädten, die besonders für den Kaufmann und Gewerbetreibenden gedacht sind[11]. Daneben sollen die Gelehrtenschulen bestehen bleiben, wobei in ihren Lehrplan Teile des Lehrplans der bürgerlichen Schulen (vor allem Realien) eingeschoben werden sollen. Dieser Gedanke einer Reform der Gelehrtenschulen veranlaßt den Minister für das preußische Schulwesen, Karl Abraham von Zedlitz (1731—1793), Resewitz 1775 als Abt des Klosters Berge bei Magdeburg zu berufen.

Die Schule zu Kloster Berge ist in jener Zeit eine der berühmtesten Bildungsanstalten Deutschlands. Im 16. Jahrhundert gegründet, wird sie im 17. Jahrhundert in ein „Pädagogium" umgewandelt. Unter dem Abt Johann Adam Steinmetz (1689—1762) gelangt die Gelehrtenschule zu höchster Blüte. Die Naturwissenschaften werden in gleichem Maße gepflegt wie die klassischen Sprachen. Besondere Verdienste als Lehrer für die naturwissenschaftlichen Fächer erwerben sich dabei die Brüder Silberschlag. Johann Esaias Silberschlag (1721—1791) wird neben seiner Lehrtätigkeit auch durch seine Arbeiten über den Wasserbau bekannt. Nach dem Tode Heckers wird er einer der zwei Direktoren der Realschule in Berlin. Sein jüngerer Bruder, Johann Elias Silberschlag (1731—1790), veröffentlicht 1768 „Ausgesuchte Klosterbergische Versuche in den Wissenschaften der Naturlehre und Mathematik". Aus dieser Schrift ist zu ersehen, wie eng an der Schule zu Kloster Berge Theorie und Praxis miteinander verflochten sind. Nach dem Tode von Steinmetz übernimmt Johann Friedrich Hähn (1710—1780) die Schule. Als ehemaliger Mitarbeiter Heckers schenkt er gerade den „Realien" stärkere Beachtung. Doch wegen schlechter Verwaltung des Klosters wird er 1771 seines Amtes enthoben. Sein Nachfolger, Erhard Andreas Frommann bleibt nur bis 1774, und im Jahr darauf übernimmt Resewitz die Leitung des Klosters und der Schule. Er beginnt seine Tätigkeit mit der Abfassung einer „Nachricht von der gegenwärtigen Einrichtung in Unterricht, Lehrart und Erziehung auf dem Pädagogio zu Kloster Bergen", die 1776 in Magdeburg erscheint. Darin berichtet Resewitz „Von dem Zweck und der allgemeinen Verfassung dieser Erziehungsanstalt"[12]. Wie sehr er bestrebt ist,

---
[11] H. Holstein, Geschichte der ehemaligen Schule zu Kloster Berge. Leipzig 1886, S. 56.
[12] Vgl. Holstein (1886), S. 57 f.

den Lehrplan der Gelehrtenschule mit dem einer Realschule zu verbinden, geht aus folgenden Sätzen hervor: „Der Zweck der Anstalt ist nicht bloß dahin gerichtet, eigentlich Studierende zum künftigen akademischen Unterricht vorzubereiten, sondern auch solche, die dereinst Cameralisten, Kaufleute oder Officiere werden oder auch ihre eigenen Güter verwalten wollen, mit den Vorkenntnissen zu versehen, die ihren Geist bilden und sie zu ihrem vorhabenden Geschäft tüchtig machen können." Um die Realien stärker zur Geltung zu bringen, beschneidet Resewitz den Unterricht in den klassischen Sprachen, was ihm 1780 eine Rüge des preußischen Kabinetts einträgt[13]. Seine übrigen Vorschläge in bezug auf die Lehrplangestaltung werden genehmigt. Für den Bereich der Naturgeschichte „wird lobend anerkannt", so gibt Holstein sinngemäß das Kabinettsschreiben wieder, „daß für den Sommer zwei botanische Lectionen für die Anleitung zur theoretischen und praktischen des Pflanzenreiches nach dem Linnéschen System im Lehrplan angesetzt sind. Es ist jedoch wünschenswert, daß dabei das Ökonomische vorzugsweise genutzt werde, und zwar nach Beckmanns Grundsätzen der deutschen Landwirtschaft. Für den Unterricht im Wintersemester wurde Beckmanns Technologie oder die beiden anderen Teile der Naturgeschichte angeordnet"[14].

Es ist erstaunlich, wie schnell Beckmanns 1777 erschienene „Anleitung zur Technologie" als Lehrbuch in den Schulen Eingang findet. Da Beckmanns Buch aber mehr für den Studierenden gedacht ist, folgen bald von Pädagogen verfaßte „Technologien" für den Schulgebrauch. Auch hier geht die Schule zu Kloster Berge mit gutem Beispiel voran. 1785 gibt der Lehrer der Geschichte und Technologie Johann Gottlieb Cunradi eine „Anleitung zum Studium der Technologie oder kurze faßliche Beschreibung verschiedener Künste und Handwerke" heraus. Die Vorteile des technologischen Unterrichts legt Cunradi in mehreren Punkten dar: Die Jugendlichen erkennen, daß auch die Handwerke neben praktischem Können Verstand und Überlegung verlangen und sie deshalb zu Unrecht ein geringes Ansehen haben. Außerdem erhält der junge Mensch im technologischen Unterricht die Voraussetzung dazu, später einmal selbst Erfindungen machen zu können.

Im Gegensatz zu Reinhardt, der in seiner Tabelle ein Übermaß an Unterrichtsstoff anhäuft, ist Cunradi um Übersichtlichkeit bemüht. Ähnlich wie Beckmann in seiner „Anleitung zur Technologie" bringt er nur einzelne Beispiele, die, insgesamt gesehen, einen Einblick in die verschiedenen technisch-technologischen Möglichkeiten in den Ge-

---

[13] Vgl. Holstein (1886), S. 68 f.
[14] Ebd., S. 69.

werben geben. Cunradi führt 26 Beschreibungen von Arbeitsverfahren auf, die in ihrer Zusammenstellung heute etwas ungewöhnlich anmuten. So zählt er unter anderem die „Oblatenbäckerei" und die „Tobackspfeifen-Brennerey" auf, während von den metallverarbeitenden Gewerbezweigen lediglich die „Schriftgießerey" genannt wird[15].

Die Realschule in der von Hecker geschaffenen Form tritt im letzten Drittel des 18. Jahrhunderts immer mehr zurück und spaltet sich schließlich in Fachschulen auf, als Beispiel sei die erste 1767 von Johann Georg Büsch in Hamburg gegründete Handelsschule genannt. Gleichzeitig aber streben die Vertreter des bereits genannten Philanthropismus eine Reform der gesamten Volksbildung an. Johann Bernhard Basedow (1723—1790), die bedeutendste Persönlichkeit in dieser pädagogischen Bewegung, stellt in dem von ihm 1774 in Dessau gegründeten „Philanthropin" den Sach- und Realunterricht in den Vordergrund, wobei er den in den Realschulen übermäßigen Hang zu Fremdsprachen und die Stoffüberladung in den Realien zurückzudrängen sucht. „Mit dieser Auffassung vollzieht Basedow die innere Reform der Realschulpädagogik, indem er sie aus der Polyhistorie und dem Utilitarismus der Aufklärung befreit und so zu einer allgemeinen realistischen Bildungsplanung kommt[16]."

War die Realschule bisher ein eigenständiger Schulzweig, der neben der Gelehrtenschule einherlief, so nimmt sie in den Vorstellungen Basedows die mittlere Position zwischen Elementar- und Gelehrtenschule ein. In der Grundauffassung ihm ähnlich, weisen die Neuhumanisten, die an sich in einer Reaktion auf die rationalistische Denkweise eine Neubelebung des antiken Bildungsgutes erstreben, doch den Realien im Lehrplan des Gymnasiums einen angemessenen Platz zu.

Daß sich aber seit Humboldts Schulreform (1810) die beiden Bildungswege wieder völlig trennen, das zu erörtern, geht über den Rahmen der Untersuchung hinaus.

---

[15] Vgl. Timm (1964), S. 37 f.
[16] Maaßen-Schöler (1960), S. 79.

VII. Johann Beckmann, der Begründer des Lehrfaches Technologie

Verschiedentlich wurde im Verlaufe der Arbeit der Name Johann Beckmann erwähnt. In diesem Kapitel soll nun eine kurze Gesamtschau seines Werkes folgen und seine Bedeutung für die Wissenschaft charakterisiert werden. Beckmanns Name ist auch in den modernen Lexika und Handbüchern zu finden, wobei in erster Linie sein Beitrag zur Entwicklung der Technologie als einer Wissenschaft gewürdigt wird. Das trifft zwar mit vollem Recht zu, doch wird dabei oft vergessen, daß Beckmann zu den vielseitigsten Gelehrten seiner Zeit gehörte und gerade durch seinen enormen Wissensumfang allein befähigt war, die Technologie an den Universitäten einzuführen.

Über Leben und Werk Johann Beckmanns informiert auch heute noch recht zuverlässig ein Vortrag des Wiener Technologen Wilhelm Franz Exner, den er genau einhundert Jahre nach dem Erscheinen von Beckmanns grundlegendem Werk, „Anleitung zur Technologie" (Göttingen 1777), im k. k. österreichischen Museum für Kunst und Industrie hielt[1]. Exner arbeitete das bis dahin von und über Beckmann vorhandene Material auf, wobei er sich vor allem auf den handschriftlichen Nachlaß Beckmanns — meist Tagebücher und Notizen — stützen konnte.

Exners Urteil über Beckmann ist auch heute noch weitgehend als gültig zu betrachten, allerdings läßt er die Vorgeschichte der wissenschaftlichen Technologie, wie wir sie in dieser Untersuchung zu erarbeiten suchten, gänzlich außer acht. Ohne die Rückschau auf das vorher Geleistete erhält die Gestalt Beckmanns eine, wie uns scheint, doch sehr überhöhte Bedeutung. Ohne die tatsächliche Leistung Beckmanns schmälern zu wollen, wird in diesem Kapitel eine Einordnung des Beckmannschen Werkes in die Gesamtentwicklung der Technologie versucht werden.

Johann Beckmann wurde 1739 in Hoya an der Weser als ältester Sohn des Kontributionseinnehmers Nicolaus Beckmann geboren. Im Alter von sechs Jahren verlor er seinen Vater, und seine Mutter, Dorothea Magdalena Beckmann, mußte neben der Erziehung der drei Kinder Johann, Nicolaus (später Oberdeichgraf in Harburg) und Anna

---

[1] Gedruckt unter dem Titel: Johann Beckmann, Begründer der technologischen Wissenschaft. Wien 1878.

VII. Johann Beckmann, der Begründer des Lehrfaches Technologie

Marie den Lebensunterhalt für die Familie verdienen. Trotz der angespannten finanziellen Lage schickte die Mutter Johann 1754 auf das Gymnasium in Stade, mit dem Ziel, ihn später Theologie studieren zu lassen. Gemäß der humanistischen Gymnasialausbildung begann Beckmann 1759 in Göttingen das Studium der Theologie und der klassischen Philologie. Doch bald zeigten sich seine naturwissenschaftlichen Neigungen, und er studierte seit 1760 Physik, Mathematik, Naturlehre und Kameralwissenschaften, eine auch für damalige Auffassung ungewöhnlich breite Fächerung. 1762 beendete er seine Studien in Göttingen und unternahm eine Reise ins Braunschweigische zu seinem Onkel Johann Schüler, Bürgermeister in Schöppenstedt. Dort sowie in Helmstedt, Wolfenbüttel und Braunschweig besuchte er Bibliotheken, Naturaliensammlungen und Fabriken und führte während der Reise ein Tagebuch. „Schon in dieser ersten Reisebeschreibung", so stellt Exner fest, „bemerken wir, daß Beckmann Fabriks- und Gewerbsunternehmungen als ‚Sehenswürdigkeiten' auffaßte. Er unterläßt niemals, die zu jener Zeit noch sporadisch auftauchenden Industrie-Etablissements, landwirthschaftliche, technische und Montaneinrichtungen zu besuchen und sich auf das Sorgfältigste zu informiren[2]." Noch im gleichen Jahre unternahm er eine einmonatige Studienreise nach Holland, wobei er ebenfalls zahlreiche Fabriken und Sammlungen besichtigte. 1763 erhielt er von Anton Friedrich Büsching (1724—1793) einen Ruf für Mathematik, Physik und Naturgeschichte an das lutherische St. Peter-Gymnasium in Petersburg. Dort lernte er den späteren Staatswissenschaftler und Historiker August Ludwig von Schlözer (1735—1809) kennen, mit dem ihn von nun an eine lebenslange Freundschaft verband, die nicht ohne Einfluß auf seine wissenschaftliche Arbeit blieb. Von Petersburg aus veröffentlichte er zahlreiche Aufsätze und Rezensionen, meist naturwissenschaftlicher Art. Vermutlich wegen privater Streitigkeiten verließ Beckmann schon 1765 Petersburg und bereiste Schweden und Dänemark. Als Schüler Linnés vervollkommnete er seine botanischen Kenntnisse und gewann dessen Freundschaft[3]. Nebenbei besuchte er vor allem Fabrikanlagen und Bergwerke in Schweden. In seinem ausführlichen Reisetagebuch berichtet er über seine Besichtigungen, die bereits ein bemerkenswert technologisches Verständnis verraten und das Vorbild für die späteren technologischen Beschreibungen in seinem Lehrbuch bilden[4].

[2] Exner (1878), S. 29. Exner bezieht sich auf ein ungedrucktes Tagebuch Beckmanns.
[3] Der Einfluß des Linnéschen Systems auf Beckmanns spätere Arbeiten ist sicher nicht gering einzuschätzen.
[4] J. Beckmann, Schwedische Reise in den Jahren 1765/66. Tagebuch mit Einleitung und Anmerkungen hrsg. von Th. M. Fries. Upsala 1911.

VII. Johann Beckmann, der Begründer des Lehrfaches Technologie

Nach seiner Rückkehr nach Deutschland wurde Beckmann im Herbst 1766 als außerordentlicher Professor für Philosophie an die Universität Göttingen berufen. Dort wandte er sich in den folgenden Jahren immer mehr den Naturwissenschaften und ihrer Anwendung auf die Praxis zu. Bereits 1767 las er über die „ökonomischen Wissenschaften" und im selben Jahre verfaßte er für seine Hörer „Programmatische Gedanken von der Einrichtung oekonomischer Vorlesungen", die schon einiges von seiner Auffassung in bezug auf den notwendigen Zusammenhang von Natur- und ökonomischen Wissenschaften erahnen lassen.

Der eigentliche Durchbruch jedoch, der ihm auch in der Kameralwissenschaft hohe Anerkennung einbrachte, gelang Beckmann mit seinem Lehrbuch „Grundsätze der teutschen Landwirthschaft", das 1769 in Göttingen erschien. Diese Arbeit, auf Grund der er 1770 zum „Professor ordinarius oeconomiae" ernannt wurde, zählt zu den hervorragendsten auf dem Gebiet der Landwirtschaftswissenschaft. Beckmann bietet zwar fachlich wenig Neues, aber die klare und sachliche Gliederung der Gedanken machen das Werk zu einem Handbuch, das bis zum Jahre 1806 noch fünf weitere Auflagen erlebt. Erst dann ist dieses Lehrbuch durch die Neuorientierung der Landwirtschaftswissenschaft durch Albrecht Thaer (1752—1828)[5] überholt.

In den „Grundsätzen der teutschen Landwirthschaft" nimmt Beckmann neben der Landwirtschaft zum ersten Male zur Technologie

---

Beckmann beschreibt hier unter anderem den Besuch einer Lakenfabrik, S. 20 f.: „Täglich arbeiten daselbst über 700 Mann und ich fand 17. Weberstühle. Einige von diesen erforderten zwei Mann, die sich das Schiff wechselweise zuwarfen, an einigen aber konnte ein Mann die ganze Arbeit verrichten, weil er das Schiff durch kleine Trocheln hin und her ziehen konnte. Der Aufseher der Fabrike sachte mir lächelnd, man brauche jene Art, um desto mehr Leuten Arbeiten zu verschaffen. Die mehrsten waren Teutschen ,und einige zum Wollenkratzen waren aus dem Hamburgischen Zuchthause genommen. Bey einigem Laken war das Garn vorher gefärbt, z. E. grün, roth, bey andern aber wurde das Laken nach der Bereitung erst gefärbt. Im ersteren Falle ist die Farbe beständiger, und sieht es dem Laken bey der Zerschneidung leicht an, weil alsdann das Zeug auch auf dem Schnitt seine völlige Farbe zeigt. Walkererde wurde nicht gebraucht, sondern alles wurde mit Seife gereinigt. Um das gewebte wolligter oder rauch zu machen, wird es mit einem Instrumente, das wie ein Kleeblatt aussieht und aus den stachlichten arista der Dipsaci Fullonum zusammengesetzt ist, gekratzet. Dieser wird aus Frankreich hieher gebracht und theuer bezahlt. Ich erinnere mich, sie auch im Hannöverschen gefunden zu haben. Im Winter wird das Laken auf dem Boden des Hauses, das durch viele Ofen gehitzet wird, getrocknet, und damit das Haus nicht in Brand gerathe, müssen einige Arbeiter den Boden und die Wände durch beständiges Sprützen nass erhalten. Zu den feinen Tüchern wird spanische und zu den groben schwedische Wolle, die zu weilen vermischt wird, genommen."

[5] 1809/10 veröffentlicht Thaer sein vierbändiges grundlegendes Werk „Grundsätze der rationellen Landwirthschaft."

VII. Johann Beckmann, der Begründer des Lehrfaches Technologie

Stellung und bezeichnet sie als ein notwendiges Glied in der Kette der ökonomischen Wissenschaften, die er wie folgt aufgliedert: „Die Naturgeschichte lehrt die Naturalien kennen. Die Naturlehre lehrt ihre Eigenschaften und Erscheinungen, suchet solche zu erklären. Die Landwirthschaft lehrt sie gewinnen. Die Handwerkswissenschaft lehrt sie verarbeiten und verädeln. Die Handlungswissenschaft lehrt endlich sowohl die rohen, als die verarbeitenden Naturalien, erkaufen und verkaufen[6]." Eine andere Stelle lautet: „Auch die Handwerkswissenschaft, welche zeiget, wie die Naturalien, deren Gewinnung die Landwirhschaft lehrt, verarbeitet und verädelt werden, habe ich von letzterer getrennt... Ist nun gleich diese (die Handwerkswissenschaft, d. Verf.) freylich noch nicht in allen ihren Theilen so ausgearbeitet worden, daß sie in die Form einer Wissenschaft gebracht werden könnte; so kan man doch dasjenige, was die Landwirthe zunächst angeht, samlen und für sich besonders abhandeln[7]."

Auf Grund dieser Zitate ist anzunehmen, daß sich Beckmann bereits in den Jahren vor Erscheinen seines Buches in zunehmendem Maße mit der „Handwerkswissenschaft" befaßt hat, wenn sich dafür auch keine Belegstelle ermitteln läßt. Nach 1770 jedoch zeigen die Veröffentlichungen in seiner „Physicalisch-ökonomischen Bibliothek", die bis zum Jahre 1806 dreiundzwanzig Bände erreicht und in gewissem Maße mit Rohrs „Haushaltungs-Bibliotheck" zu vergleichen ist, seine Bemühungen um die Gewerbekunde, ohne daß allerdings von einer größeren Arbeit in dieser Richtung die Rede ist. Seit 1772 taucht dort der Begriff „Technologie" anstelle von „Handwerkswissenschaft" auf, doch wird er nicht genauer definiert[8].

1777 erscheint Johann Beckmanns Hauptwerk: „Anleitung zur Technologie oder zur Kenntniß der Handwerke, Fabriken und Manufacturen; vornehmlich derer, welche mit der Landwirthschaft, Policey- und Cameralwissenschaft in nächster Verbindung stehen, nebst Beyträgen zur Kunstgeschichte". Es verbreitet den Begriff „Technologie", da er nun mit einer genauen Definition vorgestellt wird, schlagartig in der Gelehrtenwelt[9]. Ihn hat Beckmann übernommen; denn wie nachgewiesen werden konnte, ist er bereits bei Christian Wolff und

---

[6] Beckmann (1769), S. 3.
[7] Beckmann (1769), Vorrede.
[8] Beckmann (1770—1806), Band 3, 1772, S. 309. Exner behauptet fälschlich, Beckmann habe den Begriff Technologie bereits in den „Grundsätzen der teutschen Landwirthschaft verwandt (Exner, S. 8).
[9] Noch im gleichen Jahr erscheint im „Gothaischen Magazin" (Band 2, 1777, S. 231 ff.) ein Aufsatz, in dem eine „Klassifikation und Rangordnung der Wissenschaften" versucht wird. Unter dem Stichwort „Weltgeschichte" zählt der Verfasser auch die „Technologie" auf, die im einzelnen Manufakturen, Fabriken, Handwerke, Feldbau, Handel, Bergbau, Münzwesen und Kriegswesen umfaßt. Der Verfasser ließ sich nicht ermitteln.

Georg Walch zu finden. Beckmann aber füllt ihn mit einem neuen Inhalt. Er engt ihn einerseits ein, indem er ihn für einen ganz fest umrissenen Bereich angewendet wissen will, im Gegensatz zu den eben erwähnten Definitionen von Wolff und Walch, die ihn für alle Künste und Wissenschaften in Anspruch nehmen, andererseits erweitert ihn Beckmann, indem er darunter die „termini technici" und die Beschreibung der Gewerbe versteht[10]. Hinzu kommt noch eine starke Beachtung der Technikgeschichte, die zwar nicht ausdrücklich erwähnt wird, zu der sich aber in seinen Schriften Ansätze erkennen lassen. Bergbau und Architektur faßt Beckmann nicht unter dem Technologiebegriff, da sie genau wie Handel und Landwirtschaft bereits Gegenstand eigener Wissenschaften sind. In seiner ausführlichen Einleitung begründet Beckmann eingehend, warum und für wen er den Versuch unternimmt, einen neuen Wissenschaftszweig innerhalb der ökonomischen Wissenschaften zu begründen. Er will der Technologie, die bisher mehr ein untergeordnetes Anhängsel der Kameralwissenschaft war, einen festen Platz als Universitätslehrfach einräumen. Rohr, Zincke, Darjes und Justi vertraten zwar die gleiche Tendenz, jedoch fehlte ihnen die Fähigkeit, ihre Ideen in ein klar umrissenes Lehrgebäude umzusetzen. Beckmann hingegen bringt die Voraussetzungen dafür mit: praktische Kenntnisse, gewonnen aus der eigenen Anschauung, und eine wissenschaftliche Akribie, die auf seinen altphilologischen Studien beruht.

Schon im Untertitel spricht Beckmann einen Teil jenes Personenkreises an, für den ihm eine Kenntnis der Technologie unerläßlich scheint, die Kameralisten. In der Einleitung bietet er alle jene Argumente auf, die wir bereits bei den oben genannten Kameralisten kennenlernten: Ohne technologische Kenntnisse ist eine Analyse der wirtschaftlichen Verhältnisse undenkbar, ist die Anlegung von Manufakturen und Fabriken ein Vabanquespiel, geraten die verantwortlichen Beamten unter den Einfluß von Projektemachern und Betrügern, denen sie auf Gedeih oder Verderb ausgeliefert sind[11].

---

[10] Beckmann (1777), Einleitung, S. XV: „Technologie ist die Wissenschaft, welche die Verarbeitung der Naturalien, oder die Kenntniß der Handwerke lehrt. Anstat daß in den Werksteten nur gewiesen wird, wie man zur Verfertigung der Waaren, die Vorschriften und Gewohnheiten des Meisters befolgen soll, giebt die Technologie, in systematischer Ordnung, gründliche Anleitung, wie man zu eben diesem Endzwecke, aus wahren Grundsätzen die Mittel finden, und die bey der Verarbeitung vorkommenden Erscheinungen erklären und nutzen soll." Exner (S. 8) bemerkt dazu treffend: „Das Wort ‚Technologie' muß als äußerst glücklich gewählte Bezeichnung für jene Summe von Kenntnissen und Erfahrungen erkannt werden, welche sich auf die gewerbliche Arbeit beziehen."

[11] Beckmann (1777), Vorrede: „Die Kenntniß der Handwerke, Fabriken und Manufacturen ist jedem, der sich der Policey- und Cameralwissenschaft

Doch nicht nur die Kameralisten sollen sich mit der Technologie befassen, auch der Landwirt wird angesprochen, da er doch einen Großteil der Naturprodukte für die gewerbliche Weiterverarbeitung liefert. Ebenso fordert Beckmann von dem jungen Adligen, daß er, ehe er sich auf die in dieser Zeit übliche „Kavalierstour" begibt, eingehend mit der Technologie sich beschäftigt, damit er nach seiner Rückkehr um so besser dem Staate und damit dem „gemeinen Nutzen" dienen kann: „Dann würde er in England nicht Covent-Garden, Drury-Lane und Vax-Hall allein, sondern auch die Werkstätten seiner Landsleute besuchen, die den Engländern den Vorrang, in Absicht der Künste, vor den Deutschen, verdienen helfen. Dann würden zwar deutsche Thaler hinausgetragen, aber auch ausländische Kenntnisse hereingebracht, und es würde noch die Frage seyn, wer die Bilanz bezahlte, der Deutsche, oder der Ausländer[12]." Beckmann sucht nach Mitteln und Wegen, den unbestreitbaren technischen Vorsprung Englands und Frankreichs aufzuholen. Gerade Göttingen steht zu dieser Zeit durch die Personalunion England-Hannover in engem Kontakt mit den britischen Gelehrten, die nach Beckmanns Auffassung ihre Forschungsarbeit wesentlich zielgerichteter betreiben. Ein gleiches fordert er von seinen deutschen Kollegen. Wiederum hört man Rohr, Zincke oder Justi sprechen, wenn Beckmann schreibt: „Dem eigentlichen Gelehrten ... ist die Kenntniß der Technologie nicht weniger wichtig. Mathematiker und Naturforscher können ihre Wissenschaften nicht höher ausbringen, als wenn sie solche zum Nutzen der Gewerbe, deren Verbesserung die unmittelbare Verbesserung des Staates ist, bearbeiten[13]."

Die Erhaltung und Förderung der Staatsmacht hat Beckmann im Auge, wenn er die Einführung der neuen Wissenschaft Technologie propagiert. Verstärkt wird dieser Eindruck noch durch die Tatsache, daß er sie als einen Teil der Staatswissenschaften betrachtet, ein Gesichtspunkt, der nicht unwesentlich dazu beiträgt, daß die Technologie an den Universitäten Eingang findet. Noch in der Mitte des

---

widmen will, unentbehrlich. Denn was man veranstalten, anlegen, beurtheilen, regieren, erhalten, verbessern und nutzen soll, wird man doch wenigstens kennen müssen. Die Fragen: welche Gewerbe fehlen unserm Vaterlande, welche von den fehlenden könten mit Vortheile eingeführt werden; woher nimmt man dazu die Materialien; woher hohlt man dazu Künstler; wo ist der schicklichste Ort, den man ihnen anweisen soll, was hält die Handwerke, die wir haben, nieder; wie kan ihnen geholfen werden; wieviel trägt jedes zum gemeinen Besten bey; wie kan man ihren Gewinn berechnen; diese und noch viele andere wichtige Fragen werden Cameralisten nur alsdann beantworten können, wenn sie sich jene Kenntniß erworben haben. Wo diese fehlt, da werden Pfuscher geehrt..."

[12] Beckmann (1777), Vorrede.
[13] Ebd., Vorrede.

19. Jahrhunderts, als die Technologie unter dem Einfluß der technischen Entwicklung sich bereits mehr und mehr von der Kameralistik löst, wird sie zu den Staatswissenschaften gezählt[14].

Auf keinen Fall redet Beckmann jedoch einer schrankenlosen Willkür das Wort, wenn er eine Stärkung der staatlichen Macht fordert. Jeder Mensch, der ein Gewerbe betreibt, soll nach seiner Auffassung sein Privatinteresse im Auge haben, allerdings mit der Einschränkung, daß der Staat das Recht habe, einzugreifen, wenn die Bestrebungen des Einzelnen gegen das Interesse der ganzen Gesellschaft gerichtet sind[15]. Unschwer sind hier die gedanklichen Ansätze von Adam Smith zu spüren, dessen zweibändiges Werk „Inquiry into the nature and causes of the wealth of nations" 1776, also ein Jahr vor dem Erscheinen der „Anleitung zur Technologie", veröffentlicht wird.

Die Vorrede zu Beckmanns Schrift wurde absichtlich etwas breit behandelt, um aufzuzeigen, wie bedeutsam die geleistete Vorarbeit beispielsweise von Rohr und Justi ist und wie Beckmann im wesentlichen nur eine Zusammenfassung bereits vorhandener Ideen und Ziele vorgenommen hat. Doch er ist es, der den entscheidenden Schritt von der Theorie zur Praxis vollzieht.

In welcher Form stellt sich nun Beckmann das Studium der Technologie vor? Im Gegensatz zu den rein theoretischen Wissenschaften erstrebt er eine Kombination von Theorie und praktischer Anschauung, die sich nicht allein auf den Hörsaal beschränken soll. Ferner betrachtet er die Technologie nicht als eine isolierte Spezialdisziplin, sondern gliedert sie sinnvoll in seinen Lehrplan ein, der die Fächer Naturgeschichte und Naturlehre, Mineralogie, Landwirtschaft, Technologie, Warenkunde, Handlungswissenschaft und, als allen Fächern übergeordnet, die Kameralwissenschaft umfaßt[16]. In allen diesen Disziplinen steht die Demonstration an Hand von Modellen, Mineralien, Rohstoffen und Fertigprodukten im Vordergrund[17]. Beckmann

---

[14] Vgl. I. Jastrow, Die Stellung der Technologie an den deutschen Universitäten. In: Zeitschrift für angewandte Chemie, 37, 1924, S. 953 ff.

[15] Beckmann (1777), Vorrede: „Der Bürger suche also immer nur sein Privatinteresse! Deswegen lebt er im Staate, und trägt das Seinige zu dessen Ausgaben bey, um ein Gewerb, nicht aber dasjenige, was zum allgemeinen Besten gehört, erlernen, und ersteres, ohne sich mit der Sorge für das letztere aufzuhalten, treiben zu dürfen. Nur gehorche er, wenn die Obrigkeit befiehlt, und diese verstehe und beobachte ihre Pflichten. Alsdann ist der Staat die künstlichste Maschine, die jemals Menschen zu Stande gebracht haben, in der eine Menge großer und Räder und Getriebe ineinander greifen."

[16] Vgl. J. St. Pütter, Versuch einer akademischen Gelehrtengeschichte. Band 2. Göttingen 1788, S. 337 ff.

[17] Ebd., S. 337: „Zum Gebrauch bei seinen Vorlesungen über die Landwirthschaft (6 Stunden wöchentl., ein Semester) hat er nicht nur eigen-

VII. Johann Beckmann, der Begründer des Lehrfaches Technologie

besaß selbst eine umfangreiche Sammlung dieser Art, die er durch Kauf und Tausch ständig vergrößerte. Außerdem besuchte er mit seinen Hörern regelmäßig in der Umgebung von Göttingen ansässige Betriebe, wie zum Beispiel Salzwerke, Glashütten und Fayencerien, um ihnen einen Einblick in die Praxis zu vermitteln. Diese Form des Anschauungsunterrichts, die zuerst nur von den Realschulen angewandt wurde, wird durch Beckmann gewissermaßen auf eine „akademische Ebene" verlegt und verliert damit das Odium des Gewöhnlichen und Verächtlichen, das es bisher mit wenigen Ausnahmen in der gelehrten Welt besaß. Wenn hier der Ausdruck Anschauungsunterricht gebraucht wird, so ist das wörtlich zu verstehen; denn Beckmann will dabei seinen Zuhörern keine praktischen, handwerklichen Fertigkeiten vermitteln, sondern ihnen lediglich einen informativen Einblick in die den Studenten meist fremde Materie verschaffen. Er benutzt zur Begründung dieser Unterrichtsweise beinahe die gleichen Argumente, allerdings mit anderen Beispielen, wie Rohr[18], wenn er schreibt: „Sie (die Technologie, d. Verf.) will keine Tuchmacher, keine Brauer, überhaupt keine Handwerker bilden, als welche insgesamt, zur Ausübung ihrer Künste, viele Fertigkeiten und Handgriffe nöthig haben, die alle einzeln durch langweilige Übung, erworben werden müssen, welche aber denen, welchen ich zu dienen suche, unnöthig sind. Kennen muß der Feldherr die Arbeiten der Artilleristen, aber es ist ihm keine Schande, wenn diese das Geschütz genauer und schneller zu richten verstehen. Kennen muß der Landwirth den Dreschflegel, aber die Fertigkeit zu Dreschen braucht er nicht, auch könten ihm dazu Knochen und Muskeln fehlen. Die Handwerker verhalten sich zu dem Cameralisten, wie die Acker-Knechte zum Landwirthe; wie der Apotheker zum Arzt[19]." Somit ist Beckmanns „Anleitung zur Technologie" auch keine Sammlung von Gewerbebeschreibungen wie die „Descriptions", sondern mehr als Hilfsmittel und Ergänzung für die technologischen Vorlesungen zu verstehen.

Dieser Tatbestand wird besonders deutlich, wenn man die eigentliche Einleitung des Lehrbuches betrachtet. Zunächst befaßt sich Beckmann hier mit Definitionsproblemen, wobei, ohne daß der Name erwähnt wird, Justis technologische Vorarbeiten bestimmend sind. So übernimmt zum Beispiel Beckmann seine Definitionen von Manufaktur und Fabrik[20]. Weiterhin hebt er mit Nachdruck die Handwerke

---

thümlich eine große Anzahl Modelle wirklich gebräuchlicher Pflüge, sondern auch anderer nützlicher und nicht allgemein bekannter Werkzeuge und Maschinen, auch eine Sammlung von Samen und Holzarten."
[18] Vgl. S. 55 f.
[19] Beckmann (1777), Vorrede.
[20] Beckmann (1777), Einleitung, S. VIII.

hervor und bezeichnet sie als die Kraft, die den Wohlstand hervorbringt, und zwar nicht nur in materieller, sondern auch in ideeller Hinsicht; denn „die schönen Künste sind Zöglinge des Überflusses, und dieser entspringt aus denen Gewerben, die man ehemals verachtete"[21].

Auch die folgenden Definitionen sind ohne die Schriften von Darjes und Justi nicht denkbar, wenn sie bei Beckmann auch präziser gefaßt sind. Unter den „Materialien" versteht er jene Stoffe, die in rohem Zustand oder schon teilweise bearbeitet dem Verarbeitungs- und Veredelungsprozeß unterzogen werden. „Nebenmaterialien" hingegen sind jene Hilfsmittel, die bei der Herstellung von Fertigprodukten eingesetzt werden. Dabei handelt es sich um Werkzeuge und Maschinen und wohl auch — das ist nicht ganz klar ersichtlich — um chemische Substanzen, die bei der Behandlung von Rohprodukten benötigt werden. Um genaue Unterscheidungen treffen zu können, fordert Beckmann, wie er es in seinem Unterricht später praktiziert hat, ein besonderes Fach „Materialkunde", das er als ein „Hauptstück der Technologie" betrachtet wissen will[22]. Auch der Begriff „Kunstwort" wird von Beckmann neu und treffender definiert und ausschließlich auf den gewerblichen Bereich bezogen: „Kunstwörter sind Benennungen, die einzelnen oder mehrern Handwerken für ihre Arbeiten und Werkzeuge eigen sind[23]." Jedes Werkzeug und jeder Handgriff hat im Handwerk seine bestimmte Bezeichnung, die dem Laien selten einen klaren Eindruck von seiner eigentlichen Funktion vermittelt. Noch verwirrender wird die Situation dadurch, so stellt Beckmann fest, „daß einerley Werkzeuge und Arbeiten, bey verschiedenen Handwerken, ganz verschiedene Benennungen haben"[24]. Die Vielzahl der gleichbedeutenden Begriffe sind ein entscheidendes Hindernis für die von Beckmann versuchte Bestandsaufnahme und Systematisierung der gewerblichen Arbeit. Dieses Problem schiebt er in seiner Schrift beiseite, deutet jedoch an, daß in Zukunft hier eine Vereinfachung und Reduzierung der Fachausdrücke erfolgen müßte[25]. Eine weitere Schwierigkeit für die Systematisierung ergibt sich bei den Berufsbezeichnungen, die aber weniger sachlicher Natur zu sein scheint, sondern eher dem Philologen Beckmann Kopfzerbrechen bereitet. Er klagt nämlich darüber, daß man den Hersteller von Backwaren zwar kurz

---

[21] Ebd., Einleitung, S. XI.
[22] Ebd., Einleitung, S. XVI.
[23] Ebd., Einleitung, S. XI.
[24] Beckmann (1777), Einleitung, S. XII.
[25] Ebd., Einleitung, S. XII: „Wollte man die technologische Terminologie philosophisch oder systematisch bearbeiten, so würde man mehr Synonymen abzuschaffen, als neue Namen einzuführen haben."

VII. Johann Beckmann, der Begründer des Lehrfaches Technologie 159

und treffend als Bäcker und den Hersteller von Leinwand als Weber bezeichnen könne, daß es aber langer Wortgebilde bedürfe, um die Produzenten von Schießpulver, Stärke oder Darmsaiten mit Berufsnamen zu versehen[26].

Am Schluß der Einleitung kommt Beckmann auf ein Kernproblem der neuen Wissenschaft zu sprechen, nämlich die Einordnung der verschiedenen Gewerbezweige in ein Schema, das für eine wissenschaftlich-systematische Untersuchung unumgänglich nötig ist. Er weist darauf hin, daß es bisher üblich war, die Gewerbe entweder nach den verarbeiteten Grundmaterialien oder nach dem Gebrauche der Fertigwaren zu gliedern, eine Behauptung, die sich an dem bereits behandelten Werk von Christoph Weigel nachweisen läßt. Man teilte bisher, so gibt Beckmann an, die Gewerbe ein „z. B. nach den Materialien, in Steinarbeiter, Metallarbeiter u.s.w. oder nach dem Gebrauche der Waaren in die zur Nahrung, zur Kleidung, zum Schmuck u.s.w. oder nach der verschiedenen Einrichtung der Gilden; in zünftige, freye u.s.w.; aber alle diese Eintheilungen dienen nicht zur Grundlage der Technologie"[27].

Beckmann versucht es mit einer anderen Einteilung, die sich schon in gewissem Maße den technologischen Gegebenheiten anpaßt. Seinen Versuch bezeichnet er als „Natürliche Ordnungen der Handwerke und Künste". Dabei erscheint es ihm am vorteilhaftesten, „die Handwerke, deren vornehmsten Arbeiten eine Gleichheit oder Ähnlichkeit in dem Verfahren selbst und in den Gründen, worauf sie beruhen, haben, in einerley Abtheylungen zu bringen, dergestalt, daß die einfachsten zuerst, die künstlichern zuletzt genant werden"[28].

Nach diesem Schema gliedert Beckmann die 324 von ihm aufgeführten Gewerbe (Landwirtschaft, Bergbau und Bauwesen ausgenommen) in 51 Gruppen von unterschiedlicher Größe auf. Einige Beispiele mögen das verdeutlichen. Bei den eisenverarbeitenden Gewerben faßt er zusammen: Grobe Eisenschmiede (Stangeneisen), Ankerschmiede, Amboßschmiede, Kettenschmiede, Hufeisenschmiede, Bohrschmiede, Neberschmiede, Eberschmiede[29].

Diejenigen Berufe, die vorwiegend Metallbleche verarbeiten, führt er gesondert auf[30]: 1. Blechschmiede, 2. Messinghämmer, 3. Kesselbereiter, 4. Kupferschmied, 5. Blechschläger, Klempner, Spengler,

---

[26] Ebd., Einleitung, S. XII.
[27] Ebd., Einleitung, S. XVII.
[28] Beckmann (1777), Einleitung, S. XVII.
[29] Ebd., Einleitung, S. XXXI.
[30] Ebd., Einleitung, S. XXXII.

Fläschner[31], 6. Trompetenmacher, 7. Messingknopfmacher, 8. Fingerhutmacher, 9. Clausurmacher, 10. Schellenmacher, 11. Gold- und Silberschmied.

Bei der Verarbeitung von Erden gliedert Beckmann folgendermaßen auf: 1. Ziegeley, Fliesen, 2. Kruckenmacher, 3. Töpferkunst, 4. Pfeiffenmacher, 5. Fajence, 6. Porzellankunst[32].

Hat Beckmann in der Einleitung einen Gesamtüberblick über die Gewerbe gegeben, so beschränkt er sich im Hauptteil seines Buches auf einige ausgewählte Berufszweige, nämlich auf solche, die in der Umgebung von Göttingen ansässig sind und somit als Anschauungsobjekt für seine Hörer dienen können. Beckmann erstrebt sowieso keine Vollständigkeit, seine plausible Begründung lautet: „Zudem ist es gewiß, daß eine gründliche Kenntniß einiger Fabriken und Manufakturen eine sehr gute Anleitung zur Kenntniß aller übrigen ist[33]." Unerklärlich allerdings bleibt es, warum Beckmann hier die Gewerbezweige in bunter Reihenfolge anführt und sich in keiner Weise an das vorher von ihm entworfene Schema hält.

Bis zum Ende des 18. Jahrhunderts ist Beckmanns „Anleitung zur Technologie" das führende Lehrbuch. Doch schon seit den achtziger Jahren erscheinen daneben zahlreiche andere technologische Lexika, Hand- und Lehrbücher. Eins der bedeutendsten Werke, das ebenfalls das Bemühen um eine verbesserte Systematik in der technologischen Wissenschaft erkennen läßt, stammt von dem Hallenser Kameralprofessor Georg Friedrich von Lamprecht (1760—1820). 1785 veröffentlicht er in Halle sein „Lehrbuch der Technologie oder Anleitung zur Kenntnisse der Handwerke, Fabriken und Manufakturen", das ganz im Sinne von Beckmann die Technologie unter die Staatswissenschaften einordnet[34].

Es wurde bereits betont, daß Beckmann um die Mängel seines Systems wußte. Aber erst gegen Ende seines Lebens gibt er eine Schrift heraus, „welche nicht weniger", wie Exner feststellt, „als die Neubegründung einer streng wissenschaftlichen Systematik der Technologie darstellt"[35]. Beckmann fordert in seinem „Entwurf der allgemeinen

---

[31] Hier bietet sich ein Beispiel für die von Beckmann beklagten Synonyme; denn alle vier Bezeichnungen meinen denselben Beruf. Noch heute sind die Benennungen regional verschieden. In Süddeutschland ist vorwiegend Flaschner oder Spengler gebräuchlich, während man in Mittel- und Norddeutschland vom Klempner spricht.
[32] Beckmann (1777), Einleitung, S. XXXVII.
[33] Beckmann (1777), Vorrede.
[34] Vgl. Timm (1964), S. 49.
[35] Exner (1878), S. 49.

VII. Johann Beckmann, der Begründer des Lehrfaches Technologie

Technologie" neben der beschreibenden Technologie, wie sie bisher von ihm entwickelt und von anderen übernommen worden war, eine sogenannte allgemeine Technologie, die sich eine vergleichende, wissenschaftliche Behandlung des Lehrstoffes zum Ziele setzen sollte. Wenn auch Exner Beckmann auf Grund dieses Vorhabens etwas überschwenglich als „Philosophen" bezeichnet, so ist doch festzuhalten, daß Beckmann hier seiner Zeit vorauseilt[36].

In Zukunft soll die technologische Wissenschaft in zwei Gruppen aufgeteilt werden, wobei die beschreibende Technologie in der bisherigen Form weiterzuführen, ihr aber die allgemeine Technologie voranzustellen ist. Dazu fordert Beckmann „ein Verzeichnis aller der verschiedenen Absichten, welche die Handwerker und Künstler bei ihren Arbeiten haben und daneben ein Verzeichniß aller der Mittel, durch welche sie jede derselben zu erreichen wissen"[37]. Beide Verzeichnisse sollen darüber informieren, auf welcherlei Art und mit welchen Werkzeugen die rohen Materialien bearbeitet werden können[38]. Beckmann ist nämlich der Auffassung, daß sich zahlreiche Arbeitsverfahren mit großem Nutzen von einem Handwerk auf ein anderes übertragen lassen, das seine Produkte nach alter, überholter Überlieferung umständlich herstellt, während es bei einer Übernahme anderer Arbeitsverfahren wesentlich rationeller arbeiten könnte[39]. Er hält die Einführung eines solchen Verzeichnisses für unumgänglich notwendig, wenn in Deutschland die Gewerbe mit dem Ausland konkurrieren sollen. Immer wieder betont er dessen Vorsprung auf technischem Gebiet und blickt etwas neidvoll auf die „glückliche Insel in England"[40].

---

[36] Exner (1878), S. 49.
[37] J. Beckmann, Entwurf der algemeinen Technologie. In: Vorrath kleiner Anmerkungen über mancherley gelehrte Gegenstände. 3. Stück. Göttingen 1806, S. 465.
[38] Ebd., S. 465 f.: „Jener (der allgemeine Teil der Technologie, d. Verf.) würde lehren, auf wie mancherlei Weise und mit vielerlei Werkzeugen die Körper der verschiedenen Arten geglättet, gerauht, zerkleinert, benetzet, getrocknet, gerade gemacht, gebogen, gehärtet, gesteifet, verdichtet, aufgelockert, verdünnet, gesiebt, erwärmt und erkältet und durchsichtiger und undurchsichtiger, elastischer, biegsamer u. s. w. gemacht werden, ferner durch welche Mittel flüssige Körper gekläret, entfärbt, verdunstet, geschmeidiger gemacht werden."
[39] Ebd., S. 467.
[40] Ebd., S. 472: „Anders ist es auf der glücklichen Insel in England, wo die Handwerke geehrter sind und deswegen von vornehmen, erkenntniß- und geldreichen Familien betrieben werden. Wo werden größere und mehre Versuche zur Verbesserung der Künste gemacht als dort? Wo werden neue Erfindungen besser bezahlt und genutzet als dort? Wo blühen die Handwerke mehr als dort? Das erkennt der Teutsche mit Neid, aber unrichtige Schätzung der Gewerbe gehört zu seiner Erbsünde, welche keiner Besserung fähig zu sein scheint."

Steht auch Beckmann noch fest im Denken des 18. Jahrhunderts, was sich nicht zuletzt durch die Einordnung der Technologie in die Staatswissenschaft erweist, so beschreitet er mit dem „Entwurf der algemeinen Technologie" fast zwangsläufig einen Weg, der aus dieser engen Bindung herausführen muß und herausgeführt hat. Je diffiziler die Problem- und Aufgabenstellung wird, die Beckmann mit diesem Versuch einer völligen Umformung der Technologie unternimmt, um so stärker wird diese Wissenschaft vom Wissenschaftlich-Technischen her bestimmt. Die „industrielle Revolution" beeinflußt von nun an die Entwicklung der Technologie und engt sie gänzlich auf den naturwissenschaftlich-technischen Sektor ein. Im zweiten Drittel des 19. Jahrhunderts wird der Leiter der „Polytechnischen Schule" in Hannover und Verfasser des zu seiner Zeit führenden „Handbuchs der Technologie" (1872), Karl Karmarsch (1803—1879) der Hauptvertreter der Technologie. Zu dieser Zeit bestehen zur Staatswissenschaft keinerlei Verbindungen mehr; denn bereits um die Mitte des 19. Jahrhunderts vollzog sich unter dem Einfluß der Nationalökonomie, die sich aus der alten praxisnahen Kameralwissenschaft zu einer rein theoretischen Wissenschaft entwickelte, die Trennung.

Da es in dieser Untersuchung auch Bestrebungen zu berücksichtigen galt, die einem technologischen Allgemeinverständnis in breiteren Schichten den Weg ebneten, sollen hier zum Abschluß noch kurz jene Schriften Beckmanns betrachtet werden, die ebenfalls eine Verbreitung auch in den der Technologie entfernter stehenden Kreisen erfuhren.

Befaßten sich Beckmanns Schriften bis zum Beginn der siebziger Jahre vornehmlich mit der Naturhistorie, der Naturlehre, der Botanik und der Landwirtschaft, so wendet er sich von nun an in erster Linie den verschiedenen Gebieten der Ökonomie zu. Im Jahre 1770 erscheint der erste Band seiner „Physikalisch-ökonomischen Bibliothek", die bis zum Jahre 1808 auf 33 Bände anwächst. Diese Bibliografie umfaßt Neuerscheinungen von Büchern aus dem Bereiche der Naturwissenschaften und der Ökonomie, die oft von Beckmann selbst rezensiert werden. Da aber die Rezensionen nur einen beschränkten Raum für eigene Ideen und Vorschläge offen lassen, gibt Beckmann zwei Jahre nach dem Erscheinen der „Anleitung zur Technologie" 1779 eine Zeitschrift heraus, die sich immerhin bis zum Jahre 1791 behauptet. Die „Beyträge zur Oekonomie, Technologie, Policei- und Cameralwissenschaft" bewegen sich in der Richtung, die von Rohr angeregt und von Dithmar und Zincke weitergeführt worden war, nämlich auch einem größeren Leserkreis in verständlicher Form Anregungen für den privaten oder den verwalteten Wirtschaftsbereich zu bieten. Beckmanns Periodikum zeichnet sich durch eine stärkere Berücksichtigung der

VII. Johann Beckmann, der Begründer des Lehrfaches Technologie

Technologie aus, bleibt aber sonst beim Bewährten. Zahlreiche Fachgelehrte veröffentlichen Artikel darin, er selbst hingegen hält sich mit eigenen Beiträgen auffallend zurück. Um so mehr ist seine Mitarbeit in Form von Rezensionen und Aufsätzen in anderen ökonomischen Zeitschriften Deutschlands nachzuweisen.

Zwei Beiträge Beckmanns in seiner Zeitschrift mögen noch einmal deutlich hervorheben, in welch umfassendem Sinne Beckmann die Technologie versteht. 1779 veröffentlicht er im zweiten Teil der „Beyträge" die „Beschreibung eines Göttingischen Pfluges", die sich über nahezu vierzig Seiten erstreckt. Da werden Nutzen und Vorteil des Pfluges hervorgehoben und seine Konstruktion bis in alle Einzelheiten erläutert und durch eine Konstruktionszeichnung illustriert. Den Schluß bildet ein genauer Kostenanschlag, der jedes Einzelteil berücksichtigt. Technologie ist für Beckmann eben nicht wie später für Karmarsch ein Teilgebiet der Technik, sondern stets die Verbindung von Technik und Wirtschaft, so daß zu einer Beschreibung eines Gewerbes selbstverständlich auch die Frage der Kalkulation gehört. Auch hier sind Justi und Darjes als Vorbilder zu erkennen, die, wie erinnerlich, als ausgeprägte Staatswirte der Kostenfrage großes Gewicht beimaßen. Auch das zweite Beispiel erhellt den Sinn dessen, was Beckmann mit dem Begriff Technologie umschreibt. Im ersten Teil der „Beyträge" (1779) veröffentlicht er eine von ihm verfaßte „Preisschrift über die von der K. K. Gesellschaft des Ackerbaues und der nützlichen Künste zu Laibach aufgegebene Frage: welche sind die schicklichsten Nebengewerbe für die Landleute überhaupt, vornehmlich aber im Herzogtum Krain"[41].

Diese „Gelegenheitsarbeit" Beckmanns ist ein Meisterstück wirtschaftlich-technologischen Denkens und enthält gleichermaßen das Modell für größere Projekte, beispielsweise für die Ansiedlung von neuen Gewerben in noch unerschlossenen Landschaften.

Ehe er die eigentliche Aufgabe löst, befaßt er sich mit den Voraussetzungen, die für die Einführung solcher Nebengewerbe Vorbedingung sind. Er stellt sieben Regeln auf: „I. Das Nebengewerb der Landleute darf nicht die Landwirthschaft stöhren. II. Die Nebengewerbe dürfen nicht die Stadtwirthschaft, oder die Gewerbe der Einwohner in den Städten stöhren. III. Nur grobe Arbeiten darf man von dem Bauer vermuthen. IV. Die Nebengewerbe müssen auch die Bauerkinder, wenigstens von 8—12 Jahr, beschäftigen können (Kinder sollen das Nebengewerbe ausüben, anstatt schon frühzeitig zum Schaden ihrer Gesundheit mit schweren landwirtschaftlichen Arbeiten beschäf-

---
[41] Beckmann (1779—1791), 1. Teil, 1779, S. 83—107.

tigt zu werden, d. Verf.). V. Die Nebengewerbe dürfen nicht viele, große und kostbare Geräthschaften und Werkzeuge verlangen. VI. Kan es seyn, so wähle man Nebenarbeiten, wozu der Landmann selbst die rohen Materialien gewinnen kan. VII. Nur solche Nebenarbeiten suche man einzuführen, zu deren Produkten man gleich sichere Abnehmer weis."

Auf Grund dieser Voraussetzungen hält er folgende Tätigkeiten, die den Bauern in den langen Wintermonaten auslasten sollen, für geeignet: Flechtarbeiten, Horn- und Knochenbearbeitung, Weben, Strikken, Netzeknüpfen, Klöppeln, die Anfertigung von Holzspielzeug, Federschleißen und andere Arbeiten mehr.

Anschließend beschäftigt er sich mit der Frage, wie diese Nebengewerbe mit einer gewissen Aussicht auf Erfolg auf dem Lande eingeführt werden können. Er weiß: „Es wird schwer seyn, dem Landmanne die Handgriffe zu einer ihm neuen Arbeit beyzubringen. Ich verzweifle, dieses bey der jetzigen Generation auszurichten; aber bey der nächstfolgenden, die jetzt aufwächst, ist etwas zu hoffen[42]."

Der nun folgende Vorschlag zeugt von Beckmanns ausgesprochen pädagogischem Geschick. Er regt nämlich an, entsprechend erfahrene Handwerker in den Dörfern anzusiedeln, die den Kindern die notwendigen Fertigkeiten beibringen, ihnen Werkzeuge leihen und für den Absatz der hergestellten Gegenstände, „sobald sie erträglich ausfalsen", sorgen. Die Kinder erhalten dafür eine angemessene Bezahlung. Wenn auch nicht alle Eltern das notwendige Interesse und Verständnis dafür aufbringen, so werden doch manche sich überzeugen lassen, „und dann ist schon sehr viel gewonnen", meint Beckmann.

Neben der Redaktion der beiden oben behandelten Periodika bearbeitet und kommentiert er in den achtziger Jahren eine neue — dritte — Auflage von Justis „Abhandlung von den Manufacturen und Fabriken", ein weiterer Beweis, daß er sich eingehend mit den Arbeiten dieses Gelehrten beschäftigt hat[43]. Außerdem verfaßt er zwei Schriften über die „Handlungswissenschaft" und über „Waarenkunde", die wiederum bestätigen, daß für ihn diese Gebiete in den unmittelbaren Bereich der Ökonomie gehören und als Ergänzung zur Technologie zu denken sind.

Um das Ende des Jahrhunderts veröffentlicht er schließlich noch zwei Werke, die zu seinen besten Leistungen zu zählen sind. Das eine

---

[42] Beckmann (1779—1791), 1. Teil, 1779, S. 105.
[43] Im „Vorrath kleiner Anmerkungen über mancherley gelehrte Gegenstände (3. Stück, 1806, S. 542—568) gibt Beckmann eine Biografie Justis und versucht eine Ehrenrettung des lange verkannten Mannes.

VII. Johann Beckmann, der Begründer des Lehrfaches Technologie 165

ist der bereits ausführlich behandelte „Entwurf der algemeinen Technologie", das zweite sind die fünfbändigen „Beyträge zur Geschichte der Erfindungen" (Leipzig 1782—1805), die auch heute noch eine wertvolle Fundgrube für den Technikhistoriker darstellen. Die darin enthaltenen Angaben sind, besonders wenn es um antike Quellen und philologische Hinweise geht, von äußerster Zuverlässigkeit.

Im Jahre 1811 starb Hofrat Johann Beckmann, Mitglied und Ehrenmitglied zahlreicher deutscher und ausländischer gelehrter Gesellschaften, im Alter von nicht ganz zweiundsiebzig Jahren in Göttingen, der Stätte seines langjährigen Wirkens.

Zusammenfassung

Die vorliegende Untersuchung beschäftigte sich mit den Ansätzen technologischen Denkens im 17. und 18. Jahrhundert und versuchte, die Vorgeschichte der technologischen Wissenschaft aufzuzeigen. An dieser Stelle soll noch einmal ein Überblick über jene Tendenzen, Anregungen und Forderungen gegeben werden, die zur Entstehung des Lehrfaches Technologie führten.

Die Antike wurde nur kurz gestreift, zeigen sich hier doch kaum Ansätze eines technologischen Vorstellungsvermögens. Lediglich Vitruv bemüht sich zu Zeiten Cäsars um eine Sammlung der bis dahin vorhandenen technischen Erfindungen, ohne aber wesentlich über eine Bestandsaufnahme hinauszugelangen. Auch das Mittelalter bringt kaum Fortschritte. Die Gelehrten, die sich im Rahmen der „artes" mit naturwissenschaftlichen Problemen befassen, suchen und finden kaum einen Zugang zur Praxis. Die Verachtung des Handwerklichen, eine Folge der antiken Sklavenwirtschaft, wirkt damals noch weiter.

In der Renaissance, in der an die Stelle der mittelalterlichen Vorstellungen ein neues Weltbild tritt, rücken die Naturwissenschaften stärker in den Vordergrund. Das Experiment (Galileo Galilei) wird wissenschaftliches Hilfsmittel. Trotzdem ist, wenn sich auch neue Erfindungen ausbreiten, von einer Verbindung von Wissenschaft und Praxis noch nicht die Rede. Die Gelehrten betreiben im Sinne des Humanismus die Wissenschaft um der Wissenschaft willen.

Inzwischen hat sich gegen Ende des Spätmittelalters und zu Beginn der frühen Neuzeit die Stadtwirtschaft in verstärktem Maße entwickelt, das Bürgertum bestimmt Handel und Gewerbe. Die technischen Fortschritte, die in diesem Bereich erzielt werden, sind meist ein Ergebnis rein praktischer Erfahrung, wie die Analyse der Schriften von Vergilius Polydorus und später von Garzoni zeigte.

Die Erkenntnis, daß aus einem Zusammenwirken von Technik und Wissenschaft eine Steigerung der Wirtschaftskraft zu erreichen ist, wird zuerst in den westeuropäischen Staaten erkennbar. Die im 17. Jahrhundert entstehende absolutistische Staatsauffassung und der damit verbundene Merkantilismus fördern eine engere Verknüpfung von Wirtschaft, Wissenschaft und Technik.

Zusammenfassung

Da Deutschland durch den Dreißigjährigen Krieg in der Entwicklung weit zurückgeworfen wurde, werden die Ideen des Merkantilismus erst Jahrzehnte später von den Landesherren übernommen. Die nun entstehende Kameralistik, ein Ausdruck der sich konsolidierenden deutschen Territorialstaaten, ist um eine Vermehrung der Staatseinnahmen bemüht. Dies sucht man zunächst durch mehr „fiskalisch" bestimmte Maßnahmen zu erreichen (Ossa, Klock), sieht aber dann in einer Hebung der Wirtschaftskraft die besseren Möglichkeiten.

Besonders Becher und Schröder, die auf Reisen nach Holland und England das dort blühende Manufakturwesen und, so vor allem Schröder, die Versuche der „Royal Society" um eine Bestandsaufnahme und Förderung der Gewerbe kennenlernen, werten die dort gewonnenen Erfahrungen in Deutschland aus. Becher gründet sein „Kunst- und Werkhaus", das mehr als Lehr- und Forschungswerkstätte dienen soll und erst in zweiter Linie als gewinnbringendes Unternehmen gedacht ist. Darüber hinaus sucht er das Gewerbewesen durch die Erfindung neuer Maschinen und Geräte voranzutreiben. Schröder wiederum will durch sein von technologischen Überlegungen bestimmtes Manufakturinventar dem Staat die Grundlagen für eine zentralisierte Wirtschaftsplanung liefern.

Daß diese beiden Kameralisten mit ihren Gedanken nicht alleinstehen, sondern daß ein allgemeiner Zug dahin geht, Technik und Wissenschaft vereint in den Dienst der Wirtschaft zu stellen, zeigt die Untersuchung der „Hausväterliteratur". Coler steht noch ganz in der von der antiken Ökonomik bestimmten Überlieferung. Aber in der zweiten Hälfte des 17. Jahrhunderts wird der Einfluß von naturwissenschaftlich-technologischen Überlegungen spürbar. Böckler, Glorez und Florinus geben technologischen Problemen immer mehr Raum. Besonders die Mechanik wird als Hilfsmittel für die Hauswirtschaft hervorgehoben. Auch die Erziehung der Jugend wird nun mehr von rationalistischen Bestrebungen geprägt. Comenius, Radtke, Schupp und Becher fordern eine stärkere Berücksichtigung der „Realien", wobei besonders Becher mit seiner geplanten Handwerkerschule hervorzuheben ist.

Das 18. Jahrhundert wird wie keins zuvor von den Wissenschaften bestimmt. Vor allem die Naturwissenschaften spalten sich in einzelne Spezialgebiete auf, wie beispielsweise die Geologie, die Mineralogie, die Botanik und andere. Auch in der Kameralistik, die bisher noch nicht als Wissenschaft anzusprechen ist, sind Bestrebungen zu erkennen, das umfangreiche Sachgebiet wissenschaftlich zu behandeln. Nach Joh. Chr. Becmann, Morhof und Thomasius ist es vor allem Rohr, der eine ökonomische Wissenschaft für notwendig erachtet.

Zusammenfassung

Wichtig erscheint ihm dabei besonders eine Berücksichtigung der Naturwissenschaften und der Technik. Gleichzeitig fordert er eine intensive Beschäftigung der Kameralisten mit der Praxis. Das gilt nach seiner Auffassung in umgekehrter Weise auch für den Handwerker und den Manufakturmeister. Nur durch Zusammenarbeit ist ein größtmöglicher Nutzen zu erzielen. Rohrs Vorschläge, ob sie nun die „Privat- oder die Staats-Oeconomie" betreffen, haben stets eine Hebung der Wirtschaftskraft im Auge. Alle Schichten der Bevölkerung werden dabei von ihm angesprochen. An Hand der von Rohr geplanten Schriften läßt sich nachweisen, wie sehr er eine technologische Bildung und Ausbildung weitester Bevölkerungskreise erstrebt. Rohr erfaßt, wenn er auch vieles von andern Kameralisten übernimmt, sämtliche in der Diskussion befindlichen Ansätze technologischer Art.

Bald nach dem Tode Rohrs beginnt die eigentliche Blüte der Kameralwissenschaften. Dithmar und Gasser errichten ein wenn auch noch unvollkommenes, mehr auf die Agrarlehre gegründetes Lehrgebäude. Bald aber, zuerst bei Darjes und Zincke, gewinnt die „Stadtwirthschaft", vorwiegend von technologischen Faktoren bestimmt, vorrangige Bedeutung. Beide bemühen sich bereits um eine Systematik dieses Teilgebietes der Kameralwissenschaften. Zincke vor allem verschafft der Technologie durch die Herausgabe und Abfassung von technologischen Lexika und die Veröffentlichung der „Leipziger Sammlungen" große Publizität. Überhaupt zeigt die nun sprunghaft anwachsende ökonomisch-technologische Zeitschriftenliteratur das steigende Interesse an diesen Fragen.

Um die Mitte des 18. Jahrhunderts erwächst der Kameralwissenschaft in Justi einer ihrer bedeutendsten Vertreter, dem es in seiner „Staatswirthschaft" und in seiner „Abhandlung von den Manufacturen und Fabriken" gelingt, alle Gebiete der Wirtschaft in einem geschlossenen System zu erfassen. Die Technologie erhält hier bereits einen festen Platz im Rahmen der Staatswissenschaften, ohne daß Justi ihr jedoch den Rang einer Wissenschaft zuerkennt. Dazu fehlen auch noch die nötigen Voraussetzungen. Erst durch die Veröffentlichung der „Descriptions" und vor allem der „Encyclopédie" wird hier der Weg gewiesen. Die Sammlung von Réaumur bietet die ersten wirklich brauchbaren Handwerksbeschreibungen, die als Lehrbücher für die Praxis gedacht sind, während sich Diderot und d'Alembert um eine philosophische Durchdringung und Begründung der Wissenschaften bemühen. Die von Justi zum Teil ins Deutsche übersetzten „Descriptions" und die gleichzeitig erscheinende „Kunsthistorie" von J. S. Halle erweitern den Zugang zu den Problemen der Technologie. Vor allem die von Hecker begründete Realschule sucht durch eine

Zusammenfassung

intensive technologische Schulung die Jugend auf ihre künftigen Aufgaben im Beruf vorzubereiten. Auch in den Gelehrtenschulen, die bisher allein der humanistischen Tradition folgten, zeigen sich Ansätze in dieser Richtung, wenn auch erst gegen Ende des Jahrhunderts unter dem Einfluß des Philanthropismus eine anscheinend geeignete Lösung gefunden ist.

An der Universität Göttingen, die seit der Mitte des 18. Jahrhunderts anstelle von Halle die Hochburg der Kameralwissenschaften geworden ist, veröffentlicht Johann Beckmann 1777 seine „Anleitung zur Technologie", mit der er die Technologie in den Rang einer Wissenschaft erhebt. Er gliedert sie in die Staatswissenschaften ein und dokumentiert so die enge Verflechtung von Wissenschaft, Wirtschaft und Technik. Wenn auch die Eingliederung in die Staatswissenschaften nicht andauert und Beckmann selbst mit seinem 1806 erscheinenden „Entwurf der algemeinen Technologie" das Ausscheren der Technologie aus dem Verbande der Staatswissenschaften ungewollt fördert, so bleibt doch festzustellen, daß er mit der Schaffung dieses Lehrfaches Bedeutendes zur aufkommenden Industrialisierung geleistet hat.

Die Untersuchung über Ansätze technologischen Denkens im 17. und 18. Jahrhundert beschränkte sich bewußt auf den Kreis der Kameralisten, um aufzuzeigen, daß diese Männer — im Grunde eigentlich „Nicht-Techniker" — dennoch Wesentliches zur Entwicklung der Technik beigetragen haben. Naturgemäß konnten einige Fragen, die eigentlich zum gleichen Problemkreis gehören, aber den Rahmen der Arbeit gesprengt hätten, nicht erörtert werden. So wäre es zum Beispiel besonders lohnend, einmal zu untersuchen, welche Beachtung die Technik in den breitesten Volksschichten gefunden hat, wie weit sie auf Verständnis, Gleichgültigkeit, vielleicht sogar Ablehnung stieß, was wohl in bäuerlichen Gegenden mancher Landschaften der Fall war. Eine wichtige Quelle wären dabei, wie bereits angedeutet, die Zeitschriften, insbesondere die Lokalblätter.

Eine weitere Frage wäre, inwieweit, vor allem im letzten Drittel des 18. Jahrhunderts, ausländische Publikationen technologischer Provenienz in Deutschland gelesen und ausgewertet wurden.

Literaturverzeichnis

I. Quellen und Darstellungen

Abel, W., Geschichte der deutschen Landwirtschaft vom frühen Mittelalter bis zum 19. Jahrhundert. Stuttgart 1962.

Basedow, J. B., Vorstellung an Menschenfreunde... Hamburg 1768.

Becher, J. J., Närrische Weißheit und Weise Narrheit. Frankfurt 1707 (1. Auflage 1682))
— Politische Discurs. ³1688 (1. Auflage 1668).
— Methodus Didactica. Frankfurt/München 1668.
— Entwurff oder Einladung einer Ruh-Liebenden und ihrem Nechsten zu dienenden Philosophischen Gesellschaft (angehängt an die Psychosophia oder Seelen-Weisheit. Güstrow 1678).

Bechtel, H., Wirtschaftsgeschichte Deutschlands. Vom Beginn des 16. bis zum Ende des 18. Jahrhunderts. München 1952.

Beck, Th., Beiträge zur Geschichte des Maschinenbaues. Berlin 1899.

Beckmann, J., Schwedische Reise in den Jahren 1765/66. Tagebuch hrsg. von Th. M. Fries. Upsala 1911.
— Programmatische Gedanken von der Einrichtung oekonomischer Vorlesungen. Göttingen 1767.
— Anfangsgründe der Naturhistorie. Göttingen/Bremen 1767.
— Grundsätze der teutschen Landwirtschaft. Göttingen/Gotha 1769.
— Physicalisch-oekonomische Bibliothek. 23 Bde. 1770—1806.
— Anleitung zur Technologie. Göttingen 1777.
— Beyträge zur Oekonomie, Technologie, Policey- und Cameralwissenschaft. 12 Teile. Göttingen 1779—1791.
— Beyträge zur Geschichte der Erfindungen. 5 Bde. Leipzig 1780—1805.
— Anleitung zur Handlungswissenschaft. Göttingen 1789.
— Vorrath kleiner Anmerkungen über mancherley gelehrte Gegenstände. 3 Stücke. Leipzig 1795—1806.
— Entwurf zur algemeinen Technologie. In: Vorrath kleiner Anmerkungen über mancherley gelehrte Gegenstände. 3. Stück. Göttingen 1806.

Beier, A., Allgemeines Handlungs-, Kunst-, Berg- und Handwercks-Lexicon. Jena 1722.

Bergius, J. H. L., Cameralisten-Bibliothek. Nürnberg 1762.

Biedermann, K., Deutschland im 18. Jahrhundert. Bd. 2. Leipzig 1880.

Biringuccio, V., De la Pirotechnia. Venedig 1558.

Böckler, A., Nützliche Haus- und Feld-Schule. Frankfurt/Nürnberg 1678.
— Schauplatz der mechanischen Künste. Nürnberg 1673.

Böhle, C., Die Idee der Wirtschaftsverfassung im deutschen Merkantilismus. (= Freiburger staatswiss. Schriften, H. 1.) Jena 1940.

Bog, I., Der Reichsmerkantilismus. Stuttgart 1959.

Brandau, H. W., Die mittlere Bildung in Deutschland. (= Göttinger Studien zur Pädagogik. Neue Folge, H. 2.) Weinheim/Berlin 1959.

Brunner, O., Adeliges Landleben und europäischer Geist. Das Leben des Wolf Helmhard zu Hohberg. Salzburg 1949.

— Das „ganze Haus" und die alteuropäische Ökonomik. In: Neue Wege der Sozialgeschichte. Göttingen 1956.

— Johann Joachim Bechers Entwurf einer „Oeconomia ruralis et domestica". In: Festgabe an das Oesterreichische Staatsarchiv zur Feier des 200-jährigen Bestandes des Haus-, Hof- und Staatsarchivs. Wien 1949.

Büsch, J. G., Encyclopaedie der historischen, philosophischen und mathematischen Wissenschaften, großenteils nach dem Grundriß des seligen Reimarus. Hamburg 1775.

Chambers, E., Cyclopaedia or Universal Dictionary. 2 Bde. London ^{5}1741/43 (1. Auflage 1728).

Cohn, G., Die Cameralwissenschaft in zwei Jahrhunderten. In: Nachrichten von der Königlichen Gesellschaft der Wissenschaften zu Göttingen, 1900, H. 2.

Coler, J., Calendarium Perpetuum. Wittenberg ^{2}1604 (1. Auflage 1592).

— Oeconomia oder Haußbuch. Wittenberg ^{2}1604.

Comenius, A., Große Unterrichtslehre. Eingeleitet, übersetzt und kommentiert von G. A. Lindner. Leipzig ^{6}1912.

Dannemann, F., Die Naturwissenschaften in ihrer Entwicklung und in ihrem Zusammenhange. 4 Bde. Leipzig 1920—1923.

Darjes, J. G., Erste Gründe der Cameral-Wissenschaften. Jena 1756.

Darmstaedter, L., Handbuch zur Geschichte der Naturwissenschaften und der Technik. Berlin 1908.

Diesel, E., Das Phänomen der Technik. Berlin ^{2}1940.

Dithmar, J. Chr., Einleitung in die Oeconomischen-, Polycey- und Cameral-Wissenschaften. Frankfurt/O. 1731.

Doppelmayer, J. G., Historische Nachricht von den Nürnbergischen Mathematicis und Künstlern. Nürnberg 1730.

Ducassé, P., Histoire des Techniques. Paris 1945.

Dunckels Nachrichten über verstorbene Gelehrte. Bd. 1. Cöthen 1783.

Ergang, K., Friedrich der Große in seiner Stellung zum Maschinenproblem. In: Beiträge zur Geschichte der Technik (= Jahrbuch des Vereins deutscher Ingenieure). Bd. 2. 1910.

— Untersuchungen zum Maschinenproblem in der Volkswirtschaftslehre. Karlsruhe 1911.

Exner, W. F., Johann Beckmann, Begründer der technologischen Wissenschaft. Wien 1878.

Facius, F., Wirtschaft und Staat. Die Entwicklung der staatlichen Wirtschaftsverwaltung in Deutschland vom 17. Jahrhundert bis 1945. Boppard 1959.

Feist, B., Die Geschichte der Nationalökonomie an der Friedrichs-Universität. Jur. Diss. Halle 1930.

Feldhaus, F. M., Deutsche Techniker und Ingenieure. Kempten 1912.
— Lexikon der Erfindungen und Entdeckungen. Heidelberg 1904.
— Die Technik der Antike und des Mittelalters. Potsdam 1931.

Fischer, Chr., Fleissiges Herrenauge. Nürnberg 1696.

Fischer, F. Chr. J., Geschichte des deutschen Handels, der Schiffahrt, Fischer, Erfindungen, Künste, Manufakturen, der Landwirtschaft. 4. Tle. Hannover 1791—1793.

Fischer, S., Unterrichteter Haus-Vater und kluger Gärtner. Hannover 1705.

Fischer, W., Quellen zur Geschichte des deutschen Handwerks. Göttingen 1957.

Fleischhauer, J. J., Von dem Alter, Wachsthum und Nutzen der Oeconomie. Göttingen 1750.

Florinus, F. Ph., Oeconomus prudens et legalis oder Allgemeiner Klug- und Rechts-verständiger Haus-Vatter. Nürnberg/Frankfurt/Leipzig ²1705 (1. Auflage 1702).
— Oeconomus prudens et legalis continuatus. Basel 1719.
— Der kluge Landmann. Frankfurt/Leipzig 1713.

Forbes, R. J., Man the Maker. A History of Technology and Engineering. New York 1950.

Fraas, C., Geschichte der Landwirtschaft. Prag 1852.

Francke, A. H., Einrichtung des Paedagogii zu Glaucha an Halle. Halle 1699.
— Kurtze und deutliche Nachricht / in welcher Verfassung die zu Glaucha an Halle ... gemachte Anstalten. Halle 1709.

Garzoni, Th., Piazza Universale. Das ist: Allgemeiner Schauplatz / Marckt und Zusammenkunft aller Professionen ... Frankfurt 1641 (1. Auflage. Italienisch 1585).

Gasser, S. P., Einleitung zu den oeconomischen-politischen und Cameralwissenschaften. Halle 1729.

Glorez, A., Vollständige Hauß- und Land-Bibliothec. Nürnberg 1699.
— Continuation der vollständigen Hauß- und Land-Bibliothec. 1702.

Goldbeck, G., Technik als geistige Bewegung in den Anfängen des deutschen Industriestaates. Berlin 1934.

Griesheim, Chr. L. von, Die Stadt Hamburg nach ihren politischen, oeconomischen und sittlichen Zuständen. Hamburg 1760.

Güntz, M., Handbuch der landwirtschaftlichen Literatur. 3 Tle. Leipzig 1897 bis 1902.

Haacke, W., Die Zeitschrift — Schrift der Zeit. Essen 1961.

Halle, J. S., Werkstäte der heutigen Künste oder die neue Kunsthistorie. 6 Tle. Brandenburg/Leipzig 1761—1779.

Harris, J., Lexicon Technicum or an Universal English Dictionary of Arts and Sciences. London 1704.

Hassinger, H., Johann Joachim Becher 1635—1682. Ein Beitrag zur Geschichte des Merkantilismus. Wien 1951.

Hatschek, H. J., Das Manufakturhaus auf dem Tabor in Wien. Leipzig 1886. (Staats- und sozialwissenschaftliche Forschungen, Bd. 6, H. 1.)

Hecker, J. J., Sammlung der Nachrichten von den Schulanstalten bey der Dreifaltigkeitskirche. Berlin 1749/50.

Heckscher, E. F., Der Merkantilismus. 2 Bde. Jena 1932.

Heimpel-Michel, E., Die Aufklärung. Eine histor.-systematische Untersuchung. (= Göttinger Studien zur Pädagogik, H. 7. Langensalza 1928.)

Henning, R., Buch berühmter Ingenieure. Berlin ^{2}1923.

Hering, Chr., Oeconomischer Wegweiser. Jena 1680.

Herrmann, B., Über die Einführung des Studiums der Technologie oder: über die Lehre von Handwerken, Künsten, Manufakturen und Fabriken. Wien 1781.

Hoernigk, P. W. von, Oesterreich über alles, wann es nur will. Nürnberg 1685.

Hoffmann, J., Die „Hausväterliteratur" und die „Predigten über den christlichen Hausstand". (= Göttinger Studien zur Pädagogik, H. 37.) Weinheim/Berlin 1959.

Hohberg, W. H. von, Georgica Curiosa. 2 Bde. Nürnberg 1682.
— Georgica Curiosa Aucta. Nürnberg 1715.

Holstein, H., Geschichte der ehemaligen Schule zu Kloster Berge. Leipzig 1886.

Hubrig, H. , Die patriotischen Gesellschaften des 18. Jahrhunderts. (= Göttinger Studien zur Pädagogik, H. 36.) Weinheim 1957.

Hübner, J., Reales Staats-Zeitungs- und Conversations-Lexicon. Leipzig ^{10}1722 (1. Auflage 1704).

Iven, K., Die Industrie-Pädagogik des 18. Jahrhunderts. (= Göttinger Studien zur Pädagogik, H. 15.) Langensalza 1929.

Jablonski, J. Th., Allgemeines Lexicon der Künste und Wissenschaften. Königsberg/Leipzig 1748.

Jacoby, K., Die ersten moralischen Wochenschriften Hamburgs am Anfange des 18. Jahrhunderts. In: Deutsche Schulprogramme 1888, Nr. 680—693. Bremen/Hamburg/Lübeck 1888.

Jastrow, I., Die Stellung der Technologie an den deutschen Universitäten. In: Zeitschrift für angewandte Chemie, 37, 1924, S. 953 ff.

Jerusalem, J. F. W., Nachgelassene Schriften, zweiter und letzter Theil. Braunschweig 1793.

Jugelius, C., Oeconomia oder Nothwendiger Unterricht. Leipzig 1617.

Justi, J. H. G. von, Staatswirthschaft. Leipzig ^{2}1758 (1. Auflage 1755).
— Grundsätze der Policeywissenschaft. Göttingen 1759.

Justi, J. H. G. von, Vollständige Abhandlung von den Manufacturen und Fabriken. Kopenhagen 1758/1761.

— Ergänzung oder Abhandlung von den Manufaktur- und Fabriken Reglements. Berlin 1762.

Kemmrich, D. H., Akademie der Wissenschaften. 4 Tle. 1711.

Kentz, P., Güldener Handwercksboden... Leipzig 1629.

Kerstein, G., Entschleierung der Materie. Vom Werden unserer chemischen Erkenntnis. Stuttgart 1962.

Kirchmayer, G. C., Hoffnung besserer Zeiten durch das edle Bergwerk. Wittenberg 1687.

Kirchner, J., Die Grundlagen des deutschen Zeitschriftenwesens. 2 Tle. Leipzig 1928/31.

— Das deutsche Zeitschriftenwesen. Teil 1. Wiesbaden 1958.

Klein, E., Johann Heinrich Gottlob von Justi und die preußische Staatswirtschaft. In: Vierteljahresschrift für Sozial- und Wirtschaftsgeschichte 48, 1961, S. 145—202.

Klemm, F., Technik, eine Geschichte ihrer Probleme. Freiburg/München 1954.

Koberstein, K. A., Deutsche National-Literatur. 3 Tle. Leipzig ^{5}1872.

Koser, R., Staat und Gesellschaft zur Höhezeit des Absolutismus. 1908.

Krezschmer, Peter, Oeconomische Vorschläge... Halle/Leipzig 1744.

Krüger, H., Zur Geschichte der Manufakturen und der Manufakturarbeiter in Preußen. O-Berlin 1959.

Krünitz, J. G., Oekonomisch-technologische Encyklopädie oder allgemeines System der Staats-, Stadt-, Haus- und Landwirthschaft. Berlin 1769 ff. (242 Bde.)

Kurzel-Runtscheiner, E., Meister der Technik. Wien 1957.

Lamettrie, J. O. de., L'homme machine. Deutsch Leipzig 1875. (= Philosophische Bibliothek 68. Leipzig 1909.)

Lamprecht, G. F., Entwurf einer Enzyclopädie und Methodologie der öconomischen, politischen und Cameralwissenschaften. Halle 1785.

— Lehrbuch der Technologie oder Anleitung zur Kenntnisse der Handwerke, Fabriken und Manufakturen. Halle 1785.

Landau, J., Die Arbeiterfrage in Deutschland im XVII. und XVIII. Jahrhundert und ihre Behandlung in der Deutschen Kameralwissenschaft. Diss. Zürich 1915.

Leib, J. G. von, Vier Proben, wie ein Regente Land und Leute zuverbessern... 4 Tle. Leipzig 1705—1708.

Leupold, J., Theatrum Machinarum oder Schauplatz des Grundes mechanischer Wissenschaften. 4 Bde. Leipzig 1724.

Lewis, W., The philosophical commerce of arts. London 1765.

Lilley, S., Menschen und Maschinen. Wien 1952.

Lippmann, E. O. von, Beiträge zur Naturwissenschaft und Technik. Berlin 1923.

Ludewig, J. P., Oeconomische Anmerckungen über Seckendorffs Fürsten-Staat. Hrsg. von Chr. E. Klotz. Leipzig 1753.

— Die am 14. Juli 1727 angerichtete Profession in Oeconomie-Policey- und Cammer-Sachen. Halle 1727.

Ludovici, C. G,. Ausführlicher Entwurf einer vollständigen Historie der Wolffischen Philosophie. 3 Bde. Leipzig 1737/38.

Luetge, F., Deutsche Sozial- und Wirtschaftsgeschichte. Berlin/Göttingen/Heidelberg ²1960.

Maaßen, N. (Hrsg.), Quellen zur Geschichte der Mittel- und Realschulpädagogik (= Handbuch der Mittelschulpädagogik 6). 3 Bde. Berlin/Hannover/Darmstadt 1959.

Marperger, P. J., Neueröffnetes Manufacturenhaus. Hamburg 1702.

— Curieuse Nachricht / Von Erfindungen und Erfindern... Hamburg 1704.

Mascher, H. A., Das deutsche Gewerbewesen von der frühesten Zeit bis auf die Gegenwart. Potsdam 1866.

Mason, S. P., Geschichte der Naturwissenschaft in der Entwicklung ihrer Denkweisen. Dt. Ausgabe besorgt von Bernhard Sticker. Stuttgart 1961.

Matschoß, C., Männer der Technik. o. O. 1925.

— Große Ingenieure. München/Berlin 1937.

Milberg, E., Die deutschen moralischen Wochenschriften des 18. Jahrhunderts. Diss. Leipzig 1880.

Mombert, P., Geschichte der Nationalökonomie. 2 Bde. Jena 1927.

Müller, H., Kursächsische Erfinderfreiheiten des 15.—18. Jahrhunderts. In: Markenschutz und Wettbewerb, Jg. 41, 1941, Nr. 6, S. 101 ff.

Müller-Armack, A., Genealogie der Wirtschaftsstile. Stuttgart ³1944.

Mumford, L., Kunst und Technik. Stuttgart 1959.

Mummenhoff, E., Der Handwerker in der deutschen Vergangenheit. ²1924.

Nielsen, A., Die Entstehung der Kameralwissenschaft im 17. Jahrhundert. Jena 1911.

Oechelhauser, W. von, Technische Arbeit einst und jetzt. Berlin 1906.

Oeder, Beiträge zur Ökonomie-, Kameral- und Polizeiwissenschaft. Leipzig 1788.

Olschki, L., Geschichte der neusprachlichen wissenschaftlichen Literatur. Band 3: Galilei und seine Zeit. Halle 1927.

Oncken, A., Geschichte der Nationalökonomie. 2 Tle. Leipzig 1902.

Paulsen, F., Geschichte des gelehrten Unterrichts. 2 Bde. Leipzig ³1919/21.

Poppe, J. H. M., Geschichte der Technologie seit der Wiederherstellung der Wissenschaften bis an das Ende des 18. Jahrhunderts. 3 Bde. Göttingen 1807—1811.

— Über das Studium der Technologie und den Nutzen dieser Wissenschaft... Tübingen ²1819 (1. Auflage 1818).

Potthoff, O. D., Kulturgeschichte des Handwerks. o. O. 1938.

Proesler, H., Das gesamtdeutsche Handwerk im Spiegel der Reichsgesetzgebung von 1530—1806. o. O. 1954.

Ramelli, A., Schatzkammer mechanischer Künste. Leipzig 1620.

Reble, A., Geschichte der Pädagogik. Stuttgart ³1957.

Reinhardt, J. J., Vermischte Schriften. 2 Bde. Frankfurt/Leipzig 1760—1763 und 1764—1769.

Reinhold, K. Th., Der Weg des Geistes in den Gewerben. Band 1: Arbeit und Werkzeug. Leipzig 1901.

Resewitz, F. G., Die Erziehung des Bürgers zum Gebrauch des gesunden Verstandes und zur gemeinnützigen Geschäfftigkeit. Kopenhagen 1773.

Rößig, K. G., Versuch einer pragmatischen Geschichte der Oekonomie Policey- und Cameralwissenschaften seit dem sechzehnten Jahrhunderte bis zu unsern Zeiten. Erster Teil. Leipzig 1781.

Rohr, Julius Bernhard von, vergleiche in dieser Arbeit S. 47 f.

Roscher, W., Geschichte der Nationalökonomie in Deutschland, München 1874.

Rübberdt, R., Die Ökonomischen Sozietäten. Ein Beitrag zur Wirtschaftsgeschichte des 18. Jahrhunderts. Diss. Halle 1934.

Rumpf, M., Deutsches Handwerkerleben und Aufstieg der Stadt. 1955.

Sarton, G., A Guide of the History of Science. Woltham/Mass. 1952.

Schimank, H., Zur Geschichte der exakten Naturwissenschaften in Hamburg. Hamburg 1928.

— Der Ingenieur, Entwicklungsweg eines Berufes bis Ende des 19. Jahrhunderts. Köln 1961.

Schiwonke, M., Vom Staatsroman zur Science Fiction. Eine Untersuchung über Geschichte und Funktion der naturwissenschaftlich-technischen Utopie (= Göttinger Abh. zur Soziologie 2). Stuttgart 1957.

Schmid, K. A., Geschichte der Erziehung vom Anfang bis auf unsere Zeit. 5 Bde. 1884—1902.

Schmoller, G., Über das Maschinenzeitalter. Berlin 1903.

Schöler, Walter, Die Geschichte der Mittel- und Realschulpädagogik. (Handbuch der Mittelschulpädagogik in Einzeldarstellungen. Hrsg. von N. Maaßen.) Band 1. Berlin/Hannover/Darmstadt 1960.

Schrader, W., Geschichte der Universität Halle. 2 Bde. Berlin 1894.

Schröder, W. von, Fürstliche Schatz- und Rent-Kammer. Leipzig/Merseburg 1686.

Seckendorff, V. L. von, Teutscher Fürsten-Stat. Hanau 1656.

Semler, Chr., Nützliche Vorschläge von Auffrichtung einer Mathematischen Handwercks-Schule bey der Stadt Halle... Halle 1705.

— Neueröffnete Mathematische und Mechanische Realschule... Halle 1709.

Silberschlag, J. E., Leben, von ihm selbst beschrieben. Berlin 1792.

Simon, O., Die Fachbildung des preußischen Gewerbe- und Handelsstandes im 18. und 19. Jahrhundert. Berlin 1902.

Small, A., The Cameralists. The Pioneers of German Social Polity. Chikago 1909.

Sombart, W., Die drei Nationalökonomien. Leipzig 1930.

— Zähmung der Technik. Berlin 1935.

Sommer, L., Die österreichischen Kameralisten in dogmengeschichtlicher Darstellung. 2 Bde. Wien 1920/25.

— Technik und Wirtschaft. 2 Hefte. Bern 1929.

Srbik, H. von, Wilhelm von Schroeder. Ein Beitrag zur Geschichte der Staatswissenschaften. In: Sitzungsberichte der Kaiserl. Akademie der Wissenschaften. Band 164. 1. Abh. Phil. hist. Klasse. Wien 1910.

Stecher, M., Die Erziehungsbestrebungen der deutschen moralischen Wochenschriften. Ein Beitrag zur Pädagogik des 18. Jahrhunderts. Diss. Langensalza 1914.

Stieda, W., Die Nationalökonomie als Universitätswissenschaft. In: Abh. der Phil. Histor. Klasse der Königl. Sächs. Gesellschaft der Wissenschaften. Band 25. Leipzig 1907.

Stisser, F. U., Programma zu einigen Collegiis über die Oeconomie-Policey- und Cameralwissenschaften. Jena 1732.

Stolle, G., Anleitung zur Historie der Gelahrtheit... Jena ²1724 (1. Auflage 1718).

Timm, A., Die Universität Halle-Wittenberg. Herrschaft und Wissenschaft im Spiegel ihrer Geschichte. Frankfurt/M. 1960.

— Kleine Geschichte der Technologie. Stuttgart 1964.

— Mitteldeutschland — Die pädagogische Provinz. In: Peter Petersen 1884 bis 1952 zum Gedenken. Schriften des Mitteldeutschen Kulturrats. Bonn 1965.

Vergilius, Polydorus, Von den Erfyndern der Dynge, durch M. T. Alpinum ins Teutsch transferiert. Augsburg 1537.

Viehweg, R., Maß und Messen in kulturgeschichtlicher Sicht (= Beiträge zur Geschichte der Wissenschaften und der Technik, H. 4). Wiesbaden 1962.

Waffenschmidt, W. G., Technik und Wirtschaft. Jena 1928.

Walch, J. G., Philosophisches Lexicon. Leipzig 1726.

Waltershausen, A. S. von, Wirtschaft und Technik als Entwicklung und in der Geschichte. Jena 1936.

Weigel, Christoph, Abbildung der Gemein-Nützlichen Haupt-Stände... Regensburg 1698.

Weigel, Erhard, Vorstellung der Kunst- und Handwercke / nebst einem kurtzen Begriff des Mechanischen Heb- und Rüst-Zeugs. Jena 1672.

— Wegweiser zu der Unterweisungs-Kunst. Jena 1688.

West, J. H., Die bisherige Entwicklung von Technik und Industrie (= Studien zur Förderung der deutschen Industrie, H. 3). Berlin 1908.

White, L., Medieval Technology and social change. Oxford 1962.

Wolf, A., A History of Science, Technology and Philosophy in the 16th and 17th Centuries. Nachdruck der 2. Auflage von 1950. New York 1959.

Wolff, Chr., Allerhand nützliche Versuche, dadurch zu genauer Erkäntniß der Natur und Kunst der Weg gebahnet wird. 3 Tle. Halle 1745—1751.
— Philosophia rationalis sive Logica. Frankfurt/Leipzig ²1732.
— Vernünftige Gedanken vom gesellschaftlichen Leben der Menschen. 1721.

Zander, R., Geschichte des Gärtnertums. Stuttgart 1952.

Zedler, J. H. (Hrsg.), Vollständiges Universal-Lexicon der Wissenschaften und Künste. 64 Bde. Supplemente. Leipzig 1732—1754.

Zeising, H., Theatrum machinarum. Auflage von 1708 (1. Auflage 1607—1614).

Ziegler, Th., Geschichte der Pädagogik. München ⁵1923.

Zielenziger, K., Die alten deutschen Kameralisten. Ein Beitrag zur Geschichte der Nationalökonomie und zum Problem des Merkantilismus. Jena 1914.

Zincke, G. H., Grund-Riß einer Einleitung zu denen Cameral-Wissenschaften... Leipzig 1742.
— Cameralisten-Bibliothek. 4 Tle. Leipzig 1751/52.
— Anfangsgründe der Cameralwissenschaft, worinnen dessen Grundriss weiter ausgeführet und verbessert wird. 4 Bde. Leipzig 1755.
— Teutsches Real-Manufactur- und Handwercks-Lexicon (A—F). Leipzig 1745.
— Oeconomisches Lexicon. Leipzig 1744.
— (Hrsg.), Natur-Kunst-Berg-Gewerck- und Handlungslexicon. Leipzig ²1752.

II. Zeitschriften des 18. Jahrhunderts

Berlinisches Magazin oder gesammlete Schriften und Nachrichten für die Liebhaber der Arzneywissenschaft, Naturgeschichte und der angenehmen Wissenschaften überhaupt. Berlin seit 1765.

Bremisches Magazin zur Ausbreitung der Wissenschaften und Künste und der Tugend. Von einigen Liebhabern derselben mehrentheils aus den Englischen Monatsschriften gesammlet und herausgegeben. Hannover seit 1757.

Der Königlich Schwedischen Akademie der Wissenschaften Abhandlungen aus der Naturlehre, Haushaltungskunst und Mechanik. 41 Bde. 1739—1779. Deutsch von Abraham Gotthelf Kästner. Hamburg 1749—1783.

Der Physicalische und oeconomische Patriot oder Bemerkungen und Nachrichten aus der Naturhistorie, der allgemeinen Haushaltungskunst und der Handlungswissenschaft. 2 Tle. Hamburg 1756/58.

Fränkische Sammlungen von Anmerkungen aus der Naturlehre, Arzneigelahrtheit, Ökonomie und denen damit verwandten Wissenschaften. Nürnberg 1755—1765.

Literaturverzeichnis

Gothaisches Magazin der Künste und Wissenschaften. Gotha 1776/77.

Hamburgisches Magazin oder gesammlete Schriften zum Unterricht und Vergnügen aus der Naturforschung und den angenehmen Wissenschaften überhaupt. Hamburg/Leipzig 1747—1767.

Neues Hamburgisches Magazin oder Fortsetzung gesammleter Schriften aus der Naturforschung, der allgemeinen Stadt- und Landökonomie und den angenehmen Wissenschaften überhaupt. Leipzig 1767—1780.

Hannoversche gelehrte Anzeigen (1750—1754), seit 1755 unter dem Titel „Nützliche Sammlungen" und von 1758 als „Hannoversche Beiträge zum Nutzen und Vergnügen". Seit 1762 führt die Zeitschrift den Titel „Hannoverisches Magazin, worin, wie der Titel sagt, kleine Abhandlungen, einzelne Gedanken, Nachrichten, Vorschläge und Erfahrungen, so die Verbesserung des Nahrungsstandes, die Land- und Stadtwirthschaft, Handlung, Manufakturen und Künste, die Physik, die Sittenlehre und angenehme Wissenschaften betreffen, gesammlet und aufbewahret sind." Hannover 1763—1790.

Hessen-Darmstädtisches Magazin, worinnen kleine ökonomische Abhandlungen, einzelne Gedanken, Nachrichten und Vorschläge und Erfahrungen, die Verbesserung des Nahrungsstandes, Verordnungen, die Land- und Stadtwirthschaft, Handlung, Manufacturen und Künste, die Physik, die Sittenlehre und angenehmen Wissenschaften betreffen, befindlich sind. 1772—1775 (1778 in vier Bänden gesammelt veröffentlicht).

Kopenhagener Magazin von Oeconomischen Cameral-Policey-Handlungs-Manufactur-Mechanischen und Bergwercksgesetzen, Schriften und kleineren Abhandlungen, welche die Königlich-Dänischen Reiche und Länder betreffen. Gesammlet und übersetzt von Christian Gottlob Mengel. Kopenhagen und Leipzig seit 1759.

Lausitzisches Magazin oder Sammlung verschiedener Abhandlungen und Nachrichten zum Behuf der Natur-Kunst-Welt- und Vaterlands-Geschichte, der Sitten, und der schönen Wissenschaften. Görlitz seit 1768.

Leipziger Sammlungen von allerhand zum Land- und Stadtwirthschaftlichen, Policey-Finanz- und Cammerwesen dienlichen Nachrichten, Anmerkungen, Begebenheiten, Versuchen, Vorschlägen, neuen und alten Anstalten, Erfindungen, Vortheilen, Fehlern, Künsten, Wissenschaften und Schriften, wie auch von denen in diesem so nützlichen Wissenschaften und Übungen wohl verdienten Leuten. Hrsg. von Georg Heinrich Zincke. Leipzig 1742 bis 1761.

Oeconomische Fama. Von allerhand zu den Oeconomischen-Policey- und Cameral-Wissenschaften gehörigen Büchern / außerlesenen Materien / nützlichen Erfindungen / Projecten / Bedencken und andern dergleichen Sachen. Hrsg. von Justus Christoph Dithmar. 1729—1733.

Neues gemeinnütziges Magazin für die Freunde der nützlichen und schönen Wissenschaften und Künste. Hamburg seit 1760.

Nützliche Nachrichten und Abhandlungen das Oekonomie und Commerzwesen betreffend. Wien seit 1767.

Oekonomische Beyträge zur Beförderung des bürgerlichen Wohlstandes. Stuttgart seit 1769.

Sammlung von Natur- und Medizin- wie auch hierzu gehörigen Kunst- und Literatur-Geschichten, so sich in Schlesien und anderen Ländern begeben. Hrsg. von Johann Kanold. Breslau 1718—1736. Neudruck unter dem Titel: Schatz-Kammer der Natur und Kunst. Leipzig/Breslau/Budissin/Erfurt 1736.

Wienerische Nachrichten und Abhandlungen aus dem Ökonomie- und Cameralwesen. Wien 1767.

Personenregister

Agricola, Georg 107
d'Alembert, Jean le Rond 91, 119, 133, 168
Aristoteles 24, 33
August, Kurfürst von Sachsen (1553—1586) 28, 41 f.

Bacon, Francis 11, 75, 124
Basedow, Johann Bernhard 149
Becher, Johann Joachim 8, 11, 13 ff., 22, 61, 71, 78, 88, 93, 111, 122, 167
Bechtel, Heinrich 7
Beck, Theodor 108
Beckmann, Johann 7 ff., 32 f., 38, 45, 56, 82, 95, 104 f., 114, 123, 131, 133, 140, 148, 150 ff., 169
Becmann, Johann Christoph 54 ff., 167
Beyer, Adrian 130 f.
Biringuccio, Vannoccio 107
Böckler, Georg Andreas 28 ff., 40, 80, 167
Boyle, Robert 19
Brunner, Otto 23 ff., 32 ff.
Büsch, Johann Georg 124, 149
Büsching, Anton Friedrich 151

Cäsar, Gaius Julius 166
Chambers, Ephraim 127 f., 133
Cicero, Marcus Tullius 33
Colbert, Jean Baptiste 119
Coler, Johann 25 ff., 33, 39, 167
Comenius, Amos 18, 142, 167
Corneille, Thomas 125
Crescentius, Petrus 33
Cunradi, Johann Gottlieb 148 f.

Darjes, Joachim Georg 9, 87, 90 ff., 96, 154, 158, 163, 168
Diderot, Denis 119, 133, 168
Digby, Kenelm 19
Dithmar, Justus Christoph 9, 84, 87 ff., 92 f., 162, 169
Döhler, Johann Georg 54, 63
Donauer, Johann Christoph 39

Ergang, Karl 17
Ernst der Fromme, Herzog von Sachsen-Gotha (1640—1675) 19, 43
Exner, Wilhelm Franz 10, 150 f., 153 f., 160 f.

Felbiger, Ignaz 145
Feldhaus, Franz Maria 113
Ferguson, J. 115
Fischer, Christoph 80
Fleischhauer, Johann Jacob 84
Flörke, H. G. 133
Flörke, J. J. 133
Florinus, Franz Philipp 39 ff., 50, 66, 81, 167
Fontana, Domenico 11
Fraas, Karl 25, 45
Francke, August Hermann 78 f., 142 f.
Friedrich Wilhelm I., König von Preußen (1713—1740) 58, 87, 89
Friedrich II., König von Preußen (1740—1786) 99
Fries, Th. M. 151
Frise, F. 115
Frommann, Erhard Andreas 147

Galilei, Galileo 11, 166
Garzoni, Tomaso 115 ff., 120, 166
Gasser, Simon Peter 9, 83 f., 87, 89 f., 94, 168
Gesner, Conrad 125
Glorez, Andreas 31 ff., 80, 167
Griesheim, Christian Ludwig von 57
Grimm, Heinrich 88
Groß, Johann Gottfried 143 ff.
Gundling, Nicolaus Hieronymus 46
Güntz, Max 138

Hähn, Johann Friedrich 145, 147
Halle, Johann Samuel 57, 119 ff., 168
Harris, John 125, 127
Hassinger, Herbert 14, 16 ff.
Hatschek, H. J. 15 ff.
Hecker, Johann Julius 97, 102, 143 ff., 168

Henlein, Peter 11
Hermann, Benedict Franz 95
Heyde, Johannes Erich 125 ff.
Hobbes, Thomas 19
Hörnigk, Philipp Wilhelm von 14, 22
Hoffmann, F. 56
Hoffmann, Julius 24 ff., 51
Hohberg, Wolf Helmhard von 32 ff., 81
Holstein, H. 147 f.
Honnecourt, Vilard de 106
Hübner, Johann 130 f.
Humboldt, Wilhelm von 149

Inama-Sternegg, Karl Theodor von 45, 49

Jablonski, Daniel Ernst 130
Jablonski, Johann Theodor 130
Jacoby, K. 135
Jastrow, Ignaz 156
Jerusalem, Johann Friedrich 97, 102
Justi, Johann Heinrich Gottlob von 9, 59, 87, 93, 95, 99 ff., 119, 121 ff., 154 ff., 163 f., 168

Karmarsch, Karl 162
Kepler, Johannes 11
Kirchmayer, Georg Kaspar 75
Kirchner, Joachim 134 f.
Klemm, Friedrich 7, 106, 108 ff., 113
Klock, Kaspar 13, 167
Kopernikus, Nikolaus 11
Krünitz, Johann Georg 133
Krezschmer, Peter 98
Kurzel-Runtscheiner, E. 22

Lamprecht, Georg Friedrich von 160
Landau, Johann 17
Leib, Johann Georg von 63, 70 ff., 88
Leibniz, Gottfried Wilhelm 65, 73, 75, 78, 111, 117
Leopold I. von Habsburg (1658—1705) 14, 19
Leupold, Jacob 109 ff.
Liebig, Justus von 60
Linné, Carl von 151
Locatelli, Joseph von 60
Longolius, Paul Daniel 129
Ludewig, Johann Peter von 82, 85, 89, 129
Ludovici, Carl Günther 49, 85, 129
Lütge, Friedrich 12, 41
Luther, Martin 24, 41, 48, 59

Maaßen, Nicolaus 65, 143 f., 146, 149
Marperger, Paul Jacob 63, 88, 119
Mason, Stephen F. 75
Matschoß, Conrad 106, 109
Mendel, Konrad 113
Mengel, Christian Gottlob 138
Michelangelo Buonarotti 11
Mombert, Alfred 45
Morhof, Daniel Georg 54, 167
Müller-Armack, Alfred 12 f.

Newdörffer, J. 115

Ossa, Melchior von 13, 167

Paulsen, Friedrich 65
Plinius der Jüngere 33
Plutarch 38
Polhem, Christopher 112
Polydorus Urbinas, Vergilius 114 f., 166
Poppe, Johann Heinrich Moritz 95
Porta, Giacomo della 11
Pütter, J. St. 156
Pufendorf, Samuel von 117

Radke, Wolfgang 142, 167
Ramelli, Agostino 108
Réaumur, R. A. Ferchault de 119, 168
Reimarus, Hermann Samuel 124
Reinhardt, Johann Jacob 143, 145 f., 149
Resewitz, Friedrich Gabriel 143, 146 ff.
Rohr, Julius Bernhard von 9 f., 33, 35, 38, 45 ff., 94, 104 f., 111 f., 123, 137, 153 ff., 162, 167 f.
Rößler, Hellmuth 42
Roscher, Wilhelm 13, 25, 45, 78
Rübberdt, Rudolf 73

Scalich, Paul 124
Schimank, Hans 107
Schlözer, August Ludwig von 151
Schöler, Walter 65, 144, 146, 149
Schott, Caspar 126 f.
Schreber, D. G. 112
Schröder, Wilhelm von 8, 11, 14 f., 19 ff., 63, 98, 103, 167
Schüler, Johann 151
Schupp, Balthasar 18, 167
Seckendorff, Veit Ludwig von 22, 44, 62 f., 88 ff., 142

Semler, Christoph 66, 79 f., 88, 117, 142 ff.
Silberschlag, Johann Elias 147
Silberschlag, Johann Esaias 147
Small, Albion W. 83 ff.
Smith, Adam 122, 156
Sommer, Louise 13
Srbik, Heinrich von 19
Stahl, Georg Ernst 16
Steinmetz, Johann Adam 147
Stisser, Ulrich 84
Stolle, Gottlieb 58
Sulzer, Johann Georg 124

Tautscher, Anton 99, 103
Thaer, Albrecht 152
Thomasius, Christian 44, 54, 117, 142, 167
Timm, Albrecht 7, 9, 28, 78, 106, 112 f., 149, 160
Tschirnhaus, Ehrenfried Walther von 56

Vergil 33
Vincent von Beauvais 124
Vitruvius Pollio, Marcus 106 f.

Waffenschmidt, W. G. 37
Wagenseil, J. Chr. 124
Walch, Johann Georg 128 f., 154
Weigel, Christoph 76, 117 f., 120, 159
Weigel, Erhard 117, 142
Wolff, Christian 45 f., 48 f., 53, 75, 78, 128, 153 f.

Xenophon 24

Zaunick, Rudolf 56
Zedler, Johann Heinrich 45 f., 54, 76, 85, 102, 128 f.
Zedlitz, Karl Abraham von 147
Zeising, Heinrich 28, 108
Zielenziger, Kurt 13
Zincke, Georg Heinrich 9, 84, 87, 93 ff., 105, 131 ff., 137, 154 f., 162, 168
Zwicke, Johann Arnold 145

Sachregister

Ältere, heute nicht mehr gebräuchliche Wörter und Begriffe sind in Anführungszeichen gesetzt und wurden der heutigen Schreibweise angepaßt

Aberglauben 24
Absolutismus 19 f., 23
Ackerbau 32, 34, 41, 52, 59, 65, 128, 138 f., 144 f., 163
Ackerbestellung 24
Ackergeräte 26, 41, 81
Adelserziehung 65
Adelsschule 64
adlig-bäuerliche Kulturwelt 23, 32, 43
Agrarkrise 12
Agrarlehre 26, 55, 59, 80, 168
Agrikultur 43
Agronomie 58
Akademie 54, 63, 71, 97
Akademie der Wissenschaften 75, 99, 101, 112, 119
Akustik 106
Alchemie 16, 19, 22
Altenrode b. Naumburg 93
Anatomie 97
Anschaffungspreise 21
Anschauungsunterricht 157
Antike 54, 106, 113, 116, 166
Apotheke 16
Apparatebau 106
Arbeiter 15, 96
Arbeiterfrage 17
Arbeitsethos 12, 28, 78
Arbeitsgerät 113, 122
Arbeitskräfte 60
Arbeitskräftemangel 60
Arbeitsmethoden 15, 119, 123
Arbeitsverfahren 7, 22, 149, 161
Arbeitsvorgang 26, 81, 118
Arbeitswillen 12
Architekt 28, 31, 106
Architektur 69, 154
Arithmetik 18, 114
Artes liberales 25, 43, 123, 166
Astrologie 24, 114
Aufsichtsbehörde 21

Augsburg 114
Ausrüstung 12

Baden 145
Bandmühle 17
Barock 14
barocke Spielerei 17
Bauanleitung 34
Baubeschreibung 40
Bauernregeln 81
Bauernstand 23, 55, 147
Bauhüttenbuch 106
Baukunst 67, 69, 88, 91, 97, 106
Baumaterial 29
Baumeister 40, 106, 114, 143
Baumwolle 123
Bauwesen 61, 138, 159
Beamtenschaft 68
Beamtentum 68, 142
Behördenplan 18
Bergamt 111
Bergbau 8, 11, 37, 61, 74, 83, 100, 107, 110, 112, 125, 130, 145, 153 f., 159
Bergbuch 107
Bergwerk 57, 61, 74 f., 100 f., 110, 130, 138, 151
Bergwesen 99
Berlin 42, 85, 121, 144 f., 147
„Berlinisches Magazin" 136
Berufsbeschreibung 118
Berufsleben 116
Berufsstand 69
Berufszweig 118
„Beschlägmacher" 118
Betriebsgeheimnis 56
Bevölkerungsschicht 23 f., 33
Bewirtschaftung 24, 29
Bibel 48 f., 59
Bibliografie 33, 51, 58 f., 62, 94 f., 109, 162

Bibliothek 43, 77, 129 f., 140, 151, 153, 162
Bienenzucht 136
Bildungsanstalt 146 f.
Bildungsballast 147
Bildungsgut 149
Bildungsinhalt 146
Bildungsplanung 149
Bildungsstand 39
Bildungsstoff 146
Bildungsvorstellung 146
Bildungswesen 18
Biografie 9 f., 14, 45
„Blechschläger" 159
Bleiweißerzeugung 20
Bodenpflege 41, 81
Bodenverbesserung 41, 74, 81
„Bogner" 118
Botanik 162, 167
Brandenburg (Mark) 45
Brandenburg (Stadt) 119
Braunschweig 60, 93, 97, 145, 151
Bremen 137
Brennholz 61
Breslau 145
Briefsteller 25
Brücken (Kr. Sangerhausen) 99
Brunnen 27, 29
Buchdruck 104, 106, 113
Buchhaltung 18
„Büchsenmacher" 118
Bürger 78, 139, 146, 156
Bürgertum 23, 129, 142 f., 146, 166

calvinistische Grundanschauung 12
„Carolinum" (in Braunschweig) 93, 97
Chemie 14, 16, 45, 57 f., 76, 81, 88, 97, 123, 135, 146, 156
Chirurgie 43
„Clausurmacher" 160
„Collegium doctrinale" 18

Dänemark 138, 151
Darmstadt 139
Destilliergeräte 30
Detailzeichnung 40
Deutschland 11 f., 15, 19, 43, 48, 76, 99, 112, 129, 133 f., 139, 143, 152, 161, 167, 169
Diplomatie 63, 65
Domäne 67
Domänenwesen 88 f.
Domänenverwaltung 89

Drehbank 35
Dreißigjähriger Krieg 11, 13, 28, 167
Dreschflegel 157
Dreschwagen 59
Dresden 46, 137

Eisen 123
Eisenhammer 144
Eklektiker 58
Elementarschule 149
„Elfenbeinturm" 97
Elsterwerda 45 f.
England 9 f., 12, 15, 19 f., 52, 101, 125, 133, 155, 161, 167
Enzyklopädie 76, 91, 105, 119, 124 ff., 168
Enzyklopädisten 57, 128
Eperies (Ungarn) 20
Erfinder 17, 72, 76, 120
Erfindung, 11, 15 ff., 31, 43, 55 f., 61, 72, 76, 81, 89, 94, 98, 104, 106, 110, 112 ff., 119 f., 137 ff., 145, 148, 161, 164, 166 f.
Erfinderpatent 56
Erlangen 143
Ertragssteigerung 41
Erwerbszweig 55
Erziehung 18, 43, 63 ff., 67, 78, 135, 146 f.
Erziehungsanstalt 147
Erziehungsplan 78
Erziehungswesen 80
Essen 145
Eudämonismus 49
Experiment 16, 22, 166

Fabrik 91 f., 95, 98 f., 101 ff., 105, 113, 121 ff., 125, 137, 139, 151, 153 f., 157, 160, 164
Fabrikanlagen 151
Fabrikant 57, 132
„Fabriken-Reglements" 121
Fabrikwesen 122, 131
Fachkräfte 15 f., 74
Fachlexikon 130
Fachschule 149
Fachwissen 39
Familie 97
Fayencerie 157
Fehlentscheidung 68
Fehlinvestition 68
Feinmechanik 106
Feldbestellung 41

Feldmesserei 36
Fertigprodukt 156, 158
Festungsbau 107
„Feuerwerker" 118
„Feuerwerksbuch" 107
Feuerwerkskörper 37
Finanzwesen 84, 94, 97
Finanzwissenschaft 8, 57, 100
„Fingerhutmacher" 160
„fiskalisch" 20, 167
Flachs 123
Flächenberechnung 31
„Flaschner" 118, 160
Forschungsstätte 16, 71, 112, 167
Forstpflege 60
Frankfurt/M. 28, 38, 41, 46
Frankfurt/O. 9, 87, 90
Frankreich 10, 12, 52, 101, 125, 134, 155
Friedensschluß 12

Gartenbau 26, 42
Gartengeräte 30, 34
Geistesgeschichte 23
Geisteshaltung 45
Geldwesen 74
Gelehrte 45, 54 ff., 71 ff., 78, 83 ff., 96 f., 101, 116, 126, 132, 136, 164, 166
Gelehrtenschule 97, 142, 147 f., 169
Gemeinwesen 17, 97
Geographie 138
Geologie 58, 167
Geometrie 18, 55, 61, 67, 69, 88, 106, 111, 114
Geräte 22, 27, 30, 37, 46, 60, 72, 76, 106 f., 167
Geschichte 87 f., 95, 119
Geschirrmanufaktur 16
Geschützbau 107
Geschützwesen 107
Gesellschaft 64, 90, 141
Gesellschaften (wissenschaftliche) 73 f., 101, 109, 137, 165
Gesinde 24, 40, 96
Gesundheitswesen 18
Gewerbe 12, 18, 20 ff., 32, 53, 56, 61, 69 f., 75, 88, 97, 101 f., 110, 122, 131, 138, 148 f., 154 ff., 163, 166 f.
Gewerbebeschreibung 157
Gewerbekunde 153
Gewerbewesen 20, 121, 123, 132, 167
Gewerbezweige 20, 71 f., 101, 149, 159 f.

Gewerbliche Techniken 24
Gewerke 91 f.
Gewichte 36, 114
Gießen 139
Glaserzeugung 20, 120
Glashütten 157
Glasmacherei 56
„Glückseligkeit" 47, 49 f., 62, 101
Göttingen 99 f., 150 ff., 155, 157, 160, 163, 165
Gold 123
„Gold- und Silberschmied" 160
Gotha 19, 43, 63, 137
„Gothaisches Magazin" 153
Griechisch 97, 142
Grundriß 29 f.
„Guardian" (engl. Zeitschrift) 135
Güstrow (Mecklenburg) 90
Gutsbetrieb 24
Gymnasium 149, 151

Hamburg 46, 57, 135
„Hamburgisches Magazin" 135 f.
Handarbeiter 21
Handel 12, 15, 18, 20, 32, 54 f., 65, 67, 69, 88, 110, 122, 128, 130, 132, 138 f., 142, 153 f., 166
Handelskompanien 15
Handelsschule 149
„Handlungswissenschaft" 153, 156, 164
„Handschuhmacher" 146
Handwerk 9, 14 f., 19, 47, 54 ff., 63, 72, 75 f., 81, 91, 95, 98, 102, 113, 115 ff., 125, 128 ff., 138, 142, 145, 148, 153, 155 f., 158, 160 f.
Handwerker 15, 23, 40, 56 ff., 60, 70, 72, 75, 77 ff., 83, 85, 96, 101, 103, 109, 111, 113, 116 f., 119, 123, 130, 143, 145 f., 157, 161, 164, 168
Handwerksleben 57, 113
„Handwerkerschule" 79, 88, 102, 147, 167
Handwerksbetrieb 144
Handwerkshistorie 123
Handwerksleute 57, 70, 75, 97
Handwerksmeister 55, 57, 72, 79
Handwerkswesen 101 ff., 131
„Handwerkswissenschaft" 159
Handwerkszeug 65
Handwerkszweige 26, 91
Hannover (Land) 155

Sachregister

Hannover (Stadt) 162
Harburg 150
„Harnischmacher" 118
Harz 82
Harz (Gebirge) 47, 83
„Hauptmaterialien" 103, 123, 131
„Haus" 23 f., 42
Haushaltsrechnungen 25
Haushaltung 24 f., 29, 36, 41, 60, 145 f.
„Haushaltungsbibliothek" 33, 47,
  51 ff., 58 ff., 73, 75, 80, 84, 111, 153
„Haushaltungsbuch" 24, 33
„Haushaltungskunst" 33, 62
„Haushaltungsrecht" 47
„Hauslehre" 24 ff., 39, 42, 52
Hausmutter 24, 51, 61
Hausstand 54
Hausvater 24, 28 ff., 38, 42, 52 f., 59,
  66, 80 f., 97
„Hausväterliteratur" 8, 23 ff., 51, 59,
  77, 167
Hauswesen 29, 33, 42
Hauswirtschaft 34, 37 f., 47, 50, 52 f.,
  59, 61, 80 f., 131, 133, 167
„Hauswirtschaftsbuch" 47, 51, 80, 82
„Hauswirtschaftskunst" 47, 52
„Hauswirtschaftslehre" 35
Hebezeuge 28, 37, 108, 117
Heilkunde 106
Heilmittel 107
Helmstedt 151
Herrschaftsanspruch 64
Herstellungskosten 92
Hessen-Darmstadt 139
„Hessische Intelligenzblätter" 139 f.
Hochschule 100 f.
Höhere Bürgerschule 146
Hofhaltung 42
Hofmeister 66, 78
Hohlmaße 31, 36
Holland 14 f., 19, 46, 52, 151, 167
Holzknappheit 61
Holzschnitt 114 ff.
Holzverarbeitung 120
Hornverarbeitung 120, 164
Hoya a. d. Weser 150
Hüttenwesen 107
Humanismus 125, 166
humanistische Tradition 53, 169

Industrialisierung 23, 169
Industrie 150
industrielle Entwicklung 13

industrielle Revolution 162
Ingenieur 28, 31, 106 ff., 111, 118, 143
„Ingenieurkunst" 67
„Intelligenz-Comtoir" 139 f.
Italien 14, 115

Jena 19, 90, 93, 109, 117
Journal 134
Jütland 99
Jurisprudenz 26, 65, 69, 93

Kadettenkorps 119
Kaiserwahl 46
Kalkulation 163
Kameralbeamter 54, 77, 98, 121, 130
Kameralismus 133
Kameralisten 8 f., 11, 13 f., 19, 22, 33,
  45, 57, 63, 84, 87, 90, 94 f., 98, 104 f.,
  112, 117 ff., 122 f., 141, 148, 154 f.,
  157, 167 ff.
„Kameralistenbibliothek" 94 ff.
Kameralistik 12 f., 23, 28, 42, 89 f.,
  103, 156, 167
Kameralwesen 52 f., 57, 138
Kameralwissenschaften 8, 17, 44, 58,
  82, 87 ff., 94, 104, 131, 135, 137,
  151 ff., 162, 168 ff.
Kameralwissenschaftler 9, 90, 121
Kammer 20, 111
„Kammerordnung" 43
Kammerpolitik 13
„Kammerrechnung" 66
Kammerwesen 63, 68, 84, 89, 94
Kanzleistil 65
„Kappelmacher" 21
Kattun 34
Kaufmannswesen 46
„Kavalierstour" 155
„Kesselbereiter" 159
Kirchenrecht 47
Klempner 159
Kloster Berge bei Magdeburg 147
„Klugkeit" 47 ff., 63 f.
Kochkunst 61
Kohle 61
Kolberg 89
Kollegium 68
„Kommerzienkollegium" 21
„Kommerzienlexikon" 74
Kommerzwesen 52 f., 66, 74, 100, 138
Kommunikationsmittel 89, 134
Konstruktion 56, 105, 110, 163
Konstruktionsbeschreibung 37

Konstruktionszeichnung 37, 138, 163
Konversationslexikon 30, 125, 130
Kopenhagen 121, 138, 146
Kostenanschlag 163
Kostenfrage 163
Kräuterbuch 36
Krain (Herzogtum) 163
Krieg 12, 117
„Kriegs- und Zivilbaukunst" 18, 100
Kriegsläufte 12
Kriegsmaschinen 106
Kriegswesen 11, 28, 37 f., 153
Kriegswirren 12
„Krukenmacher" 160
Küchengerät 61
Kulturgeschichte 23, 25, 114
„Künste" (= Handwerke) 34, 48, 66, 75 f., 91, 94, 97, 110, 115 f., 119 f., 127, 129 f., 139, 143, 145 f., 148, 154 f., 159, 161, 163
Kunstgeschichte 113, 136
„Kunstgeschichte" 95, 153
„Kunsthistorie" 57, 75 f., 119, 168
„Künstler" (= Handwerker) 57, 76, 96, 117, 155, 161
künstliche Düngung 59, 81
Küstrin 99
„Kunstkammer" 43, 66, 79
„Kunstlehre" 128 f.
„Kunstmeister" 110
„Kunst- und Werkhaus" 15 f., 20, 22, 71, 167
„Kunstwirtschaft" 95
„Kunstwort" 128, 130, 132, 158
„Kunstwörterlehre" 128
Kupfer 123
Kupfer(-stich) 30, 33, 117, 119
Kupferhammer 144
Kuriositäten 25
Kursachsen 45, 56

Laboratorium 16, 43, 112
Laibach 163
Landesfürst 67 f.
Landesgeschichte 129
Landesgesetze 65, 77
„Landeshaushaltung" 74
Landesherr 12, 21, 28, 41 f., 57, 60, 64 ff., 72 ff., 138, 167
Landeskinder 41, 142
Landesrecht 66
Landesvater 67
„Landökonomie" 135

Landwirtschaft 8, 12, 24, 36, 42, 50, 51, 60, 81, 84, 90, 110, 122, 131 ff., 137 f., 139, 148, 152 ff., 159, 162 f.
Landwirtschaftsgesellschaft 137
Landwirtschaftswissenschaft 25, 152
Latein 65, 97, 142
Lateinschule 18, 39, 78
Lausitz 46, 136
„Lausitzisches Magazin" 136
Lehrbetrieb 15
Lehrbücher 9, 36, 88, 94, 107, 115, 118, 148, 151 f., 160, 168
Lehrerseminar 144
Lehrmittelsammlung 78
Lehrstätte 15, 22, 71
„Lehrstand" 54
Leibarzt 14
Leinen 123
Leinwand 34, 159
„Leinwandfabrik" 92
Leipzig 38, 41, 45 f., 53, 60, 85, 87, 89, 93 f., 99, 109, 111, 115, 119, 129 f., 135, 138
„Leipziger Sammlungen" 84, 94, 137 f., 143, 168
Leistung (technische) 108
Leseinteresse 134, 136
Leserkreis 39, 113, 162
Leserschicht 38, 43
Leserzuschriften 140
Lexikon 9, 45, 76 f., 85, 98, 102, 105, 124 ff., 150, 160, 168
Logistik (militär.) 129
London 127

„Magazin" 134 ff.
Magdeburg 46, 89, 93, 147
Magie 114
Majolika 16
Manufaktur 9, 19 ff., 55 f., 63, 66 ff., 71, 74, 92, 95, 98 f., 101 f., 105, 110, 112 f., 119, 121 ff., 125, 131, 137 ff., 153 f., 157, 160, 164
„Manufakturakademie" 71 ff., 88
„Manufakturamt" 21 f.
Manufakturbetrieb 144
„Manufakturhaus" 15, 22, 71, 88, 132
„Manufakturkollegium" 102
„Manufakturinventar" 21 f., 103, 167
Manufakturmeister 70 f., 168
Manufakturprodukt 140
„Manufakturschule" 102
Manufakturunternehmer 56 f.

Manufakturwesen 15, 17, 22, 70 f., 74, 101 ff., 122, 131, 138, 167
Marktwirtschaft 15
Maschine 8, 11, 17, 21, 43, 60, 65 f., 72, 76 f., 83, 91 f., 96, 105, 107 ff., 112, 121 f., 138, 140, 156 ff., 167
Maschinenbau 106, 108, 110
„Maschinenbücher" 9, 29, 105 ff.
Maschinenfeindlichkeit 60
„Maschinenhaus" 43
Maschineningenieur 110
„Maschinenlexikon" 48, 76 f.
Maschinenmodell 66, 140
Maschinenproblem 17
Maschinenwesen 100, 112
„Materialien" 132, 158, 161, 164
„Materialkunde" 158
materialistisch 67
Mathematik 14, 45 f., 57 f., 60, 67, 69, 71, 76, 84, 106, 117, 135, 147, 151
„Mautbücher" 21
Mähren 32
Maße 36
Mechanik 16, 22, 28, 37 f., 53, 58, 61, 67, 69, 74, 76, 88, 100, 108 ff., 167
Mechaniker 37 f., 109 f., 143
Mechanikerwerkstatt 109
„mechanische Künste" 37
„mechanische Schule" 18
Mechanisierung 41, 60, 137
Medizin 14, 25, 65, 101, 114
Meißen 46
„Mendelsches Hausbuch" 113
Merkantilismus 12 f., 17, 119, 166 f.
merkantilistisch 70, 130
Merseburg 46, 82
Messing 123
„Messinghammer" 144
„Metallarbeiter" 159
Metallbearbeitung 120
Metallurgie 97
Meteorologie 127
„Meyerhof" 29 ff., 40, 42
Mikrokosmos 42
Mineralogie 58, 107, 127, 156, 167
Mittelalter 106, 113, 124, 166
Mitteldeutschland 12
„Moralische Wochenschriften" 135
Mühlenbau 69, 108, 111
„Mühlenordnung" 28
Mühlwerke 29
München 14
Münster 12

Nachschlagewerke 98
„Nadler" 118
„Nagler" 118
Nahrung 12, 70
„Nährstand" 57
Nassau 39
Nationalökonomie 13, 51
„Naturalienkammer" 43, 66, 79
Naturaliensammlung 151
Naturerkenntnis 19
Naturgeschichte 136, 148, 151, 153, 156
Naturgesetz 48
„Naturlehre" 49 f., 55, 97, 142, 147, 151, 156, 162
Naturprodukt 155
Naturwissenschaften 31 f., 47, 49 f., 53, 75, 80 ff., 95 f., 107, 128, 147, 152, 162, 166 ff.
naturwissenschaftliche Forschung 11, 19 f.
„Nebengewerbe" 163
„Nebenmaterialien" 103, 131, 158
Nekromantie 114
Neuhumanismus 146
Neuhumanisten 145
Neuzeit 106
Nördlingen 39
Norddeutschland 160
Nürnberg 28, 32, 38, 41, 113, 115, 117

Obrigkeit 12, 101, 156
Obstbau 42
Ökonom 51, 57, 143
Ökonomie 38, 50 f., 54, 58, 63, 65 ff., 75, 82, 84 ff., 88, 97, 99, 110, 129, 132, 136, 139, 143, 162, 164
Ökonomiewesen 67 f.
Ökonomik 9, 26, 42, 57 f., 67, 73, 87, 97, 167
„ökonomische Fakultät" 100, 122
„Ökonomische Fama" 89, 134, 137
„ökonomische Profession" 54
„ökonomische Sozietät" 73, 85, 89
ökonomische Wissenschaften 51 ff., 88, 99 f., 112, 152 f., 167
Optik 106
„Ordinargeselle" 71
Österreich 20, 99, 145
Osnabrück 12

Pädagogium 78, 97, 143, 147
„Panzermacher" 118
Papierherstellung 83, 114
Paris 108, 119, 133

Patentrecht 56
„Patriotische Gesellschaft" 136
Pechsiederei 82
Pelzverarbeitung 120
„Perpetuum mobile" 17, 109
„Perspektivgläser" 35
Pest 20
Petersburg 151
„Peuplierung" 17
Peuplierungspolitik 60
Pflug 144, 157, 163
Pfropfen (Gartenbau) 27
„Philanthropin" 149
Philanthropismus 146, 149, 169
Philologie 135, 151
Philosophie 48, 58, 90, 95, 128, 152
Phlogiston-Theorie 16
Physik 14, 45, 50, 57 f., 66, 71, 74, 88, 102, 110, 139, 151
„physikalisch" 41, 48, 50
Physiokraten 137
Physiologie 127
Pietismus 144
Pietisten 78
Planitz bei Zwickau 109
Planungsbehörde 68
Pochwerk 83
Politik 42, 64, 100
„Polizei" 18, 77, 82, 90, 102, 114, 132
„Polizeiwesen" 63, 94, 97, 100
„Polizeiwissenschaften" 88, 103, 153 f., 162
Polytechnische Schule 162
populärwissenschaftlich 8, 28, 52, 135
Porzellan 56
„Porzellankunst" 160
Preisfrage 138
Preßburg 20
Preußen 87, 109, 119
„Privatökonomie" 42, 50 ff., 62, 80, 168
„Privatwirtschaft" 50, 53
Privileg 56
Produktion 16
Produktionsgeheimnis 56
Produktionsprozeß 68
Produktionssteigerung 55
Produktionsverfahren 56, 72
Produktionsvorgänge 7, 21. 55 f., 81
Produktionsweise 21, 105, 113
Produktivität 70
Projekte 15, 17, 19, 22, 31, 66, 68, 79, 89, 98, 108, 138 f., 163

„Projektemacher" 14, 69, 98, 108 f., 154
Protestanten 13
„Pulvermacher" 118
Pulvermühle 83
Pyrotechnik 36 f.

Querschnitt (geometr.) 29

Raritäten 25
Realien 142, 147 ff., 167
Realschule 66, 79, 97, 142 ff., 157, 168
Realschulgedanke 79
Realschulpädagogik 149
Realschulwesen 144
Rechenkunst 36
Recht 18, 99, 114, 156
Rechtsanmerkungen 40
Rechtskommentar 39
Rechtskunde 123
Rechtswissenschaften 45, 53, 58, 87, 90, 95
Regensburg 32, 117
Regent 47, 62
Regierungskunst 13, 42, 62 ff.
Reibung 108 f.
Reibungsfläche 110
Reichsgesetze 57
Reisebeschreibungen 83
Religion 65, 114
Renaissance 141, 166
Rhetorik 65, 127
Riß (geometr.) 40, 76 f., 132
Ritterakademie 64 f., 143
Römisches Recht 66
Rohmaterialien 66, 91, 145 f.
Rohprodukt 56, 90, 92, 118
Rohstoffe 7 f., 156
Romantik 83
Rotenburg a. d. Fulda 87

Sachsen 19, 43, 46, 63, 119
Sachwörterbücher 105
Schaubilder 30
Salzwerke 157
„Schellenmacher" 160
„Schiffmühle" 16
Schlosser 118, 146
Schmelzhütte 16, 83
Schmiede (-berufe) 115, 118, 159
Schmiedewerkzeuge 115
„Schönheit" 92
Schöppenstedt 151

Sachregister

Schraube 37
Schulanstalt 97, 138, 143 f.
Schule 78 f., 97, 102, 111, 118, 142 ff.
Schulentwicklung 142
Schulexperiment 142
Schulform 143, 146
Schulplan 18, 143 ff.
Schulprojekt 79, 142
„Schulpyramide" 78
Schultyp 143
Schulunterricht 142
Schulwesen 18, 63, 78, 97, 102, 145, 147
Schweden 14, 112, 157
„Schwertfeger" 118
Seefahrt 138
Seide 123
Seidenmanufaktur 14, 16
siebenjähriger Krieg 145
Sklavenwirtschaft 166
„Society for encouragement of arts, manufactures and commerce" 73
Sonnenuhren 31, 34
Souveränität 12
Sozialgebilde 23
Sozialgeschichte 7, 12
Sozialwissenschaften 99
Sozietät 73, 75
Sozietätsgedanke 73
Spätmittelalter 113, 166
Spätrenaissance 108
„Spectator" (engl. Zeitschrift) 135
Speicher 37
Spekulation 14
„Spengler" 159
Spiegelerzeugung 20, 35
Spielzeug 65
„Spohrer" 118
Sprachpädagogik 19
Sprachschulung 65
Staat 12, 22, 70, 72, 75, 121 f., 130, 140 f., 155 f., 167
staatliche Lenkung 12 f., 22
Staatsanschauung 19
„Staatsbrille" 21
Staatsdienst 99
Staatseinnahmen 167
Staatsgeheimnis 56
Staatskasse 20, 68
„Staatsklugheit" 47, 53, 62 ff., 70 f., 78 ff., 85
Staatskunst 100
Staatslehre 44, 62

Staatsmacht 155
„Staatsökonomie" 42, 44, 50, 52, 62, 80, 168
Staatsrecht 97
Staatswirt 7, 163
Staatswirtschaft 42, 50, 70, 99 ff., 103, 121, 123, 133, 168
Staatswissenschaften 45, 95, 99, 122 f., 155 f., 160, 162, 168 f.
Stade 151
„Stadt-Haus-Wirtschaft" 96
„Stadtökonomie" 135
„Stadtwirtschaft" 84, 90 f., 94 ff., 131 ff., 136, 139, 163, 166, 168
Stahl 123
Stallungen 27, 29, 65
Stargard 145
Statik 18, 108
statistische Erfassung 20, 74, 131
Statistik 123
stehendes Heer 12
„Steinarbeiter" 159
„Stein- und Erdverarbeitung" 120
Steinkohle 61
Steuern 20
Steuerbelastung 20
Steuererhebung 20
steuerlicher Nutzen 20
Stoffverarbeitung 120
Straßburg 28
„Strumpfmühle" 17
Süddeutschland 160
Sulzbach 39
Systematik 88, 90, 92, 96, 116, 120, 146, 160, 168
Systematiker 103
Systematisierung 158

Tabellen 36, 97, 103, 131, 145 f.
Taschenuhr 11
τεχνη 125 ff.
„technica" 126, 128 f.
„technical" 127
„technicus" 126
Technik 7, 11, 15, 19, 22, 28 f., 32, 37 f., 43, 69 f., 78, 85, 94, 106 ff., 111, 113, 125 f., 128 f., 141, 163, 166 ff.
Technikgeschichte 7, 17, 25, 31, 41, 59, 105, 114, 140, 154
„technique" 126 f., 129
technisch 9, 11, 16, 25 f., 27 f., 33, 36, 74, 104 ff., 119, 125, 140, 148, 162, 166

Technische Hochschule 97
Technologe 35, 56, 90, 103, 150
Technologie 7 ff., 14, 38, 45, 55 f., 58, 68, 82, 84 f., 87 ff., 94 f., 112 f., 118, 121, 123, 128, 130 f., 133, 135 ff., 140 f., 148, 150 ff., 168 f.
technologisch 8 f., 11, 13 f., 19 ff., 25 f., 28 f., 45, 48, 50, 56, 59, 61 ff., 67, 69 f., 76 ff., 81 ff., 87 ff., 98 f., 101 f., 104 ff., 113, 115 f., 121 ff., 129, 131, 133 ff., 151, 159 f., 162 f., 166 ff.
technologisches Denken 8 ff., 23 ff.
Terminus technicus 27, 127, 154
Territorialstaat 9, 44, 167
„Teutscher Fürsten-Stat" 43, 62 f., 89
Theologie 14, 42, 49, 65, 90, 93, 95, 109, 135, 151
„Theresianum" (Wien) 99
„The Royal Society for the Improvement of Natural Knowledge" 19 f., 75, 119, 167
„Thüringische Landwirtschaftsgesellschaft" 73
Töpferkunst 160
Traditionsbewußtsein 27
Traumdeutung 24
Trigonometrie 18
„Trompetenmacher" 160
Tuchfärberei 56
Tuchmacher 157
„Tugendlehre" 47
Turmuhr 17

Universität 12, 18 f., 45, 53 f., 62, 69, 82 f., 88, 93, 97 ff., 109, 129, 142, 150, 152, 156, 169
Unternehmerinitiative 12
Unterricht 78
Untertanen 12, 62, 64, 122
Urproduktion 61
Utilitarismus 145

Vatikanischer Obelisk 11
Venedig 113, 115
venezianische Glashütte 16
Verarbeitungsmaterialien 117
Verarbeitungsprozeß 158
Veredelungsprozeß 158
Verfahren 16, 119
Verkaufspreise 21
Verleger 39, 41, 43, 129, 131, 136
„Vernunft" 48, 70
„Vernunftlehre " 47
Versailles 42

Verwaltung 42, 87 f., 99, 121, 147
Verwaltungsfragen 68
Verwaltungslehre 90
Verwaltungswissenschaften 8
Viehzucht 24, 34, 52, 57, 145
Vignetten 29, 113
„Vielschreiber" 58
„Visierstab" 36
Volksbildung 130
Volksschule 142
Volkswirt 8
Volkswirtschaftslehre 51

Waisenhaus 78, 145
„Walkmühle" 71, 144
Warenkunde 156, 164
Wasserbau 69, 101, 147
Wasserbaurecht 40
Wasserleitungsbau 40
Wassermühle 40, 112, 144
Wasserrad 16
Webstuhl 71
„Wehrstand" 54
Weimar 93
Weltbild 166
Weltgeschichte 136, 153
Welttüchtigkeit 78
Werkhaus 17
Werkstatt 16, 56 f., 102, 113, 119, 132, 154
Werkstoffe 7 f.
Werkunterricht 78
Werkzeug 17, 27, 29 f., 37, 65 f., 92, 105, 132, 146, 157 f., 164
Westeuropa 11, 126
„Windenmacher" 118
Windmühle 144
Wien 15, 17, 42, 99, 150
Wirtschaft 7, 77, 87, 90, 98 f., 101, 105, 111 f., 121 f., 139, 163, 166 f., 169
Wirtschaftsauffassung 12
Wirtschaftsbereich 137, 162
Wirtschaftsbetrieb 23, 26, 40 f.
Wirtschaftseinheit 42
Wirtschaftsform 23
Wirtschaftsführung 24
Wirtschaftsgebäude 29, 65
Wirtschaftsgeschichte 7, 12
Wirtschaftskraft 20, 138 f., 166 ff.
Wirtschaftskunst 35, 47 f., 51
Wirtschaftsleben 78, 112, 122, 141
Wirtschaftsplanung 167
Wirtschaftsprozeß 21, 38, 43, 112

Wirtschaftsstil 12 f.
Wirtschaftssystem 24
Wirtschaftstheoretiker 17
Wirtschaftswissenschaft 90
Wissenschaftsgeschichte 7, 25, 59
Wittenberg 99, 109, 145
Wörterbuch 125
Wolfenbüttel 151
Wolle 123, 152
Wollmanufaktur 16, 19 f., 92
Würzburg 126

Zeitschrift 9, 89, 94, 105, 112, 134 ff., 162 f., 169
Zeitschriftenliteratur 168
Zeitschriftenwesen 134
Zeitung 130, 134
„Zeugmacher" 21
Zips (Slowakei) 20
Ziegelbrennen 24
Zimmermannskunst 115
Zoologie 127
Zünfte 27, 56, 132
zunftgebunden 22, 101
Zunftgesetzgebung 123
Zunftregeln 27, 102
Zunftzwang 101, 130
„Zwölfbrüder-Stiftung" 113

Printed by Libri Plureos GmbH
in Hamburg, Germany